Schriftenreihe für Delinquenzpädagogik und Rechtserziehung
Band 1

Anschrift der Redaktion:
Universität Mainz
– Institut für Sonderpädagogik –
Hegelstraße 59
6500 Mainz

Strafvollzug und Schuldproblematik

herausgegeben von
Max Busch und Erwin Krämer

Centaurus-Verlagsgesellschaft
Pfaffenweiler 1988

CIP-Titelaufnahme der Deutschen Bibliothek

Busch, Max:
Strafvollzug und Schuldproblematik / Max Busch ;
Erwin Krämer (Hrsg.). – Pfaffenweiler : Centaurus-
Verl.-Ges., 1988.
(Schriftenreihe für Delinquenzpädagogik und Rechts-
erziehung ; Bd. 1)
ISBN 3-89085-241-6
NE: Busch Max [Hrsg.]; GT

ISBN 3-89085-241-6 * ISSN 0933-9183

Satz: Der Schreibservice, Freiburg i. Brsg.
Druck: Offsetdruck Bernauer, Freiburg i. Brsg.

Editorial

Mit der "Schriftenreihe zur Delinquenzpädagogik und Rechtserziehung" legt die am Institut für Sonderpädagogik der Johannes-Gutenberg-Universität Mainz 1987 errichtete und vom "Förderkreis für Strafvollzugsforschung und Straffälligenhilfe e.V." in Frankfurt am Main unterstützte "Forschungsstelle für Delinquenzpädagogik" Abhandlungen, Forschungsberichte und Dokumentationen zur Problematik des Umgangs mit abweichendem Verhalten vor. Die Forschungsstelle hat sich zum Ziel gesetzt, die verschiedenartigen und bisher nicht koordinierten Bemühungen, Konzepte und Projekte des Reagierens auf abweichendes Verhalten zu dokumentieren und wissenschaftlich zu untersuchen. Die Ergebnisse ihrer wissenschaftlichen Tätigkeit will sie für Nachbarwissenschaften, für Gesetzgebung und Rechtsprechung wie für die sozialpädagogische Praxis zur Verfügung stellen und auf diese Weise zu einer konstruktiven Weiterentwicklung von Kriminalpolitik und Sozialisations- und Bildungskonzepten für delinquente Randgruppen der Gesellschaft beitragen.

In der Bundesrepublik Deutschland besteht eine Vielzahl von Instituten und Einrichtungen, die sich mit kriminologischen, strafrechtlichen und kriminalistischen Forschungsaufgaben beschäftigen. Ein Institut, das sich spezifisch mit hilfeorientierten und sozialpädagogischen Interventionen befaßt, die für besonders gefährdete, mit sozialen Schwierigkeiten belastete und straffällige Personen erforderlich sind, gibt es jedoch bisher noch nicht. Die Forschungsstelle will zur Erschließung dieser Lücke beitragen. Der bisher bestehende Mangel wird besonders deutlich, wenn man die in den letzten beiden Jahrhunderten unternommenen Bemühungen der Praxis und die vielgestaltigen theoretischen Diskussionen zu einschlägigen Themen betrachtet.

Der im Titel der Schriftenreihe verwendete Begriff der Delinquenzpädagogik ist nicht allgemein verbreitet und bekannt. Bisher wurden Begriffe wie *Kriminal-* und *Straffälligenpädagogik* verwendet. Der Begriff der *Delinquenz* soll dabei deutlich machen, daß nach den Erkenntnissen der Humanwissenschaften und insbesondere der einschlägigen Spezialdisziplinen eine Eingrenzung des Blickwinkels auf manifest gewordene Kriminalität und auf strafende Reaktionen nicht sinnvoll und effektiv ist. Es erscheint zunächst angemessen, das heute bereits in hohem Maße in der Diskussion stehende Vorfeld der Delinquenzprophylaxe, zum Beispiel Jugendschutz und Rechtserziehung, aber auch spezialisierte Jugendhilfe einzubeziehen und zum Gegenstand zielgruppenorientierter pädagogischer Interventionsstrategien zu machen. So kann insbesondere für gefährdete junge Menschen im Vorfeld oder Frühstadium einer möglichen delinquenten Entwicklung wenigstens partiell vermieden werden, daß stigmatisierende, repressive und freiheitsentziehende Maßnahmen angeordnet werden müssen. Die Gefahr, daß eine nicht förderliche soziale Kontrolle ausgedehnt und verfestigt wird, ist hierbei allerdings zu beachten.

Wenn sich aber trotz einer konstruktiven Strategie im Vorfeld Strafverfolgung, Strafverfahren und strafrechtliche Sanktionen bis hin zum Freiheitsentzug doch nicht vermeiden lassen, müssen diese für das Individuum und sein soziales Umfeld tiefgreifenden Interventionen, soweit irgend möglich, konstruktiv-helfend und befähigend ausgestattet werden. Es bedarf daher auch in der Strafverfolgung und im Strafverfahren der Beachtung psycho-sozialer und pädagogischer Aspekte. In sogenannten ambulanten Maßnahmen (zum Beispiel Soziale-Trainingskurse, gemeinnützige Arbeit, Täter-Opfer-Ausgleich) ist eine pädagogisch qualifizierte Planung und Durchführung Grundlage effektiven Handelns. Schließlich muß der Strafvollzug als totale Institution unter Berücksichtigung der schon langjährigen Tradition der positiven Ausgestaltung des Freiheitsentzugs konstruktiv weiterentwickelt werden. Dementsprechend sind die Erkenntnisse soziologischer, psychologischer und pädagogischer Forschung in differenzierte Strategien umzusetzen. Dies ist nicht nur unter dem Aspekt der "Bekämpfung" der Kriminalität und unter entsprechenden Effektivitätskriterien (Kriminalstatistik) zu sehen, sondern stellt eine zwingende Forderung aus dem Grundsatz einer unverlierbaren Menschenwürde dar.

Die Schriftenreihe wendet sich von diesem weitgespannten und doch spezifischen Ansatz her nicht nur an Pädagogen und Sozialarbeiter, sondern in gleicher Weise an andere mit belasteten Adressaten arbeitende und in diesem Bereich forschende Berufsgruppen (Rechtswissenschaft, Medizin, Psychologie, Soziologie und Therapie sowie Theologie). Die geplanten Veröffentlichungen sollen die Schriftenreihe zu einem interdisziplinären Forum werden lassen, das Orientierung und Hilfe für die hier umrissene schwierige Aufgabenstellung bietet.

Heinz Bach *Alexander Böhm*
Max Busch *Willi Seitz*

Inhalt

Seite

Vorwort 9

Der Strafvollzug in der Weimarer Zeit und im Dritten Reich
- Ein Forschungsbericht - 15
Heinz Müller-Dietz

Die Entwicklung des Strafvollzugs und des Sanktionssystems
von 1945 bis in die Gegenwart 39
Alexander Böhm

Zukunftsaspekte der Kriminalpolitik und des Sanktionssystems 51
Max Busch

Der Erziehungsbeamte in der Strafanstalt 63
Albert Krebs

Der Historiker als Pionier der Gefängnisreform
- Laudatio zur Verleihung der Ehrendoktorwürde an
Ministerialrat a.D. Professor Dr. Albert Krebs am
27. Oktober 1987 in der Bergischen Universität Wuppertal - 75
Gerhard Deimling

Schuld und Sühne
- Anmerkungen zur Rechtsphilosophie und Strafvollzugs-
praxis - 85
Gottfried Edel

Schuld und Ganzheit als Grundthema in Thornton Wilders
Roman "Die Brücke von San Luis Rey" 95
Carl Hellmut Hoefer

Gedanken zur Sozialpädagogik Friedrich Siegmund-
Schultzes 109
Arnold Köpcke-Duttler

Strafzwecke und Vollzugsziele 129
Alexander Böhm

Umgang mit dem Schuldigen
- Zum Verhältnis von Sozialpädagogik und Strafrechts-
pflege in der Praxis - 135
Max Busch

Autorenhinweise 149

Vorwort

Mit dem hier vorliegenden Band eröffnet die Forschungsstelle für Delinquenzpädagogik (Zentralstelle für Strafvollzugs- und Straffälligenhilfeforschung) im Institut für Sonderpädagogik der Johannes-Gutenberg-Universität in Mainz eine "Schriftenreihe für Delinquenzpädagogik und Rechtserziehung". Der Inhalt dieses Bandes deutet einige Aspekte der Orientierung dieser Reihe an und stellt einige grundlegende Erörterungen zur Verfügung, die für künftige Forschung und Dokumentation helfend und weiterführend sein können.

Zwei Themenkomplexe repräsentieren wesentliche Grundfragen der Delinquenzpädagogik: Im ersten Teil werden die Referate wiedergegeben, die anläßlich des Symposiums zum 90. Geburtstag des Strafvollzugsreformers *Albert Krebs* am 9. und 10. Oktober 1987 in Frankfurt/Main im Wilhelm-Polligkeit-Institut des Deutschen Paritätischen Wohlfahrtsverbandes angeboten wurden. Sowohl das Zustandekommen des Symposiums als auch die Herausgabe der hier vorgelegten Schrift sind im wesentlichen dem Verständnis und dem Entgegenkommen des Deutschen Paritätischen Wohlfahrtsverbandes zu verdanken. Das Symposium stand unter dem Thema "Strafrechtspflege und Sozialpädagogik im 20. Jahrhundert" und orientierte sich an der Schaffens- und Wirkungszeit von *Albert Krebs*, der im Rahmen der Realisierung eines humanen Strafvollzugs versuchte, das Spannungsverhältnis von Strafrechtspflege und Sozialpädagogik aus der Position eines Pädagogen und zugleich Verantwortlichen in der Justizverwaltung aufzugreifen und konstruktiv zu lösen. Diese Aufgabe wurde von *Krebs* und seinen Mitarbeitern in der Weimarer Republik von 1919 bis 1933 und dann nach 1945 bis heute sowohl theoretisch-wissenschaftlich als auch in der Praxis des Handlungsfeldes Strafvollzug stets neu realisiert.

Das Referat von *Heinz Müller-Dietz* zum "Strafvollzug in der Weimarer Zeit und im Dritten Reich" wird als ein Forschungsbericht bezeichnet, weil eine Aufarbeitung der sehr zahlreichen Quellen aus der Weimarer Republik und auch eine genaue Beschreibung des Strafvollzugs in der Zeit der Herrschaft des Nationalsozialismus noch fehlen. Für künftige Forschung zum Zeitabschnitt von 1918 bis 1945 werden hier wesentliche Hinweise, Impulse und Grundlagen gegeben. *Alexander Böhm* behandelt "Die Entwicklung des Strafvollzugs und des Sanktionssystems von 1945 bis in die Gegenwart" und stellt die Entwicklungsabschnitte vom "Wiederaufbau" bis zum Rückblick auf 10 Jahre Strafvollzugsgesetz dar. *Max Busch* versucht, "Zukunftsaspekte der Kriminalpolitik und des Sanktionssystems" aufzuspüren und in der Gegenwart sich abzeichnende Trends und Aufgaben zu schildern.

Als Dokument für die Reformbemühungen der zwanziger Jahre wird der 1928 in der "Zeitschrift für die Gesamte Strafrechtswissenschaft" veröffentlichte Artikel von *Albert Krebs* "Der Erziehungsbeamte in der Strafanstalt" erneut abgedruckt, zugleich als Beweis für die Aufgeschlossenheit juristischer Fachzeitschriften dieser Zeit für Beiträge aus benachbarten Humanwissenschaften und für die Kontinuität grundlegender Fragestellungen. Zum Abschluß des ersten Teils wird die Laudatio von *Gerhard Deimling* dargeboten, die dieser zum Thema "Der Historiker als Pionier der Gefängnisreform" zur Verleihung der Ehrendoktorwürde an *Albert Krebs* durch die Bergische Universität Wuppertal am 27. Oktober 1987 gehalten hat. Mit diesen Referaten wird eine Basis für delinquenzpädagogische Forschung geschaffen, die sowohl historisch-praktisch als auch interdisziplinär-wissenschaftlich orientiert ist.

Zu "Ursprung und Gegenwart" des Krebs-Symposiums und damit auch zum geistig-organisatorischen Standort dieser Schrift und zum Verhältnis zum Deutschen Paritätischen Wohlfahrtsverband (DPWV) sei einiges erklärend angemerkt. Der DPWV hat sich der Freien Wohlfahrtspflege in seiner Theorie und in seiner Praxis stets als aktiver "Kopilot" im Strafvollzug verstanden. Das bedeutet für ihn nicht nur, ständig auf dem laufenden zu sein in bezug auf die juristisch-legistischen Verhältnisse, sondern auch in bezug auf die sozialen und pädagogischen Prinzipien und deren organisatorisch-praktischer Gestaltung. Der Verband hat in dieser Hinsicht sein Wort zu sagen gehabt: im Grundsätzlichen und im Detail, zur Qualifikation und (Aus-)Bildung für die Gefangenen und für die Vollzugsdienste. Er hat als eine wesentliche Aufgabe gesehen, immer neu auf das unendlich mannigfaltige, sich in den Zeitläuften verändernde Ambiente der Straffälligenhilfe einzuwirken, damit auch derart Hilfe tatsächlich als Hilfe erhalten bleibe. Den "modernen" Strafvollzug und die zeitgerechten sozialen Dienstleistungsverbände bindet Partnerschaft unlöslich aneinander. Dabei ist Partnerschaft nicht nur zu verstehen als vage Solidarität in vielfach gemeinsamen Arbeitsfeldern, sondern als erlebte Mitverantwortung, in der man einverstanden ist mit gegenseitigen Zumutungen und Verpflichtungen. - In diesem Sinne ist der Strafvollzugsreformer *Albert Krebs* seit Jahrzehnten ein wesentlicher (natürlich ehrenamtlicher) Mitarbeiter im Deutschen Paritätischen Wohlfahrtsverband, löst aber auch der Verband eine Verpflichtung ein, wenn er sich an einem fachlichen Symposium und einer Schrift zum Strafvollzug beteiligt.

Der Strafvollzug arbeitet auf einem höchst kritischen politisch-gesellschaftlichen Sektor. Der Umgang mit menschlicher Schuld und Unschuld rührt an Tiefstes und an Höchstes im Miteinander der Menschen. Das gilt für den engen Raum des Intimen, das gilt auch für weiter ausgegrenzte Gruppierungen bis hin zur staatlichen Gemeinschaft.

Als *Alexis de Tocqueville* vor mehr als 150 Jahren angesichts der brodelnden Verhältnisse im Frankreich nach der Großen Revolution nachzudenken begann über das Wesen und die Gestaltung der Demokratie, wollte er das aus einem erforderlichen Abstand tun. Er erbat und erhielt Urlaub von seinem Pariser Ministerium nach Amerika mit dem Auftrag, dort in der Neuen Welt das amerikanische Gefängniswesen zu studieren und eine "voraussetzungslose, freie Demokratie kennenzulernen" (*Carl Jacob Burckhardt*). Aus diesem Kennenlernen unter wesentlichem Einbezug des Strafvollzugs entstanden nach *Tocquevilles* Rückkehr jene bis heute unüberholten Schriften über das Wesen und die Erscheinungsformen der modernen Demokratie. Seine Aussagen über das gegenseitige Verhältnis und die Rangfolge der demokratischen Urbegriffe Freiheit, Gleichheit, Brüderlichkeit können - recht verstanden - auch heute unser Zusammenleben durchleuchten. Demokratie ist, soweit sie gerät, nicht zuerst eine Staatsform, sondern eine Lebenseinstellung, das Grundgefühl von der Ebenbürtigkeit ihrer Bürger. Wo immer Demokratie dieses Grundgefühl nicht auch als Grundgesetz sichern kann, hört sie auf. Dann wird Strafvollzug zu Willkür und Rachevollzug oder läßt Ebenbürtigkeit zur öden oder gefährlichen Gleichheit entarten. Aber auch umgekehrt: der Strafvollzug kann Demokratie darstellen und legitimieren, wenn er in seinen Maßnahmen, seinen Umgangsformen, in seinem Sprachgebaren, also auch in seiner Organisation und seiner personellen Ausstattung nicht nur Macht, Kontrolle und Herrschaft darstellt, sondern Menschen auf einer solidarischen, nämlich schuld-bewußten Basis einander begegnen läßt. Nur als Begegnung ebenbürtiger Menschen verliert der Strafvollzug seine entehrende Wirkung und läßt Respekt vor der Persönlichkeit und die unentbehrliche Selbstachtung auch des Rechtsbrechers entstehen. Hier kann ein freier Wohlfahrtsverband mit einer staatlichen Institution und deren Mitarbeitern kooperieren und helfend wirksam werden, auch wenn das "Instrument" Freiheitsentzug stets frag-würdig bleibt.

In einer multidisziplinären, offenen, kritischen und weiterführenden Diskussion bemühten sich die Teilnehmer des Symposiums unter Leitung von *Erwin Krämer*, dem langjährigen Vorsitzenden des DPWV, die Anregungen aus den Referaten aufzugreifen und zu vertiefen. Leider kann der Ablauf der Diskussion hier nicht dokumentiert werden.

Im zweiten Teil des Bandes werden Abhandlungen angeboten, die im Kontext zum ersten Teil, nämlich zum Symposium zum 90. Geburtstag von *Albert Krebs*, entstanden sind und sich mit Fragen von Schuld und der Verarbeitung von Schuld in der Strafrechtspflege, insbesondere im Sanktionssystem befassen. In der jüngsten Zeit ist die Diskussion um eine stärkere Berücksichtigung von Schuld und Sühne im Sanktionssystem, aber auch in der Rechtsprechung aktualisiert worden, einerseits befürwortet als notwendige Ergänzung oder Korrektur zu funktionalistischen oder sozialisationsorientierten Konzepten der Intervention, die eine Dimension der Verantwortung oft vernachlässigten, andererseits aber bekämpft als konservativ-restaurative oder anachronistisch-antiquierte und wissenschaftsfeindliche Wende. Die im ersten Teil aufgezeigte historische Dimension verdeutlichte, daß gegenwärtige Auseinandersetzungen und das Nachdenken über die Probleme nicht beziehungslos geschehen sollten und können, sondern daß sie belastet, geprägt und in ihren Inhalten auch bereichert sind durch die politische, gesellschaftliche und ideengeschichtliche Entwicklung, zumindest in unserer unmittelbaren Vergangenheit, nämlich im 20. Jahrundert. In den Abhandlungen des zweiten Teils zeigt sich die Vielfalt und die Vielgestaltigkeit des Kontextes, in dem die Schuldproblematik - eine Urfrage der Menschheit - heute gestellt wird und werden muß. Normorientierung, Verfehlung von Sozialisationszielen, Grenzen und Dimensionen mitmenschlicher und strafrechtlicher Schuld und des Umgangs mit dem Schuldigwerden und dem "schuldigen" Mitmenschen aufzugreifen und zu stets neuem Bedenken dieser jahrtausendealten Grundfrage menschlichen und gesellschaftlichen Seins anzuregen, ist das Ziel der vorliegenden Abhandlungen. Sie tragen im allgemeinen mehr essayistischen Charakter, weil jeder der hier angesprochenen Fragenkomplexe allein bei problemgeschichtlicher Aufarbeitung den Band sprengen und andererseits den heute unter chronischem Zeitmangel leidenden Leser abschrecken würde. In einer im heute aufweisbaren Maße auf Zukunft und Orientierung offenen, wenn auch nicht immer geöffneten oder sensiblen Zeit, erscheint es auch angemessener, nicht einfach "Durchdachtes" zu dokumentieren, sondern "Angeschnittenes" weiter zu reflektieren und zu entwickeln. Ein offensiver, kreativer und flexibler Umgang mit den entscheidenden Fragen menschlichen und gesellschaftlichen Lebens ist angefordert. Vielleicht können die vorliegenden Beiträge Diskussionen anregen, bereichern oder in neuen Dimensionen aufgreifen und damit zur Orientierung in einer in dieser Hinsicht dürftigen Zeit beitragen. Daß die Verfasser, die hier über Schuld, Sühne und Strafrecht schreiben, zum großen Teil keine Rechtswissenschaftler sind, ist symptomatisch für die heutige Ausgangslage der Strafrechtspflege: Abweichendes Verhalten und hier spezifisch Kriminalität sind nicht mehr nur Gegenstand rechtsphilosophischer und strafrechtlich-pragmatischer Denkprozesse. Die gesellschaftlichen und humanwissenschaftlichen Dimensionen des Bemühens um Ordnungssysteme, um Rechtsfrieden und um Schutz und Geborgenheit in gesellschaftlichen Lebensräumen kommen mit den Wissenschaften Soziologie und Psychologie und dann im Handlungskontext in Sozialpädagogik und Therapiekonzepten zum Tragen. Sie gefährden einerseits fachspezifische und fachinterne Denksysteme und Argumentationsabläufe. Strafrechtspflege und Reaktionsstrategien auf abweichendes Verhalten werden durch diese Öffnung oder auch Problematisierung komplizierter, aber auch differenzierter und qualifizierter für eine komplexe, in schnellem sozialem Wandel begriffene und von Orientierungskrisen heimgesuchte Lebenswelt. In seinem Essay zu "Schuld und Sühne" steckt *Gottfried Edel* Themen und Fragen ab, die sich zwischen den Polen Rechtsphilosophie und Strafvollzug einem radikalen, also einem auf die Wurzeln der historisch sich darstellenden Phänomene zurückgreifenden Denken eröffnen. Der Frage des Zusammenhangs zwischen Schuld, Schicksal und "Ganzheit", verstanden als Sollzustand von Persönlichkeit und Gemeinschaft geht *Carl-Hellmut Hoefer* auf der Grundlage des Romans von Thornton Wilder "Die Brücke von San Luis Rey" nach. In den Raum des konkreten Leidens, Helfens und auch sozialpolitischen Agierens führen die "Gedanken zur Sozialpädagogik Friedrich Siegmund-Schultzes" von *Arnold Köpcke-Duttler* zurück. Er macht deutlich, daß "Nächstenschaft" eine weltweite Geschichte hat, die auch den Problemkreis "Kriminalität und Freiheitsentzug" erreicht und sich nicht in hilfeorientierten Einzelaktionen erschöpft, sondern existentielle Solidarität beansprucht. Er zeigt einerseits die christliche Wurzel, andererseits die Problematik gegenwärtigen Kirchentums angesichts von Armut und Ohnmacht. Zur Sozialpädagogik und zur Schuldfrage beschreibt er die auch in der Gegenwart und ihren Fragestellungen noch aktuellen Gedanken von Siegmund-Schultze. Er zeigt Stränge der Wirkungsgeschichte der an Jugendhilfe und Jugendstrafvollzug orientierten, jedoch idealistischen Friedens- und Brüderlichkeitsbewegungen der zwanziger Jahre auf und fordert damit zum Nachdenken über die Tatsache heraus, warum diese Bewegung politisch ineffektiv blieb (1933). *Alexander Böhm* führt dann wieder in die Diskussion der Gegenwart um "Strafzwecke und Vollzugsziele", die angesichts des "Jubiläums" eines vor zehn Jahren in Kraft getretenen Strafvollzugsgesetzes wieder auflebte. Hier öffnet sich die Frage, wie Gerechtigkeit mit einer gewissen Gleichbehandlung der "Straffälligen" zusammenhänge und wie dann mit weit voneinander entfernten Tätergruppen (einerseits sozial Benachteiligte und andererseits besser Sozialisierte, die besonders in Wirtschafts- und Umweltdelikten in Erscheinung treten) umzugehen sei. Die sozialpädagogische Problematik des "Umgangs mit dem Schuldigen" in den konkreten Situationen des Strafverfahrens und des Sanktionssystems spricht schließlich *Max Busch* an. Auch hier können nur Aspekte angedeutet, Problemkreise aufgewiesen und Verhaltensmuster verdeutlicht werden. Empirische Sozialforschung einerseits und humanwissenschaftlich orientiertes Fragen nach Sinn- und Seinsstrukturen andererseits bleiben weiterhin Aufgabe aller Beteiligten und Agierenden im System des Strafens und des Handelns mit Menschen, insbesondere in totalen Institutionen.

Die beiden Themenkreise dieses Bandes scheinen zunächst nur einen lockeren und wenig stringenten Zusammenhang zu haben: einerseits wird die "reale" Geschichte der Strafrechtspflege und der Sozialpädagogik im zwanzigsten Jahrhundert dokumentiert und problematisiert, andererseits versuchen Abhandlungen in einem weit gestreuten Ensemble von Denkansätzen den Verlegenheiten nachzuspüren, die den Menschen, ihren Gruppen und Gemeinschaften und ihren organisierten und institutionalisierten Gesellschaftsstrukturen gerade in Grenzsituationen entgegentreten. Stets geht es aber um das Bemühen um den Umgang der Unzulänglichen mit den spezifisch Problematischen. Dies mag durch die Aufklärung verdeckt und versteckt worden sein, die sich gegen die Usurpation des Rechts und letztlich auch der Gnade, die "vor Recht geht" wehrte und die freie Realisation menschlicher Verhältnisse durch vernünftige Bürger postulierte. Heute stoßen wir technisch und gesellschaftlich an Grenzen, die uns Endlichkeit, Begrenztheit und Gebundenheit unseres Denkens und Handelns wieder verdeutlichen. In den Grenz- und Krisenregionen, in denen sich die Mächte und Gewalten treffen, wird dies besonders virulent. Daher dienen sowohl die angesichts eines ablaufenden Jahrhunderts rückblickenden und Ausschau haltenden historischen Untersuchungen als auch vielgestaltige und differierende Bemühungen um Orientierung dem gleichen Ziel: gerade da sensibel und bemüht, solidarisch und akzeptierend zu leben und zu handeln, wo Normen und ihre Durchsetzung unteilbare und letztlich nicht verfügbare Humanität bedrohen.

Max Busch *Erwin Krämer*

Der Strafvollzug in der Weimarer Zeit und im Dritten Reich[1]

Ein Forschungsbericht

Heinz Müller-Dietz

I.

Die folgenden Ausführungen sind als bloßer Forschungsbericht gedacht. Dies hängt damit zusammen, daß eine abschließende Darstellung der Entwicklung, die der deutsche Strafvollzug in der Weimarer Zeit und im Dritten Reich genommen hat, heute noch nicht möglich ist. Weder sind bisher alle einschlägigen Quellen ausgewertet, noch liegen genügend Vorarbeiten vor, die eine bis in alle Einzelheiten genaue Beschreibung des damaligen Strafvollzugs erlaubten. Dies gilt namentlich für die Zeit des Dritten Reiches, deren Aufarbeitung - zumindest was die Strafvollzugsgeschichte anlangt - eine noch nicht bewältigte, ja noch nicht einmal in Angriff genommene Aufgabe darstellt. So kann es vorerst nur einmal darum gehen, die hierzu vorliegende Literatur zu registrieren, das vielfach noch unerschlossene Material zu sichten - soweit es überhaupt bekannt ist -, anhand der verfügbaren Belege Entwicklungslinien nachzuzeichnen und offene Fragen zu formulieren. Letzteres ist vor allem für die Beschreibung und Untersuchung des Strafvollzugs im Dritten Reich bedeutsam.

Dabei muß natürlich zwischen den genannten beiden Zeitabschnitten unterschieden werden. Die Erkenntnis- und Forschungslage ist hinsichtlich des Strafvollzugs der Weimarer Zeit ungleich günstiger, weil die "offene Gesellschaft" der ersten deutschen Republik eine weitgehend freie, wenngleich von erheblichen Dissonanzen durchzogene[2] Auseinandersetzung mit den Reformbestrebungen hinsichtlich rechtlicher Regelung wie praktischer Ausgestaltung des Strafvollzugs ermöglichte. Dies zeigt etwa die Spannweite zwischen Anhängern der Vergeltungsstrafe, die Bemühungen um Schaffung eines Erziehungsstrafvollzugs skeptisch bis ablehnend gegenüberstanden, über dessen Befürworter bis hin zu leidenschaftlichen Kritikern der Freiheitsstrafe. *Fritz Kleist*, seines Zeichens selbst Strafanstaltsdirektor, umschrieb diese Lage in einem Beitrag 1931 über "Die Welt ohne Zuchthaus" wie folgt: "Die Einen glauben an solche Welt, vertreten diesen Glauben in fanatischer Weise und schaffen damit den Anderen ein Zuchthaus; die Anderen glauben, daß es nicht gut tue, den Strafvollzug menschlicher zu gestalten, weil den Verbrechern nur mit Strenge begegnet werden könne."[3]

Demgegenüber gab es bekanntlich im totalitären Staat des Dritten Reiches keinen Raum für eine offene und freie Diskussion über Gestalt und Gestaltung des Strafvollzugs; Kritik wurde in die Illegalität abgedrängt. Dies gilt ungeachtet auseinanderdriftender, miteinander um die Macht konkurrierender Tendenzen im damaligen Herrschaftssystem, über die uns die zeitgeschichtliche Forschung - beginnend mit der überaus erhellenden Studie *Ernst Fraenkels* zum "Doppelstaat"[4] - so vorzüglich ins Bild gesetzt hat. Daß im Dritten Reich nur Raum war für mehr oder minder apologetische (Selbst-)Darstellungen des "neuen" Strafvollzugs und seiner Ziele, hat - wie noch zu zeigen sein wird - vor allem die Quellenlage ungünstig beeinflußt. Über die Wirklichkeit und den Alltag des damaligen Strafvollzugs ist - ungeachtet mancher

Einzelzeugnisse - weniger bekannt geworden als über ältere Epochen. Daran hat auch die Wiederbelebung strafvollzugsgeschichtlicher Forschung - die nicht zuletzt *Albert Krebs* zu danken ist[5] - im Grundsatz nichts zu ändern vermocht. Auch hat das große Interesse, das Recht und Justiz des Dritten Reiches in der letzten Zeit gefunden haben, sich allenfalls in einigen wenigen Studien zu dessen Strafvollzug niedergeschlagen[6]. So steht hier ein Thema auf der Tagesordnung, das dringend nach weiteren Untersuchungen und Klärungen verlangt.

II.

Der Strafvollzug der Weimarer Zeit ist vergleichsweise gut dokumentiert. Wir verfügen insoweit über eine ganze Reihe von Quellen und Arbeiten, die uns zumindest ein gewisses, wenngleich kein abschließendes Bild von den damaligen Entwicklungen vermitteln. Besonders gute Kenntnisse haben wir in bezug auf jene Länder und Vollzugsanstalten, über die wir gleichsam aus erster Hand, also von Vollzugspraktikern unterrichtet worden sind und werden, die den damaligen Strafvollzug aktiv mitgestaltet und miterlebt haben. Das sind nicht zufällig Länder und Vollzugsanstalten, in denen die erzieherische Ausgestaltung des Strafvollzugs bis zum jähen Abbruch auf Grund der Machtergreifung des Nationalsozialismus im Jahre 1933 recht weit vorangetrieben, die Bemühungen um den Gefangenen überaus ernstgenommen worden waren. Ein gleichsam repräsentatives Beispiel dafür bildet allgemein Thüringen[7], im besonderen die dortige Landesstrafanstalt Untermaßfeld, über die uns der zeitweilige Erzieher und spätere Anstaltsleiter *Albert Krebs* so vorzüglich informiert hat[8].

Im einzelnen kann man - bei relativ grober Einteilung - folgende Materialien und Untersuchungen voneinander unterscheiden:

1. Auf der rechtlichen Ebene sind die Strafvollzugsordnungen der Länder mit ihren Ausführungsvorschriften, die Reichsratsgrundsätze von 1923[9], der Entwurf eines Strafvollzugsgesetzes von 1927[10] und die Bemühungen um dessen Verabschiedung bis hin zum vorläufigen Referentenentwurf von 1931/32[11] zu verzeichnen. Das einschlägige Material ist weitgehend zugänglich, zumindest in Grundzügen dargestellt, wenngleich noch nicht in allen Einzelheiten ausgewertet.

2. Rechtliche Regelung und praktische Ausgestaltung des Strafvollzugs sind in der Weimarer Zeit Thema einer umfangreichen Literatur geworden, an der sich Wissenschaftler der verschiedensten Sparten, Vollzugspraktiker und Rechtspolitiker beteiligten. Gewichtige Foren jenes Meinungsaustauschs bildeten ganz unterschiedlich ausgerichtete, wissenschaftliche oder der Praxis verpflichtete Vereinigungen. Beispiele wie die Internationale Kriminalistische Vereinigung[12], die damals sog. Kriminalbiologische Gesellschaft[13], die Arbeitsgemeinschaft für die Reform des Strafvollzuges[14], der Verein der deutschen Strafanstaltsbeamten[15] (mit seiner 1864 gegründeten Zeitschrift "Blätter für Gefängniskunde"), der Reichszusammenschluß für Gerichtshilfe, Gefangenen- und Entlassenenfürsorge der freien Wohlfahrtspflege[16], die Rheinisch-Westfälische Gefängnisgesellschaft[17] mögen für die Gesamtheit aller mit dem Strafvollzug befaßten Gremien stehen, Wissenschaftler wie *Gustav Aschaffenburg*[18], *Kurt Bondy*[19], *Berthold Freudenthal*[20], *Max Grünhut*[21], *Robert von Hippel*[22], *Moritz Liepmann*[23], *Wolfgang*

Mittermaier[24], *Johannes Nagler*[25], *Gustav Radbruch*[26], *Eberhard Schmidt*[27] und *Rudolf Sieverts*[28] die Breite der damaligen Diskussion veranschaulichen, Praktiker wie etwa *Hans Ellger*[29], *Lothar Frede*[30], *Werner Gentz*[31], *Walter Herrmann*[32] und *Albert Krebs*[33] die in Vollzugskreisen anzutreffende Aufgeschlossenheit und Reformbereitschaft belegen. Besonders umfangreich ist die einschlägige Dissertationsliteratur, die thematisch praktisch so weit streut wie die übrige Fachliteratur, indessen qualitativ über weite Strecken recht mäßig ist. Themen stellen etwa dar: die Reform des Strafvollzugs[34], die Besserung oder Erziehung des Gefangenen im allgemeinen[35], dessen Rechtsstellung[36], die Reichsratsgrundsätze[37], die gesetzliche oder rechtliche Regelung des Strafvollzugs[38] - namentlich nach Maßgabe des Entwurfs von 1927[39] -, die Ausgestaltung des Stufenstrafvollzugs[40], Probleme der Individualisierung und Klassifizierung der Gefangenen[41], der Persönlichkeitserforschung[42], die Psychologie (und Psychopathologie) der Haft[43], die Beschäftigung und Entlohnung der Gefangenen[44], Fragen der Gesundheitsfürsorge[45], des Sondervollzuges an schwierigen Gefangenen[46], der Einzelhaft[47], der religiösen Betreuung[48], der Selbstverwaltung[49], des Disziplinarwesens[50], die Behandlung des Überzeugungstäters[51], des Zuchthausgefangenen[52], Besonderheiten des Strafvollzugs an Frauen[53], der Jugendstrafvollzug[54], die Gefangenen- und Entlassenenfürsorge[55] - sowie nahezu alle anderen Bereiche des Strafvollzugs i.w.S. Diese Diskussion harrt im ganzen wie im einzelnen noch der Untersuchung und Würdigung.

3. Erfahrungsberichte und literarische Zeugnisse Gefangener bilden gleichfalls eine wichtige Quelle, aus der ein ungeschminktes, teils aber auch subjektiv verzerrtes Bild des damaligen Vollzugsalltags zu gewinnen ist. Sie sind denn auch bereits in der Weimarer Zeit zum Gegenstand einer noch heute beachtlichen Fachliteratur geworden[56].

4. Mit dem Strafvollzug jener Epoche hat sich schließlich auch die heutige vollzugsgeschichtliche Forschung in Sekundäranalysen befaßt. Freilich sind es - soweit ersichtlich - nur einige wenige Arbeiten, die zudem lediglich bestimmte Einzelthemen des damaligen Strafvollzugs behandeln[57]. Meist wird der Strafvollzug der Weimarer Zeit im Rahmen von geschichtlichen Längsschnittstudien untersucht, die besonderen Fragestellungen - wie etwa dem Stufenstrafvollzug[58], Gefangenenzeitschriften[59], der Gefangenenmitwirkung[60], Anstaltsbeiräten[61] oder dem Jugendstrafvollzug[62] - gelten. Insofern kann man - ungeachtet verdienstlicher Detailarbeiten - sagen, daß die Geschichte des Strafvollzugs der Weimarer Zeit noch nicht geschrieben ist.

1969 habe ich als die herausragenden Zielsetzungen der zwanziger Jahre gekennzeichnet: "Erlaß eines Reichsstrafvollzugsgesetzes, rechtsstaatliche Ausgestaltung des Strafvollzugs und Verwirklichung des Erziehungsstrafvollzugs"[63]. Diese Ziele wurden, wie man weiß, nicht durchweg erreicht. Manches, wie etwa der Erlaß eines Reichsstrafvollzugsgesetzes, blieb auf der Strecke. Auch der Weg zur Verwirklichung des Erziehungsstrafvollzugs war steinig und beschwerlich; er verlangte - wie gerade die Arbeiten von *Albert Krebs* über Untermaßfeld belegen[64] - viel Sachkenntnis, Entschiedenheit, Geduld und - nicht zuletzt - Überzeugungskraft ab. Schon vor längerer Zeit hat *Helmuth Plessner* mit der "Legende von den zwanziger Jahren", die im kulturgeschichtlichen Rückblick oft als die "goldenen" figurieren, aufgeräumt[65]. Es gab zahlreiche, in der Sache begründete Schwierigkeiten, aber auch von Personen herrührende Widerstände gegen die Reformziele. 1925 diagnostizierte etwa *Biesenthal* den "Zusammenbruch des Strafvollzugs". Es gebe keinen geordneten Vollzug mehr, Stillstand der Strafvollstreckung sei eingetreten, die Kriminalität nehme zu, die Freiheitsstrafe habe keine abschreckende Wirkung mehr[66]. *Biesenthal* führte diese Entwicklung nicht zuletzt auf eine "Überspannung und falsche Auslegung des Besserungsgedankens" zurück[67]. Wie sich die Bilder gleichen! - möchte man im Blick auf manche Entwicklungen des Strafvollzugs und Äußerungen über ihn in den achtziger Jahren ausrufen.

Wie sehr die Bewertungen auseinandergehen (können), zeigen die Urteile über ein zentrales Mittel zur Verwirklichung des Erziehungsgedankens in der Weimarer Zeit, den Stufenstrafvollzug. Er hat sowohl in der zeitgenössischen Kritik als auch im Rückblick eine durchaus unterschiedliche Beurteilung erfahren. *Radbruch* meinte 1932 feststellen zu müssen: "Man hatte ein Mittel der Erziehung zur Freiheit gesucht, gefunden aber ein vorzügliches Mittel der inneranstaltlichen Disziplin!"[68]. Zu einem durchaus zwiespältigen Ergebnis gelangt auch *Schattke* in seiner Untersuchung des damaligen Stufenstrafvollzugs. Er spricht einerseits von "positiven Entwicklungen in Preußen und Thüringen", von einer "verbreiteten grundsätzlichen Anerkennung des Progressivsystems", verweist aber andererseits auf den Mangel an feststellbaren Resozialisierungserfolgen und latenten Widerstand in manchen Kreisen des Vollzugspersonals. "Nachweisbar blieb nur eine bessere Anstaltsdisziplin."[69]

III.

Diese Probleme waren freilich "ein Vorspiel nur"[70] - verglichen mit dem, was dann von 1933 an, seit der Machtergreifung auch in Strafrechtspflege und Strafvollzug folgte. Angesichts einer Partei, die - wie *Karl Kraus* im Sommer 1933 schrieb - "grundsätzlich zum Totschlagen neigt"[71], angesichts eines von ihm konstatierten "Reichtum(s) an immer neuen Formen der Quälereien und Erniedrigung", einer "Romantik der Menschenschändung"[72] schienen die kulturellen und zivilisatorischen Errungenschaften der Grundrechte und des Rechtsstaates beseitigt, die Begriffe von Recht und Unrecht auf den Kopf gestellt. In der 17. Szene des Stückes "Furcht und Elend des Dritten Reiches" führt *Bertolt Brecht* zwei Bäcker während ihres Hofganges im Gefängnis vor: Der eine befindet sich seit zwei Jahren in Haft, weil er *nicht* Kleie und Kartoffeln ins Brot gegeben hat, der andere, der dem Brot Kleie beigemengt hat, sitzt wegen Lebensmittelfälschung ein[73].

Was sich selbst satirischer Betrachtung zu entziehen scheint, ist nunmehr dank zahlreicher zeit- und rechtsgeschichtlicher Untersuchungen zunehmend erhellt worden. Über Strafjustiz, Organisation und Tätigkeit von Polizei, Staatsanwaltschaft und Gerichte des Dritten Reiches sind wir aufgrunddessen weitgehend unterrichtet[74]. Auch über dessen Herrschafts-[75] und Rechtssystem[76] sowie seine Verwaltungspraxis[77] sind wir ziemlich genau im Bilde. Dies gilt erst recht für Ausgestaltung und Praxis jener Terrorinstrumente, deren sich die damaligen Machthaber in bevorzugtem Maße bedienten, die Geheime Staatspolizei und die Konzentrationslager[78], in denen - in zeittypischer Sinnverkehrung - die "Schutzhaft" vollzogen wurde. Ebenso sind wir über die im Verwaltungswege eingeführte polizeiliche Vorbeugungshaft, deren Möglichkeiten und Praxis weit über die der Sicherungsverwahrung hinausgingen, auf Grund der Studie von *Terhorst* näher informiert[79].

Dagegen liegen über den Strafvollzug des Dritten Reiches - wie angedeutet - bisher nur wenige Arbeiten vor, die ihn zudem meist im Zusammenhang mit Organisation und Praxis von Konzentrationslagern darstellen[80]. In aller Regel wird er - soweit er überhaupt erwähnt wird - im Zuge geschichtlicher Betrachtungen mehr oder minder kurz abgehandelt[81]. Dabei stehen fast durchweg inhaltliche Wiedergabe und Bewertungen der Vollzugsverordnung vom 14.5.1934 (VollzVO) und der Strafvollzugsordnung vom 22.7.1940 (StrVollzO), also das im Vordergrund[82], was man unter rechtsstaatlichen Verhältnissen als Rechtsgrundlagen des Strafvollzugs bezeichnen würde. Ausnahmen bestätigen die Regel[83]. Größere Einzeluntersuchungen, die sich der Wirklichkeit und Praxis des damaligen Strafvollzugs zuwenden, fehlen weitgehend - von einer Gesamtdarstellung ganz zu schweigen.

In 36 Jahrgängen der "Zeitschrift für Strafvollzug und Straffälligenhilfe" finden sich denn auch ganze drei Beiträge, die mit jenem Thema in Verbindung zu bringen sind. *Harald Poelchau* berichtete 1954 aus Anlaß des 20. Juli über seine Erfahrungen als Gefängnispfarrer mit dem Vollzug in den Gefängnissen Berlin-Tegel und Plötzensee in den vierziger Jahren[84]. 1962 erschien ein Auszug aus dem Buch *Joachim G. Leithäusers* über *Wilhelm Leuschner* in der Zeitschrift; hier wird dessen im Sommer 1933 in der Strafanstalt Rockenberg erlittene Schutzhaft geschildert[85]. Schließlich faßte 1986 *Erich Kosthorst* Ergebnisse seiner Untersuchung zu den Strafgefangenenlagern im Emsland im Rahmen eines kürzeren Beitrags zusammen[86].

Daß die Erforschung des Strafvollzugs des Dritten Reiches bisher so stark vernachlässigt wurde, muß seine Gründe haben. Sie können hier im einzelnen nicht erörtert, sondern nur insoweit erwähnt werden, als es zum Verständnis des gegenwärtigen Forschungsstandes notwendig erscheint. Die im sozial-psychologischen Bereich liegenden Hemmungen, sich mit der dunkelsten Zeit der deutschen Geschichte zu befassen, sind hinreichend bekannt. Sie dürften auch auf die Beschäftigung mit dem Strafvollzug jener Epoche abgefärbt haben. Wie anders ist es zu erklären, daß ein Thema, das - was etwa die Erschließung einschlägigen Materials anlangt - offen zu Tage liegt, nämlich die Kriminologie im Dritten Reich, bisher gleichfalls eher spärlich behandelt worden ist?[87] Wenigstens ebenso gewichtig, wenn nicht wissenschaftlich noch bedeutsamer erscheinen indessen hinsichtlich des Strafvollzugs Gründe, die mit der Sache selbst zu tun haben. Sie liegen vor allem - freilich keineswegs ausschließlich - auf zwei Ebenen: der Ebene einer mehr oder minder starken Verklammerung des Strafvollzugs mit dem übrigen System der damaligen Machtausübung sowie der Ebene erheblicher Schwierigkeiten des Zugangs zu manchen Quellen und Dokumenten jenes Strafvollzugs.

Beide Problembereiche erschweren eine genauere Untersuchung und wirklichkeitsgetreue Darstellung des Strafvollzugs des Dritten Reiches in starkem Maße. Der erstgenannte Aspekt verweist auf die Verflochtenheit des Strafvollzugs mit Staat und Gesellschaft im allgemeinen und dem damaligen Herrschaftssystem im besonderen. Daß der Strafvollzug als spezifischer Anwendungsfall staatlicher Machtausübung in unmittelbarem Zusammenhang mit der jeweiligen Staatsverfassung gesehen werden muß, ist eine Binsenweisheit. Dies gilt unabhängig davon, inwieweit er selbst als extreme Ausprägung tatsächlicher gesellschaftlicher Verhältnisse, gar noch als deren Abbild begriffen werden kann oder muß[88].

Im Fall des Dritten Reiches kommen indessen noch besondere Umstände hinzu, welche die damalige Lage des Strafvollzugs und ihre analytische Durchdringung in ein - geschichtlich gesehen - wohl einzigartiges Licht rücken. Es ist dies jenes unvergleichbare Phänomen des "Doppelstaates", das uns *Ernst Fraenkel* näher erschlossen hat. Danach war das NS-Regime durch zwei nebeneinander existierende Systeme gekennzeichnet: Auf der einen Seite stand der "Maßnahmenstaat", die durch keinerlei rechtliche Garantien und Grenzen beschränkte Ausübung von Gewalt und Macht[89]. Hier gab es weder Bindungen behördlicher Tätigkeit an Rechtsregeln und Zuständigkeiten noch irgendwelchen rechtlichen Schutz des einzelnen vor staatlichen Ein- und Übergriffen. Demgegenüber lebte *Fraenkel* zufolge auch im Dritten Reich, wenngleich eben durch den "Maßnahmenstaat" in seinen Funktionen auf die Ziele des NS-Regimes ausgerichtet, der "Normenstaat" fort, der sich in Gesetzen, Gerichtsentscheidungen und Verwaltungsakten ausdrückt, also gerade rechtlichen Regeln und Zuständigkeiten verpflichtet ist[90]. Nur so ist es zu erklären, daß es damals neben dem ungezügelten staatlichen Terror, der von der Inhaftierung über die Folterung bis hin zur physischen Auslöschung vermeintlicher oder wirklicher Gegner des Systems reichte, noch eine Art Gewaltenteilung zwischen Verwaltung und Rechtsprechung[91], ja sogar noch eine Verwaltungsgerichtsbarkeit[92] gab - deren rechtsstaatlicher Wert freilich überaus zweifelhaft, weil auf das Wohlwollen der Machthaber angewiesen war. Nur so wird verständlich, daß Behörden, namentlich die Gestapo, auf der einen Seite mißliebige Personen spurlos - buchstäblich über Nacht - verschwinden ließen, um sie mit oder ohne Verhör, mit oder ohne Folter irgendwann wieder freizulassen oder in ein Konzentrationslager zu verschleppen, daß auf der anderen Seite aber Strafverfahren von Polizei, Staatsanwaltschaft und Gerichten zumindest formal nach den Regeln der RStPO - mit indessen eingeschränkten Möglichkeiten der Strafverteidigung[93] - abgewickelt und Strafurteile ordnungsgemäß in Strafanstalten vollzogen wurden. Nur so kann man begreifen, daß Richter gelegentlich durch eine unverhältnismäßig lange Freiheitsstrafe Straftäter vor der sonst drohenden Einweisung ins Konzentrationslager zu bewahren suchten, daß auf die Verbüßung einer Freiheitsstrafe oder die Aufhebung eiens richterlichen Haftbefehls nicht selten der Zugriff der Gestapo folgte[94]. Jenes Nebeneinander von nahezu ungehemmtem polizeilichem Vorgehen sowie rechtlich und gerichtlich geregelter Strafpraxis wird nicht zuletzt durch *Terhorsts* Untersuchung zum Verhältnis von Vorbeugungshaft und Sicherungsverwahrung belegt[95]. Hinzu kamen allmähliche Entstehung und schließliche Existenz einer mehr oder minder ausgedehnten Sondergerichtsbarkeit in Gestalt von SS-, Polizei- und Sondergerichten[96] - neben der "normalen" Strafjustiz.

Die Frage drängt sich natürlich auf, wo und wie in einem solchen totalitären System, das gleichzeitig durch einen Pluralismus miteinander konkurrierender Machthaber und Instanzen gekennzeichnet war, der Strafvollzug zu verorten ist. Existierte doch eine Vielzahl von Einrichtungen des zwangsweisen Freiheitsentzugs, nämlich Gefängnisse und Zuchthäuser, Arbeitshäuser und Sicherungshäuser (für Sicherungsverwahrung), Polizeigefängnisse, Wehrmachtgefängnisse - und eben die berüchtigten Konzentrationslager. Und gab es doch - ungeachtet unterschiedlicher rechtlicher Grundlage, Zweckbestimmung und Organisation jener Anstalten - nicht selten für Inhaftierte einen nahtlosen Übergang von der einen Einrichtung in die andere. Ja, hing es vielfach - gerade bei politischen Gegner des Regimes, bei rassisch oder religiös Verfolgten - von der Willkür staatlicher Behörden oder den Zufälligkeiten eines gerichtlichen Verfahrens, etwa seiner formalen Rechtsstaatlichkeit, ab, welches Schicksal dem vom polizeilichen oder justitiellen Zugriff Betroffenen widerfuhr. Und es scheint angesichts verschiedentlich belegter Übergriffe, Schikanen und körperlicher Mißhandlungen[97], aber eben auch wiederholt bezeugter menschlicher und gerechter Behandlung durch das Strafvollzugspersonal[98] überaus schwierig, aufs Ganze gesehen auszumachen, wieviel an Humanität und Rechtsstaatlichkeit im damaligen Strafvollzug noch überlebten.

Angesichts eines solchen Herrschaftssystems liegt die Gefahr undifferenzierter Darstellung und Bewertung besonders nahe. So könnte man auf der einen Seite versucht sein, den damaligen Strafvollzug als "gleichgeschalteten" Bestandteil des Terrorregimes mit seiner Alltäglichkeit von Willkür und Menschenverachtung zu begreifen. Aber ebensogut könnte man auf der anderen Seite der Fehldeutung aufsitzen, der Strafvollzug des NS-Staates habe gleichsam eine "Insel der Menschlichkeit und Gerechtigkeit" inmitten einer Welt totalitären Zugriffs auf den Menschen gebildet. Schon die bisher vorliegenden Andeutungen und Hinweise lassen vermuten, daß das System auch insoweit ganz unterschiedliche Gesichter zeigte.

Dies ändert freilich nichts an recht eindeutigen Tendenzen, wie sie - im Sinne der damaligen Staatsführung - namentlich in den neuen Vollzugsregelungen und den offiziellen Verlautbarungen ab 1933 zum Ausdruck kamen[99]. 1934 umschrieb ein maßgebender Funktionär der Ministerialbürokratie die vorherrschenden Bestrebungen wie folgt: "Die ungeheure und wunderbare Wandlung in unserem deutschen Volke und Reiche, die uns der Sieg des Nationalsozialismus brachte, hat auch zu einer Wandlung im Strafvollzug geführt. Ist der Nationalsozialismus vermöge seines Totalitätsanspruches ohnehin bestrebt, alle Lebensgebiete mit seinem Geiste zu erfüllen, so konnte er den Strafvollzug schon aus dem Grunde nicht unberührt lassen, weil dieser eine der stärksten und bedeutsamsten staatlichen Machtäußerungen ist."[100] Von welchem "Geist" die damalige Staatsführung beseelt war, tat Reichsminister und Präsident der Akademie für Deutsches Recht Dr. *Hans Frank* kurze Zeit später unmißverständlich kund: "Der nationalsozialistische Staat als autoritärer Führerstaat ist mit allen Mitteln entschlossen, den Kriegszustand, den die Verbrecherwelt jeweils dem anständigen und gesitteten Teil eines Volkes aufzuoktroyieren unternimmt, so lange durchzuhalten, bis die Verbrecherwelt ausgerottet ist."[101] "Der nationalsozialistische Staat verhandelt mit den Verbrechern nicht, er schlägt sie nieder."[102] Es gehört zu den Ungereimtheiten, wenn nicht gar Widersprüchen jener Zeit und jenes Regimes, daß aber auch - unter Berufung auf *Fliedner* und *Wichern* - "Die Zurückführung der Strafgefangenen in die Gemeinschaft" als "ein gegenwartswichtiges Problem" bezeichnet werden konnte[103].

IV.

Hinsichtlich der Quellen und des sonstigen Materials ist die Lage, was den Strafvollzug im Dritten Reich anlangt, allenfalls in Teilbereichen mit derjenigen der Weimarer Zeit vergleichbar. Die Besonderheit eines Regimes, welches das ganze öffentliche und private Leben auf die ideologischen Ziele des Nationalsozialismus hin ausrichten wollte, abweichende Meinungen brutal unterdrückte und darum eine wahrheitsgetreue Berichterstattung ebenso wie eine Untersuchung der wirklichen Lebensverhältnisse zu unterbinden suchte, wo immer es nur ging, beschränkt und erschwert auch notgedrungen die Möglichkeiten der Forschung. Dies wirkte sich vor allem in dreierlei Hinsicht negativ aus: Zum einen fehlt es an genügendem oder ausreichend zuverlässigem empirischem Material aus jener Zeit selbst. Zum zweiten sind manche Arbeiten, weil deren Verfasser zur Emigration gezwungen waren oder in die Illegalität des Untergrundes abgedrängt wurden, nicht bekannt oder zugänglich geworden. Schließlich harren die zahlreichen Belege, die sich weit verstreut in der umfangreichen Literatur über die politische, rassische und religiöse Verfolgung durch das NS-Regime zum damaligen Strafvollzug finden, noch einer systematischen Erschließung.

Sucht man das derzeit greifbare Material zu ordnen, so lassen sich in etwa folgende Quellen und Studien voneinander unterscheiden:

1. Die im Dritten Reich erlassenen rechtlichen Regelungen und Verwaltungsvorschriften zum Strafvollzug - namentlich die VollzVO von 1934 und die StrVollzO von 1940 - sind weitgehend gesammelt und zugänglich[104]. Auf sie stützt sich, wie bereits erwähnt, ein Großteil der bisher vorliegenden Darstellungen des damaligen Strafvollzugs. Dokumentiert sind ebenso die - freilich fehlgeschlagenen - amtlichen Bestrebungen, ein "Gesetz für die Vollstreckung der Strafen, der Maßregeln der Sicherung und Besserung und der Untersuchungshaft (Strafvollstreckungsgesetz)" zu schaffen[105].

2. In der Zeit zwischen 1933 und 1945 ist eine Fülle von Arbeiten zu Grundsatz- und Einzelfragen des Strafvollzugs aus der Feder von maßgebenden Funktionären der Strafvollzugsverwaltung, Vollzugspraktikern und Wissenschaftlern, namentlich in Fachzeitschriften wie den "Blättern für Gefängniskunde" erschienen. Diese Literatur ist bisher nur teilweise ausgewertet; eine Gesamtanalyse steht noch aus. Seit 1985 liegt eine Bibliographie eines Teils einschlägiger Veröffentlichungen vor, die namentlich zwischen den Rechtsgrundlagen, den Zielen und der Reform des Strafvollzugs sowie einer Reihe spezieller Themen (wie etwa Behandlung des Gefangenen, Stufenstrafvollzug, Arbeitseinsatz, Strafvollzug an Jugendlichen, Frauenstrafvollzug, Maßregelvollzug, Entlassenenfürsorge und Strafvollstreckung) unterscheidet[106]. Bei detaillierterer Aufgliederung läßt sich die damalige Strafvollzugsliteratur im einzelnen folgenden Themenbereichen zuordnen:

   a) Verschiedene Beiträge hatten die rechtlichen Grundlagen des damaligen Strafvollzugs - vor allem nach Maßgabe der VollzVO und der StrVollzO - zum Gegenstand[107]. Erörtert wurde zunächst auch die Entwicklung des Strafvollzugs in einzelnen deutschen Ländern[108]. Solche Arbeiten traten nach der Überführung des Strafvollzugs in die Zuständigkeit des Reiches zunehmend in den Hintergrund.

   b) Ein erheblicher Teil der damaligen Literatur befaßte sich mit den Zielen und Zwecken des Strafvollzugs (und der Strafe)[109]. Als solche wurden - vor allem in Anlehnung an § 48 VollzVO - die Sühne (die freilich zumindest in einem unreflektierten Sinne als Vergeltung verstanden wurde) und die Abschreckung genannt.

   c) Einige Arbeiten beschäftigten sich mit der Umgestaltung des Strafvollzugs im faschistischen oder nationalsozialistischen Sinne[110] (was immer das bei einer Weltanschauung, die eher aus einer Ansammlung von aktionistischen und menschenverachtenden Kampfbegriffen sowie Phrasen als aus einem geschlossenen Gedankengebäude bestand[111], bedeutet haben mochte). Überhaupt spielten Reformfragen - oder was man jedenfalls darunter verstand - im Sinne der herrschenden Staatsdoktrin eine relativ große Rolle[112].

d) Immerhin wurden eine Zeitlang noch Themen erörtert, wie sie in einer rechtsstaatlichen Demokratie gang und gäbe sind: etwa die rechtsstaatliche Ausgestaltung des Strafvollzugs[113], die Rechtsstellung des Gefangenen[114] und die Beteiligung oder Mitwirkung des (Vollstreckungs-)Richters am Vollzug[115]. Auch der Stufenstrafvollzug[116] - der verschiedentlich durch das System der Führungsklassen ergänzt oder verdrängt wurde[117] - kam zur Sprache. Überhaupt wurde eine Differenzierung nach Gefangenengruppen angestrebt[118]. Freilich lassen Art und Weise der Auseinandersetzung mit solchen Themen in mehr oder minder starkem Maße die Handschrift der damaligen Staatsdoktrin erkennen - wie z.B. die entschiedene Ablehnung der richterlichen Kontrolle des Vollzugs, erst recht aber das Stichwort "Auslese"[119] erkennen lassen.

e) Eine größere Anzahl von Arbeiten setzt sich mit der Behandlung des Gefangenen auseinander; dabei werden relativ häufig Begriffe wie "Besserung" und "Erziehung" - freilich häufig in einem anderen als dem überkommenen Sinne - verwendet[120]. Beiträge, die etwa den Vollzug in militärischen Formen in den Mittelpunkt rücken[121] oder um die Bedeutung der Ehre für den Strafvollzug kreisen[122], signalisieren den Geist der Zeit.

f) Eine gewichtige Rolle spielen in der Literatur Fragen der Beschäftigung Gefangener[123]. Sie werden freilich ganz im Sinne der damaligen Staatsziele - so z.B. Erfüllung des Vierjahresplans - erörtert. Dahinter treten Themen wie etwa die Versorgung[124], die schulische Ausbildung Gefangener[125], die Gefangenenbücherei[126], die Gefangenenzeitung[127] und die Anstaltsseelsorge [128] eher zurück.

g) Eher randständige Bedeutung kommt Personalproblemen - etwa der Schulung und Tätigkeit des Strafvollzugsdienstes - zu[129].

h) Relativ breiten Umfang nehmen - erstaunlicherweise - Fragen der Gefangenen- und Entlassenenfürsorge in den damaligen Erörterungen ein[130]. Sie stehen indessen - wie praktisch alle Bereiche des öffentlichen Lebens im NS-Staat - unter den Vorzeichen der "Gleichschaltung" und Zentralisierung. Dies zeigt sich etwa darin, daß der in der Weimarer Zeit entstandene Reichszusammenschluß der Straffälligenhilfe in der Nationalsozialistischen Volkswohlfahrt (NSV) aufging.

i) Die Sonderprobleme des Frauenstrafvollzugs fristen in der Literatur der NS-Zeit weitgehend ein Schattendasein[131].

j) Breiten Raum beanspruchen demgegenüber Grund- und Einzelfragen des Jugendstrafvollzugs und der Erziehung junger Gefangener[132] - denen das Regime, wie ja der Jugend überhaupt, aus bekannten Gründen seine besondere Aufmerksamkeit widmete.

k) Erste Beiträge befassen sich mit statistischen Daten zum Strafvollzug[133]. Sie lassen freilich, da sich das Zahlenmaterial überwiegend auf die Endphase der Weimarer Zeit bezieht, noch keine eindeutigen Schlüsse auf die zahlenmäßige Entwicklung des Strafvollzugs im Dritten Reich zu. Zu einer vom Statistischen Reichsamt vorzulegenden Reichsstrafvollzugsstatistik ist es trotz entsprechender Forderungen nicht gekommen. So sind hinreichend aussagekräftige und zuverlässige Daten über die tatsächliche Belegung der Gefängnisse, Zuchthäuser und Strafgefangenenlager jener Zeit nur in begrenztem Maße vorhanden. Immerhin lassen einige Quellen erkennen, daß die Zahl der Insassen seit der Machtergreifung auf Grund häufiger Verurteilungen politischer Gegner des Regimes sprunghaft angestiegen ist; so soll die Zahl der Gefangenen allein in Preußen von 30.000 im Jahre 1929 auf 64.000 am 1. April 1934 angewachsen sein[134]. Die statistisch belegte Zunahme der Verurteilungen zu Zuchthaus- und längeren Freiheitsstrafen[135], also die Verschärfung der gerichtlichen Sanktionspraxis spricht dafür, daß der Belegungsdruck - zumindest in Teilbereichen des Vollzugs - angehalten hat.

3. Gleichsam ein "Kontrastprogramm" zu jenen Arbeiten aus Vollzugspraxis und Wissenschaft liefern die Äußerungen und Belege, die sich über den Strafvollzug in den Quellen und der Sekundärliteratur zum Widerstand und zur politischen, rassischen und religiösen Verfolgung im Dritten Reich finden. Insoweit existiert ein weitverstreutes und umfangreiches Material, das freilich noch nicht annähernd ausgewertet, bisher allenfalls in Ansätzen zur Kenntnis genommen worden ist.

   Es ist hier nicht möglich, die Vielzahl einschlägiger Berichte und Dokumente im einzelnen wiederzugeben; dies kann nur im Rahmen eines größeren Forschungsvorhabens geschehen. Nur so viel sei festgehalten: Viele Gegner und Opfer des NS-Regimes erlitten zwischen 1933 und 1945 Untersuchungshaft oder Strafhaft in Zuchthäusern, Gefängnissen oder Strafgefangenenlagern; der Anteil der politischen Gefangenen unter den Insassen des damaligen Strafvollzugs war besonders hoch. Hierüber liegen uns namentlich Augenzeugenberichte von Seelsorgern vor, die als Anstaltsgeistliche mit Insassen - freilich nicht zuletzt zum Tode Verurteilten - in Berührung kamen[136]. Dabei waren, wie man längst weiß, die verschiedensten politischen oder weltanschaulichen Richtungen unter jenen Gefangenen vertreten. Nur einige wenige Beispiele mögen jene geistige und politische Spannweite verdeutlichen. Erfahrungen mit Haftsituationen im Dritten Reich vermitteln uns etwa Berichte von und über *Dietrich Bonhoeffer*[137], *Robert Havemann*[138], *Julius Leber*[139], *Wilhelm Leuschner*[140], *Helmuth James Graf von Moltke*[141], *Ernst Niekisch*[142], *Luise Rinser*[143], *Harro Schulze-Boysen*[144] und *Heinz Zöger*[145].

4. Zu denjenigen zeitgenössischen Dokumenten, die gleichsam eine "Außenansicht" des damaligen Strafvollzugs vermitteln, gehört die von der "Union für Recht und Freiheit" herausgegebene und 1936 in Prag erschienene "Denkschrift und Materialsammlung" "Der Strafvollzug im III. Reich"[146]. Wie viele andere Veröffentlichungen, die im Ausland und in der Emigration über die Verhältnisse im NS-Staat berichteten, beruht auch dieses Werk auf einer Auswertung von Pressemeldungen, fachlichen Publikationen und Aussagen unmittelbar Betroffener. Thematisch greift es über seinen Gegenstand insofern weit hinaus, als es nicht nur den Strafvollzug im eigentlichen Sinne, sondern auch System und Praxis der Vernehmungsmethoden, der Schutzhaft und der Konzentrationslager

sowie den Vollzug der Todesstrafe[147], also jene Terrorinstrumente in die Darstellung einbezieht, mit denen das damalige Regime bevorzugt seine Herrschaft durchzusetzen und aufrechtzuerhalten suchte.
In den Berichten über den Vollzug der Zuchthausstrafe, aber auch der Gefängnisstrafe ist - ganz im Sinne der damaligen Doktrin und offiziellen Verlautbarungen - von der Ausgestaltung des Freiheitsentzuges als empfindliches Übel, von Verschärfung der Strafpraxis und von der Abdankung der Menschlichkeit - namentlich im Hinblick auf politische Gefangene - die Rede[148]. Während verbal am Erziehungsgedanken festgehalten wird, stellen die Verfasser eine grundlegende Veränderung seines Inhalts fest. Mit der weitgehenden Abschaffung der Vergünstigungen und der Möglichkeiten des Gefangenen zur Mitwirkung an der Vollzugsgestaltung gingen Vollzug in militärischen Formen und Disziplinierung der Insassen einher[149]. "Das erste übereinstimmende Merkmal aller Berichte aus Zuchthäusern und Gefängnissen ist die Überfüllung dieser Anstalten. Die Unterbringung hält sich in keinem, den vorhandenen Räumlichkeiten auch nur einigermaßen angemessenen Rahmen. Das Problem der Überfüllung der Strafanstalten ist erst nach Hitlers Machtantritt eingetreten."[150] Die Aussagen und Informationen Betroffener, die sich freilich jeweils auf bestimmte Anstalten beziehen, sprechen - etwa was die Unterbringung, die Hygiene, die Ernährung, die Gesundheitsfürsorge und die Arbeitsbedingungen anlangt[151] - für sich. Festgestellt wird, "daß die kriminellen Elemente überall gegen die politischen Häftlinge ausgespielt werden"[152]. Das Bild des Frauenstrafvollzugs, das die Verfasser - indessen überwiegend wiederum im Blick auf politische Gefangene - entwerfen[153], steht hinsichtlich seiner negativen Charakterisierung der damaligen Verhältnisse in nichts der Darstellung des Männerstrafvollzugs nach.
Im Schlußteil des Werkes heißt es: "Dem nationalsozialistischen Strafvollzug sind Erscheinungen bekannt, die es in einem Rechts- und Strafvollzugssystem normalerweise nicht gibt. Es sind dies Folgeerscheinugnen der nationalsozialistischen Rechtsauffassung, die jeden Unterschied zwischen exekutiver, legislativer und richterlicher Sphäre beseitigen."[154] In seinem Vorwort spricht *Václav Boucek* von einem "Rückschritt in das primitive Mittelalter", von einem "Atavismus, dem das Volk Goethes und Herders nie hätte verfallen sollen"[155]. Als jenes Werk erschien, schrieb man - daran ist zu erinnern - noch das Jahr 1936.

V.

Im Hinblick auf die Entwicklung der "Blätter für Gefängniskunde" im Dritten Reich bemerkte *Albert Krebs* 1977: "Die Jahre 1933 bis 1945 bildeten eine unüberschreitbare Barriere."[156] Diese Feststellung läßt sich verallgemeinern: Sie gilt für Situation und Entwicklung des Strafvollzugs unter der NS-Herrschaft schlechthin. Noch ist dessen Geschichte nicht geschrieben. Aber erste Anfänge werden sichtbar; das Dunkel, das auch über dem Strafvollzug jener Zeit lastet, beginnt der Helligkeit zu weichen. Das Dunkel, das auch den damaligen Strafvollzug belastet, freilich bleibt. Es ist nicht nur ein strafvollzugsgeschichtliches Interesse, das uns dazu anhält - oder anhalten sollte -, dem nachzugehen, was während des Dritten Reiches in den Zuchthäusern, Gefängnissen und Strafgefangenenlagern und mit ihnen geschehen ist.

Anmerkungen

1 Für wesentliche Vorarbeiten zum Teil "Strafvollzug im Dritten Reich" habe ich Herrn Dr. Hubert *Beste*, Saarbrücken, für die Zusammenstellung einschlägiger Literatur zu diesem Teil Herrn Joachim *Kallert*, Pirmasens, zu danken.

2 Vgl. z.B. Johannes *Fritzsche*, Die nachrevolutionären Forderungen der sozialistischen und kommunistischen Parteien Deutschlands zur Neuordnung des Strafvollzugs, Diss.jur. Leipzig 1925; Alfred *Behrle*, Die Stellung der deutschen Sozialisten zum Strafvollzug von 1870 bis zur Gegenwart (Freiburger Beiträge zur Strafvollzugskunde H. 1). Berlin, Leipzig 1931; Manfred *Worm*, SPD und Strafrechtsreform. Die Stellung der Sozialdemokratischen Partei Deutschlands zur Strafrechtsreform unter Berücksichtigung ihrer Wandlung von einer Klassenkampfpartei zur Volkspartei (Beih. 8 der Zweimonatsschrift Politische Studien). München/Wien 1968, S. 64 ff.

3 Die Welt ohne Zuchthaus, in: Die Justiz VI (1930/31) 49-56 (49). Vgl. Fritz *Wittels*, Die Welt ohne Zuchthaus, Stuttgart-Leipzig-Zürich 1928.

4 Der Doppelstaat. Recht und Justiz im "Dritten Reich" (Fischer Taschenbuch 4305). Frankfurt a.M. 1984. Das Buch ist erstmals als amerikanische Originalausgabe unter dem Titel "The Dual State" 1941 in New York erschienen. Zu jenem Werk Bernhard *Blanke*, Der deutsche Faschismus als Doppelstaat, in: Redaktion Kritische Justiz (Hrsg.): Der Unrechts-Staat. Recht und Justiz im Nationalsozialismus. 2. Aufl. Baden-Baden 1983, S. 59-81; Wolfgang *Luthardt*, Der Nationalsozialismus als Unrechtsstaat - Zwei zeitgenössische sozialdemokratische Analysen von Ernst *Fraenkel* und Franz *Neumann*, Recht und Politik 19 (1983) 202-207.

5 Repräsentativ Albert *Krebs*, Freiheitsentzug. Entwicklungen von Praxis und Theorie seit der Aufklärung. Hrsg. von Heinz *Müller-Dietz*. Berlin 1978.

6 Vgl. etwa Erich *Kosthorst*/Bernd *Walter*, Konzentrations- und Strafgefangenenlager im Dritten Reich. Beispiel Emsland. Zusatzteil: Kriegsgefangenenlager. Dokumentation und Analyse zum Verhältnis von NS-Regime und Justiz. Mit historisch-kritischen Einführungstexten und statistisch-quantitativen Erhebungen und Auswertungen zum Strafvollzug in Arbeitslagern. Bd. 1-3. Düsseldorf 1983 (Taschenbuchausgabe: Konzentrations- und Strafgefangenenlager im Emsland 1933-1945. Zum Verhältnis von NS-Regime und Justiz. Düsseldorf 1985); Erich *Kosthorst*, Konzentrations- und Strafgefangenenlager im Dritten Reich - Beispiel Emsland -. Aufgabe und Sinn der geschichtlichen Erinnerung, ZfStrVo 35 (1986) 219-224.

7 Vgl. Artur *Amling*, Das Gefängniswesen Thüringens. Die Strafanstaltsgemeinschaft der thüringischen Staaten und der Strafvollzug in den gemeinschaftlichen Strafanstalten Gräfentonna, Untermassfeld und Ichtershausen, Diss.jur. Jena 1923.

8 Vgl. die Beiträge von Albert *Krebs*: Der Erziehungsbeamte in der Strafanstalt (1928), Die Selbstverwaltung Gefangener in der Strafanstalt (1928), Landesstrafanstalt in Untermaßfeld. Wesen, Organisation und Grenzen des Vollzugs (1930), Volkshochschularbeit im Gefängnis (1930), alle in: *Krebs*, Freiheitsentzug (Anm. 4), S. 255-313; *ders.*, Die G.m.b.H. als Betriebsform der Arbeit in der Strafanstalt. Dargestellt an dem Beispiel der Thüring. Gesellschaft für Werkarbeit in den Jahren 1923-1933, ZfStrVo 15 (1966) 204-213; *ders.*, Von den Anfängen der Sozialarbeit im Erwachsenenstrafvollzug in Deutschland während der zwanziger Jahre. Bericht über das Werden in der Thüringischen Landesstrafanstalt Untermaßfeld bei Meiningen in den Jahren 1923-1933, MSchrKrim. 69 (1986) 69-84. Vgl. auch Ursula *Sagaster*, Die thüringische Landesstrafanstalt Untermaßfeld in den Jahren 1923-1933. Zur Methodik des Strafvollzugs in Deutschland (Strafvollzug, Randgruppen, Soziale Hilfen Bd. 1). Frankfurt a.M./Bern/Cirencester 1980.

9 Vgl. z.B. Moritz *Liepmann*, Die neuen Grundsätze über den Vollzug von Freiheitsstrafen in Deutschland. Berlin und Leipzig 1924; Konrad *Ditges*, Individualisierung im Strafvollzug, insbes. nach den Grundsätzen vom 27.6.1923, Diss.jur. Köln 1924; Otto *Müller*, Die Grundsätze für den Vollzug der Freiheitsstrafen vom 7.6.1923 in ihrer Bedeutung als Grundlage des deutschen Strafvollzugs, Diss.jur. Heidelberg 1925; *Weiss*, Wie wirken sich die Reichs-Grundsätze für den Vollzug von Freiheitsstrafen vom 7. Juni 1923 in den Dienst- und Vollzugsordnungen der Länder aus?

MSchrKrim. 16 (1925) 166-190; Werner *Ehrenforth*, Die Rechtsstellung des Gefangenen nach den Grundsätzen für den Vollzug der Freiheitsstrafen vom 7.6.1923 (Rechtswissenschaftl. Studien H. 37). Berlin 1927; dazu auch Eberhard *Schmidt*, Einführung in die Geschichte der deutschen Strafrechtspflege. 3. Aufl. Göttingen 1965, S. 421 ff.; *Müller-Dietz*, Strafvollzugsgesetzgebung und Strafvollzugsreform (Schriftenreihe Annales Universitatis Saraviensis Rechts- und Wirtschaftswissenschaftl. Reihe Bd. 55). Köln/Berlin/Bonn/München 1970, S. 15 ff.; Hans Dietrich *Quedenfeld*, Der Strafvollzug in der Gesetzgebung des Reiches, des Bundes und der Länder. Eine Untersuchung über die normative Grundlage des Strafvollzugs (Juristische Studien Bd. 29). Tübingen 1971, S. 11 ff.

10 Amtlicher Entwurf eines Strafvollzugsgesetzes nebst Begründung vom 13. Januar 1927 (Reichsratsvorlage) und Entwurf eines Strafvollzugsgesetzes mit Begründung vom 9. September 1927 (Reichstagsvorlage). (Materialien zur Strafrechtsreform 6. Bd.). Bonn 1954. Dazu vor allem Reform des Strafvollzuges. Kritische Beiträge zu dem Amtlichen Entwurf eines Strafvollzugsgesetzes, hrsg. von Lothar *Frede* und Max *Grünhut*. Berlin und Leipzig 1927. Vgl. ferner *Müller-Dietz* (Anm. 9), S. 17 ff.; *Quedenfeld* (Anm. 9), S. 15 ff.

11 Vgl. *Quedenfeld* (Anm. 9), S. 18.

12 Z.B. Mitteilungen der Internationalen Kriminalistischen Vereinigung (I.K.V.) NF 3. Bd. Berlin und Leipzig 1928.

13 Vgl. Mitteilungen der Kriminalbiologischen Gesellschaft Bd. I (Wien 1927), Bd. II (Dresden 1928), Bd. III (München 1930); dazu auch Albert *Krebs*, Persönliche Erinnerungen an die Frühzeit der "Gesellschaft für die gesamte Kriminologie". In: Wirtschaftskriminalität, Beurteilung der Schuldfähigkeit (Kriminolog. Gegenwartsfragen H. 13). Stuttgart 1978, S. 193-197.

14 Vgl. *Zirker*, Erste Tagung der Arbeitsgemeinschaft für Reform des Strafvollzugs, MSchrKrim. 15 (1924) 102-105; *ders.*, 9. und 10. Sept. 1924 zweite Tagung der Arbeitsgemeinschaft für Reform des Strafvollzuges in Frankfurt a.M., MSchrKrim. 16 (1925) 86-94; Max *Grünhut*, Bericht über die dritte Tagung der Arbeitsgemeinschaft für die Reform des Strafvollzuges, MSchrKrim. 18 (1927) 104-108; Rudolf *Sieverts*, Die Arbeitsgemeinschaft für die Reform des Strafvollzuges. Tagungen 1929 und 1930, ZStW 51 (1931) 255-268.

15 Vgl. Otto *Rudolph*, Aus dem Erbe des "Vereins der Deutschen Strafanstaltsbeamten e.V.", ZfStrVo 13 (1964) 311-327. Vgl. auch *Krebs* (Anm. 5), S. 97, 204, 598.

16 Der "Reichszusammenschluß für Gerichtshilfe, Gefangenen- und Entlassenenfürsorge" wurde 1927 gegründet; sein Organ waren die "Monatsblätter des Reichszusammenschlusses usw.".

17 Vgl. *von Rohden*/Theodor *Just*, Hundert Jahre Geschichte der Rheinisch-Westfälischen Gefängnis-Gesellschaft 1826-1926. Düsseldorf 1926.

18 Z.B. Gustav *Aschaffenburg*, Das Verbrechen und seine Bekämpfung. 3. Aufl. Heidelberg 1923; *ders.*, Hahnöfersand, MSchrKrim. 15 (1924) 346-351.

19 Curt *Bondy*, Pädagogische Probleme im Strafvollzug (Hamburgische Schriften zur gesamten Strafrechtswissenschaft H. 8). Mannheim 1925; *ders.*, Der Strafvollzug an jungen Gefangenen, in: *Frede/Grünhut* (Anm. 10), S. 229-243; *ders.*, Arbeitshaus und Bewahrungsanstalt, ZStW 50 (1930) 524-438; *ders.*, Fortschritte und Hemmungen in der Strafvollzugsreform, in: Rechtsstaatsidee und Erziehungsstrafe. Abhandlungen zur Erinnerung an M. Liepmann (MSchrKrim. Beih. 3). Heidelberg 1930, S. 90-102.

20 Nachw. bei Friedrich *Geerds*, Berthold Freudenthal. Ein Wissenschaftler und sein Wirken, ZfStrVo 18 (1969) 251-262 (259-261); *Müller-Dietz*, Strafvollzugskunde als Lehrfach und wissenschaftliche Disziplin. Bad Homburg v.d.H., Berlin, Zürich 1969, S. 16 Anm. 31.

21 Z.B. Max *Grünhut*, Rechtliche Garantien im Strafvollzug, in: *Frede/Grünhut* (Anm. 10), S. 17-30; *ders.*, Gefangenenarbeit, in: Handwörterbuch der Staatswissenschaften, hrsg. von Ludwig *Elster* u.a., Jena 1927, Bd. 4, S. 663-665; *ders.*, Forderungen zum Strafvollzugsgesetz, ZStW 51 (1931) 75-83.

22 Vgl. *Krebs* (Anm. 5), S. 181-205; Nachw. auch bei *Müller-Dietz* (Anm. 20), S. 20 Anm. 43.

23 Z.B. Moritz *Liepmann*, Die Problematik des "Progressiven Strafvollzugs", in: Beiträge zur Kriminalpsychologie und Strafrechtsreform. Festgabe zum 60. Geburtstage von Gustav Aschaffenburg (MSchrKrim. Beih. 1). Heidelberg 1926, S. 56-68; *ders*., Amerikanische Gefängnisse und Erziehungsanstalten. Reisebericht (Hamburgische Schriften zur gesamten Strafrechtswissenschaft H. 11). Mannheim 1927; *ders*., Der Strafvollzug als Erziehungsaufgabe, in: *Frede/Grünhut* (Anm. 10), S. 1-16; *ders*., Die kriminalpolitischen Grundgedanken des Entwurfs eines Deutschen Strafvollzugsgesetzes, in: Mitteilungen (Anm. 12), S. 129-159. Vgl. auch Anm. 9.

24 Vgl. Karl *Engisch*, Wolfgang Mittermaier (1867-1956), ZfStrVo 20 (1971/72) 173-180.

25 Z.B. Johannes *Nagler*, Das Erziehungsproblem im modernen Strafvollzug (Freiburger Wissenschaftl. Gesellschaft H. 13). Freiburg i. Br. 1926; *ders*., Der Entwurf eines Strafvollzugsgesetzes (Reichsratsvorlage), GS 95 (1927) 42-80.

26 Vgl. namentlich Gustav *Radbruch*, Der Erziehungsgedanke im Strafwesen (1932), ZfStrVo 3 (1952/53) 154-162 = *Radbruch*, Der Mensch im Recht. Ausgewählte Vorträge und Aufsätze über Grundfragen des Rechts. Hrsg. von Fritz *von Hippel* (Kleine Vandenhoeck-Reihe 51/52). Göttingen 1957, S. 50-62. Über *Radbruch* etwa *Krebs* (Anm. 5), S. 217-239, sowie die Beiträge von Eberhard *Schmidt*, Karl *Engisch*, Wilfried *Küper*, Hans Jochen *Vogel*, in: Heidelberger Strafrechtslehrer im 19. und 20. Jahrhundert. Hrsg. von Wilfried *Küper*. Heidelberg 1986, S. 195-274.

27 Z.B. Eberhard *Schmidt*, Kritisches zur Kritik am modernen Strafvollzug. Zugleich Bemerkungen zur preußischen Personalordnung für den oberen Strafvollzugsdienst vom 8. Januar 1931, MSchrKrim. 22 (1931) 193-207. Über Eb. *Schmidt* etwa Karl *Engisch* und Richard *Lange*, in: Heidelberger Strafrechtslehrer (Anm. 26), S. 285-301.

28 Vgl. Rudolf *Sieverts*, Die Wirkungen der Freiheitsstrafe und Untersuchungshaft auf die Psyche der Gefangenen. Phänomenologische Studien an literarischen Selbstzeugnissen ehemaliger Häftlinge (Hamburgische Schriften zur gesamten Strafrechtswissenschaft H. 14). Mannheim/Berlin/Leipzig 1929; *ders*., Die preußische Verordnung über den Strafvollzug in Stufen vom 7. Juni 1929, in: Rechtsstaatsidee (Anm. 19), S. 129-151. Vgl. ferner Anm. 14.

29 Vgl. Hans *Ellger*, Der Erziehungszweck im Strafvollzug. Halle a.d.S. 1922; *ders*., Zur Reform des Strafvollzuges. 2. Aufl. Halle 1924; *ders*., Der Strafvollzug in Stufen, BlGefK 57 (1926) 189-233; *ders*., Der Strafvollzug in Stufen und die Bestimmungen des amtlichen Entwurfs eines Strafvollzugsgesetzes, BlGefK 58 (1927) 152-170. Über H. *Ellger* Joachim *Ellger*, Hans Ellger - Aus dem Leben des ersten Leiters des Jugendgefängnisses in Wittlich an der Mosel, ZfStrVo 11 (1962) 207-210.

30 Vgl. etwa Lothar *Frede*, Der Strafvollzug in Stufen in Thüringen, ZStW 46 (1925) 233-248; *ders*., Der Stufenstrafvollzug in Thüringen und der Entwurf eines Reichsstrafvollzugsgesetzes, Archiv für Rechtspflege in Sachsen, Thüringen und Anhalt, Jg. 1927, 244-264; *ders*., Der Strafvollzug als Gegenstand staatlicher Verwaltung, Der Strafvollzug in Stufen, in: *Frede/Grünhut* (Anm. 10), S. 31-54, 102-136; *ders*., Die vom Reichsrat am Entwurf des Strafvollzugsgesetzes vorgenommenen Änderungen, ZStW 48 (1928) 305-329; *Frede/Sieverts*, Die Beschlüsse der Internationalen Gefängniskongresse 1872-1930, Eisenach 1931. Über L. *Frede Krebs* (Anm. 5), S. 240-251 (Nachw. S. 250 f.).

31 Vgl. z.B. Werner *Gentz*, Der moderne Strafvollzug, ZStW 46 (1925) 129-152; *ders*., Ein Jahr progressiver Strafvollzug in Preußen, Berlin und Leipzig 1926; *ders*., Die praktische Ausgestaltung des Strafvollzuges, in: *Frede/Grünhut* (Anm. 10), S. 55-101; *ders*., Die kriminalpolitischen Grundgedanken des Entwurfs eines Deutschen Strafvollzugsgesetzes, in: Mitteilungen (Anm. 12), S. 159-177; *ders*., Das Sexualproblem im Strafvollzuge, ZStW 50 (1929) 406-427; *ders*., Auswahl und Berufsausbildung des Verwaltungs- und Aufsichtspersonals der Strafanstalten, ZStW 51 (1931) 216-243.

32 Vgl. Z.B. Walter *Herrmann*, Das Hamburgische Jugendgefängnis Hahnöfersand. Ein Bericht über Erziehungsarbeit im Strafvollzug (Hamburgische Schriften zur gesamten Strafrechtswissenschaft H. 4). 2. Aufl. Mannheim 1926.

33 Vgl. Anm. 5, 8, 13, 15, 22, 26, 30.

34 Vgl. z.B. *von Michaelis*, Der Strafvollzug der Gegenwart und seine Reform, ZStW 42 (1921) 384-403; Hans *Eichler*, Neuzeitlicher Strafvollzug, ZStW 48 (1928) 171-194; Josef *Freudenthal*, Der Vollzug der Freiheitsstrafen, Diss.jur. Würzburg 1930.

35 Vgl. *von Michaelis*, Der Erziehungsgedanke im Strafvollzug, BlGefK 55 (1923) 65-75; *Buerschaper*, Der Besserungsgedanke im künftigen Strafvollzug, ZStW 44 (1924) 443-454; Walter *Grohmann*, Die sittliche und soziale Hebung Verbrecherischer, ZStW 46 (1925) 374-389; *ders*., Was darf man für die sittliche und soziale Hebung der Verbrecherischen vom Strafvollzug erwarten und was nicht?, ZStW 48 (1927) 612-624; Erhard *Schaefer*, Besserung im modernen Strafvollzug, Diss.jur. Breslau 1926; Edmund *Kessler*, Das Erziehungsproblem im Strafvollzug, Diss.jur. Marburg 1926; Richard *Gutfleisch*, Strafe und Erziehung. Freiburg i.Br. 1926; Hans *Dreier*, Die Auswirkungen des Erziehungsgedankens im bremischen Strafvollzuge, Diss.jur. Leipzig 1927; Gerhard *Jalowietzki*, Der Besserungsgedanke im Strafvollzuge, Diss.jur. Greifswald 1927; Albert *Scherer*, Die Besserungsbestrebungen im Strafvollzug in Gegenwart und Vergangenheit. Diss.jur. Freiburg i.Br. 1928; Christian *Mohr*, Die Strafanstalt als Erziehungsanstalt, Celle 1929; Richard *Steinle*, Der Erziehungsgedanke im Strafvollzug. Nach dem Entwurf eines Strafvollzugsgesetzes von 1927, Diss.jur. Erlangen 1931; Hanns *Finke*, Der Rechtsbrecher im Lichte der Erziehung. Kritische aufbauende Gedanken aus der Praxis für die Änderung des Strafvollzuges. Weimar 1931; Hilde *Ottenheimer*, Sozialpädagogik im Strafvollzuge. Berlin 1931; Rudi Geissler, Das Erziehungsproblem bei dem Vollzug der Freiheitsstrafe an Gefangenen und Zuchthausgefangenen über 25 Jahre in der Entwicklung eines Strafvollzugsgesetzes mit bes. Berücksichtigung der geltenden Vorschriften in Preußen, Diss.jur. Frankfurt a.M. 1932; Suse *Schwarzenberger*, Die Bedeutung der modernen Erziehungswissenschaften für das juristische Strafproblem (Heidelberger rechtswissenschaftl. Abhandlungen 19). Heidelberg 1933.

36 Vgl. Karl *Basta*, Inwiefern deckt die Anstaltsgewalt Eingriffe in die Rechte der Gefangenen?, Diss.jur. Frankfurt a.M. 1927; Ludwig *Jacobi*, Die Rechtsstellung des Strafgefangenen in Deutschland nach den Reichsgrundsätzen vom 7.6.1923 und den Vollzugsordnungen der deutschen Länder mit Berücksichtigung der Entwürfe zu einem Strafvollzugsgesetz. Berlin 1929; *ders*, Die Rechtsstellung der Strafgefangenen, ZStW 50 (1930) 376-405; Ernst *Frosch*, Wie weit gelten die Grundrechte der deutshen Reichsverfassung vom 11. August 1919 für Strafgefangene?, Diss.jur. Jena 1933.

37 Vgl. Anm. 9, 35, 36 und 40.

38 Vgl. Alfred *Andrae*, Der deutsche Strafvollzug und seine reichsgesetzliche Regelung (Würzburger Abh. 12). Leipzig 1920; Franz *Klein*, Ein Strafvollzugsgesetz, LZ 14 (1920), Sp. 275-283; Erwin *Bumke*, Die Freiheitsstrafe als Problem der Gesetzgebung, in: Deutsches Gefängniswesen. Handbuch. Hrsg. von Erwin *Bumke*, Berlin 1928, S. 16-32.

39 Vgl. Ernst *Bayerlein*, Inhalt und Anwendung der Gefängnisstrafe auf Grund des Strafgesetzentwurfs 1927 und des Entwurfs eines Strafvollzugsgesetzes, Diss.jur. Erlangen 1931. Vgl. ferner Anm. 10, 35 und 40.

40 Vgl. Richard *Degen*, Die Einführung eines Stufensystems in den bayerischen Strafanstalten, MSchrKrim. 14 (1923) 6-13; Hans *Busch*, Das Progressivsystem im Strafvollzug, Diss.jur. Köln 1923; Karl Paul *Heinke*, Der progressive Strafvollzug in Sachsen, Diss.jur. Leipzig 1925; Rudolf *Hüne*, Wesen und Verbreitung des progressiven Strafvollzugs, Diss.jur. Leipzig 1926; Walter *Grohmann*, Die Einführung des stufenweisen Strafvollzugs in Sachsen, Diss.jur. Leipzig 1926; Der Stufenstrafvollzug und die kriminalbiologische Untersuchung der Gefangenen in den Bayerischen Strafanstalten. Bd. 1-3. München 1928/28/29; G. *Steuk*, Erziehungs- oder Stufenvollzug, BlGefk 58 (1927) 31-35; *Strube*, Erziehungsgedanke und Stufenstrafvollzug. Kritik am Entwurf eines Strafvollzugsgesetzes, BlGefk 58 (1927) 24-30; Hildegard *Kajewicz*, Der Strafvollzug in Stufen nach dem amtlichen Entwurf eines Strafvollzugsgesetzes 1927, Diss.jur. Erlangen 1928; Amalie *Böseke*, Der Stufenstrafvollzug in Deutschland von den Reichsratsgrundsätzen bis zum Entwurf eines Strafvollzugsgesetzes. Kiel 1929; Paul *Mayer*, Der Strafvollzug in Stufen. Nach dem Stande der preußischen "Verordnung über den Strafvollzug in Stufen" vom 7. Juni 1929, Diss.jur. Köln 1931; Peter Anton

Hubbertz, Der Stufenstrafvollzug in Deutschland (nach den Reichsratsgrundsätzen 1923 und nach dem Strafvollzugsgesetzentwurf 1927) und in Holland, Diss.jur. Erlangen 1933.

41 Vgl. Erwin *Hacker*, Die Individualisierung beim Vollzug der Freiheitsstrafen, BlGefk 53 (1919) 120-144; Wilhelm *Lewinski*, Die Klassifikation der Rechtsbrecher nach der Preußischen Verordnung über den Strafvollzug in Stufen vom 7. Juni 1929, Diss.jur. Leipzig 1932.

42 Vgl. Werner *Petrzilka*, Diagnose von Strafgefangenen als Grundlage für ihre individuelle Behandlung. Eine kriminalpolitische Betrachtung. Hamburg 1928.

43 Vgl. Rudolf *Michel*, Zur Psychologie und Psychopathologie der Strafhaft, MSchrKrim. 15 (1924) 58-83; Karl *Wilmanns*, Die Abhängigkeit der Haftpsychosen vom Zeitgeist, MSchrKrim. 15 (1924) 308-333.

44 Vgl. Philipp *Borchers*, Die Gefangenenarbeit in den deutschen Strafanstalten, BlGefk 54 (1921) 7-146; Franz *Mielke*, Die Produktion der Strafanstalten, unter bes. Berücksichtigung der preußischen Verhältnisse, Diss.jur. Kiel 1922; Otto Martin *Weiler*, Die Beschäftigung der Gefangenen nach Reichsrecht und dem Entwurf mit bes. Berücksichtigung Bayerns, Diss.jur. Würzburg 1923; Georg *Guggenheim*, Zur Frage des Arbeitsertrages im Straf- und Sicherungsvollzug. Rechtsvergleichende Studie mit Vorschlägen unter bes. Berücksichtigung schweizerischen Rechts. Berlin 1923; Franz *Rinke*, Die Gefängnisarbeit als Problem des Strafvollzugs und der Gewerbepolitik (mit bes. Berücksichtigung der Handwerkerpolitik), Diss.wirtsch. u.sozialwiss. Köln 1926; Edgar *Wutzdorff*, Die Arbeit der Gefangenen, in: Deutsches Gefängniswesen (Anm. 38), S. 178-197; A. *Römer*, Die Arbeit der Strafgefangenen in Beziehung zur Einzel- und Gesamtwirtschaft, BlGefk 59 (1928), S. 152-162; Hugo *Eder*, Der Verdienstanteil der Gefangenen, Diss.jur. Erlangen 1930; Kurt *Sandner*, Der Verdienstanteil des Strafgefangenen in Deutschland und in der Schweiz, Diss.jur. Erlangen 1933.

45 Vgl. Friedrich *Scheltau-Petersen*, Die Ernährung der Gefangenen in den Strafanstalten Badens während des Krieges und in der Nachkriegszeit mit bes. Berücksichtigung des Landesgefängnisses Freiburg, Diss.med. Freiburg i.Br. 1923; Karl *Sasse*, Über Selbstbeschädigung im Strafvollzug, Diss.med. Münster 1926; Alfred *Mönnich*, Selbstbeschädigung und Selbstverletzung bei Strafgefangenen, Diss.med. Berlin 1926; Ernst *Klemisch* Die Rechtsbeziehungen der Strafhaft zu Leben und Gesundheit des Gefangenen, Diss.jur. Leipzig 1930.

46 Vgl. *Schaefer*, Strafvollzug und die Psychopathen , BlGefk 59 (1928) 51-66; Heinrich *Götz*, Besondere Formen des Strafvollzugs an geistig Minderwertigen und Schwererziehbaren nach geltendem Recht und dem der Entwürfe. Diss.jur. Marburg 1931. Der damalige Sprachgebrauch spricht für sich.

47 Vgl. Robert *Hüttinger*, Die Einzelhaft nach geltendem Recht und als Gesetzgebungsfrage, Diss.jur. Erlangen 1930.

48 Vgl. Karl *Boventer*, Caritas und Kerker. Beiträge zur katholischen Gefangenenseelsorge und Fürsorge. Freiburg i.Br. 1926; Walter *Ruff*, Erziehungsstrafvollzug und Kirche, BlGefk 59 (1928) 182-215; Günther *Hess*, Die Kirche im Strafvollzug (BlGefk 63, Sonderheft). Heidelberg 1932.

49 Vgl. Clara Maria *Liepmann*, Die Selbstverwaltung der Gefangenen (Hamburger Schriften zur gesamten Strafrechtswissenschaft H. 12). Mannheim 1928.

50 Vgl. Heinrich *Völker*, Das System der Hausstrafen im modernen Strafvollzug, Diss.jur. Leipzig 1931; Hermann *Veith*, Disziplinarstrafrecht im badischen Strafvollzug, Diss.jur. Heidelberg 1933.

51 Vgl. Wilhelm *Budzinski*, Der Überzeugungsverbrecher, Diss.jur. Freiburg i.Br. 1931. Für die spätere Zeit vgl. Jürgen *von Bülow*, Der Sonderstrafvollzug am Täter aus Überzeugung (Strafrechtl. Abhandlungen H. 327). Breslau 1933.

52 Vgl. Erich *Lauterbach*, Der Vollzug der Zuchthausstrafe (Mit Berücksichtigung Bayerns), Diss.jur. Würzburg 1927; H. *von Jarotzky*, "Fort mit dem Zuchthaus". Ein Beitrag zur Reform des Strafrechts, MSchrKrim. 22 (1931) 84-103.

53 Vgl. Johanna Gräfin *von Westphalen*, Das Hamburger Frauengefängnis. Eine Studie übre soziale Fürsorge und Strafvollzug, Diss.jur. Münster 1926.

54 Vgl. Josef *Kübel*, Das Verhältnis von Strafe und Erziehung bei der Behandlung jugendlicher Übeltäter, Diss.jur. Gießen 1921; Otto August Moritz *Hass*, Der Strafvollzug bei jugendlichen Verbrechern mit bes. Berücksichtigung der in den Einzelstaaten geltenden Vorschriften, Diss.jur. Leipzig 1921; Leo *Schneider*, Der progressive Strafvollzug und seine Durchführung im Wittlicher Jugendgefängnis, Diss.jur. Frankfurt a.M. 1922; Hans *Schweisthal*, Der Strafvollzug bei jugendlichen Verbrechern mit bes. Berücksichtigung der einzelstaatlichen Vollzugsvorschriften und der "Grundsätze für den Vollzug der Freiheitsstrafen vom 7.6.1923", Diss.jur. Köln 1925; Erich *Goreck*, Der progressive Strafvollzug für Jugendliche, Diss.jur. Breslau 1927.

55 Vgl. Max *Rudolph*, Die vereinsmäßige Fürsorge für die entlassenen Strafgefanenen in Deutschland, Diss.jur. Leipzig 1923; Margarete *Sommer*, Die Strafgefangenenfürsorge, eine kriminalpolitische und sozialökonomische Untersuchung, Diss.phil. Berlin 1924; Max *Mainzer*, Die Fürsorge für die entlassenen Strafgefangenen in Preußen. Eine kriminalpolitische, historische Untersuchung, Diss.jur. Leipzig 1924; Margarete *Schmeding*, Die kriminalpolitische Bedeutung der Fürsorgevereine für entlassene Gefangene unter bes. Berücksichtigung der Entlassenenfürsorge in Hamburg, Diss.jur. Hamburg 1925; Rudolf *Dieterich*, Die Strafentlassenenfürsorge in Deutschland, ihr Aufbau und ihre Entwicklung bis zum Weltkrieg, Diss.wirtsch. u.soz. Frankfurt a.M. 1925; Alfons *Reiss*, Gedanken zur Gefangenenfürsorge, BlGefk 58 (1927) 5-23; Johann *Muntau*, Entlassenenfürsorge, in: Strafvollzug in Preußen, hrsg. vom preußischen Justizministerium (Schriftenreihe der Verwaltungsakademie Berlin Bd. 5). Mannheim/Berlin/Leipzig 1928, S. 263-280; Karl *Loewenstein*, Gestaltung der Fürsorge für entlassene Strafgefangene (Strafrechtl. Abhandlungen 240). Breslau 1928; Gerhard *Weber*, Die Strafentlassenenpflege. Versuch einer Grundlegung mit bes. Berücksichtigung der volkswirtschaftlichen Bedeutung strafentlassenenpflegerischer Tätigkeit, BlGefk 59 (1928) 269-345 (Sonderheft); Heinrich *Seyfarth*, Fürsorge für Gefangene und Entlassene, in: Deutsches Gefängniswesen (Anm. 38), S. 434-454; Albrecht *Glaesser*, Die Grenzen zwischen der staatlichen und gesellschaftlichen Tätigkeit im Strafvollzug, Diss.jur. Leipzig 1931; Martin *Schmidmüller*, Die Entlassenenfürsorge. Versuch einer planmäßigen Darstellung der Grundsätze der Entlassenenfürsorge mit bes. Berücksichtigung der Grundsätze für den Vollzug der Freiheitsstrafen vom 7.6. 1923, des Entwurfs eines Strafvollzugsgesetzes vom 9.9.1927 und des Entwurfs eines Allgemeinen Deutschen Strafgesetzbuchs vom 14.5.1927, Diss.jur. Erlangen 1931.

56 Vgl. z.B. Walter *Luz*, Das Verbrechen in der Darstellung des Verbrechers. Ein Beitrag zur Naturgeschichte des kriminellen Menschen. Heidelberg 1927; *Heilfron*, Das Gefängnis in der Literatur. Die Schriftwerke der Gefangenen, in: Strafvollzug in Preußen (Anm. 55), S. 63-73; *Sieverts*, Wirkungen (Anm. 28). Vgl. auch Michael *Hernett*, Die Gedankenwelt im Kerker, BlGefk 59 (1928) 10-24. Ein ebenso oft diskutiertes wie umstrittenes Beispiel: Karl *Plättner*, Eros im Zuchthaus. Hannover 1930.

57 Vgl. z.B. *Müller-Dietz* (Amm. 9), S. 15 ff.; *Quedenfeld* (Anm. 9), S. 10 ff.

58 Vgl. Herbert *Schattke*, Die Geschichte der Progression im Strafvollzug und der damit zusammenhängenden Vollzugsziele in Deutschland (Europäische Hochschulschriften Reihe II Rechtswissenschaft Bd. 202). Frankfurt a.M./Bern/Las Vegas 1979, S. 146 ff.

59 Vgl. Gernot *Joerger*, Die deutsche Gefängnispresse in Vergangenheit und Gegenwart (Beiträge zur Strafvollzugswissenschaft H. 8). Stuttgart 1971, S. 17-34.

60 Vgl. Roland *Hauser*, Mitsprache und Mitverantwortung der Insassen im Strafvollzug. Eine organisationssoziologische und vollzugskundliche Studie (Beiträge zur Strafvollzugswissenschaft H. 15). Stuttgart 1975, S. 17-36.

61 Vgl. Hans-Jörg *Münchbach*, Strafvollzug und Öffentlichkeit unter bes. Berücksichtigung der Anstaltsbeiräte (Beiträge zur Strafvollzugswissenschaft H. 13). Stuttgart 1972, S. 35-40.

62 Vgl. Heinz *Cornel*, Geschichte des Jugendstrafvollzugs. Ein Plädoyer für seine Abschaffung. Weinheim und Basel 1984, S. 103-106.

63 *Müller-Dietz* (Anm. 20), S. 17 f.

64 Vgl. Anm. 8.

65 *Plessner*, Die Legende von den zwanziger Jahren, In: Staatsverfassung und Kirchenordnung. Festgabe für Rudolf Smend zum 80. Geburtstag am 15. Januar 1962. Tübingen 1962, S. 209-223. Für das Gebiet der Strafrechtswissenschaft ist das hinreichend belegt. Vgl. vor allem Klaus *Marxen*, Der Kampf gegen das liberale Strafrecht. Eine Studie zum Antiliberalismus in der Strafrechtswissenschaft der zwanziger und dreißiger Jahre (Schriften zum Strafrecht Bd. 22). Berlin 1975, S. 76 ff.

66 *Biesenthal*, Der Zusammenbruch des Strafvollzugs, ArchKrim. 77 (1925) 139-141 (139 f.).

67 *Biesenthal* (Anm. 66), S. 141.

68 *Radbruch* (Anm. 26, zit. nach "Der Mensch im Recht"), S. 59. Vgl. auch Horst *Schüler-Springorum*, Strafvollzug im Übergang. Studien zum Stand der Vollzugsrechtslehre (Göttinger rechtswissenschaftliche Studien Bd. 72). Göttingen 1969, S. 233 f.

69 *Schattke* (Anm. 58), S. 199.

70 An jenes Zitat knüpft auch eine Ausstellung der Berliner Akademie der Künste vom 8. Mai bis 3. Juli 1983 an: "Das war ein Vorspiel nur ...". Bücherverbrennung Deutschland 1933: Voraussetzungen und Folgen. Berlin-Wien 1983.

71 Karl *Kraus*, Die dritte Walpurgisnacht. Hrsg. von Heinrich *Fischer*. Mit einem Essay "Karl Kraus und die Zeitgeschichte (1927-1934)" von Wilhelm *Alff*. München 1967, S. 28.

72 *Kraus* (Anm. 71), S. 195.

73 Bertolt *Brecht*, Stücke, Bd. VI. Berlin 1958, S. 231 ff. (368 f.).

74 Die einschlägigen Untersuchungen sind inzwischen Legion. Vgl. nur z.B. Heinz *Boberach*, Richterbriefe. Dokumente zur Beeinflussung der deutschen Rechtsprechung 1942-1944. Hrsg. von Heinz *Boberach* mit Beitr. von Robert W.M. Kempner und Theo *Rasehorn*. Boppard a.Rh. 1975 (dazu etwa Bernhard *Wahl*, Die Richterbriefe. Ein Beitrag zur Geschichte der nationalsozialistischen Justizpolitik, Diss.jur. Heidelberg 1981); Ilse *Staff*, Justiz im dritten Reich. Eine Dokumentation (Fischer Taschenbuch 3409). 2. Aufl. Frankfurt a.M. 1978; Die Justiz und der Nationalsozialismus. Hrsg. von der Evang. Akademie Bad Boll (Protokolldienst 25). Bad Boll 1982; Hubert *Rottleuthner* (Hrsg.), Recht, Rechtsphilosophie und Nationalsozialismus. Vorträge aus der Tagung der Deutschen Sektion der Internationalen Vereinigung für Rechts- und Sozialphilosophie (IVR) in der Bundesrepublik Deutschland vom 11. und 12. Oktober 1982 in Berlin (West) (ARSP Beiheft Nr 18). Wiesbaden 1983; Günter *Spendel*, Rechtsbeugung durch Rechtsprechung. Sechs strafrechtliche Studien. Berlin 1983; *ders*., Unrechtsurteile der NS-Zeit, in: Festschrift für Hans-Heinrich Jescheck zum 70. Geburtstag. Berlin 1985. Erster Halbbd. , S. 179-198; Hinrich *Rüping*, Nationalsozialistische Rechtsprechung am Beispiel der SS- und Polizei-Gerichte, NStZ 3 (1983) 112-114; *ders*., Strafjustiz im Führerstaat, GA 131 (1984) 297-307; *ders*., "Streng, aber gerecht. Schutz der Staatssicherheit durch den Volksgerichtshof", JZ 39 (1984) 815-821; Heinz *Hillermeier* (Hrsg.): "Im Namen des deutschen Volkes". Todesurteile des Volksgerichtshofs (Sammlung Luchterhand 313). 3. Aufl. Darmstadt, Neuwied 1983; Redaktion Kritische Justiz (Hrsg.), Der Unrechts-Staat. Recht und Justiz im Nationalsozialismus (Sonderheft der Kritischen Justiz). 2. Aufl. Baden-Baden 1983; Justiz und Drittes Reich. Hrsg. von Dietmar *Albrecht* und Holger *Clausen* (Schriftenreihe der Akademie Sankelmark NF H. 57). Sankelmark 1984; Helmut D. *Fangmann*, Norman *Paech* (Hrsg.), Recht, Justiz und Faschismus. Nach 1933 und heute (Rechtspolitische Schriften Bd. 6). Köln 1984; Udo *Reifner*, Bernd-Rüdiger *Sonnen* (Hrsg.), Strafjustiz und Polizei im Dritten Reich. Frankfurt a.M./New York 1984; Bernd *Schimmler*, Recht ohne Gerechtigkeit. Zur Tätigkeit der Berliner Sondergerichte im Nationalsozialismus. Berlin 1984; Peter *Salje* (Hrsg.), Recht und Unrecht im Nationalsozialismus. Münster 1985; Gerhard *Riehle*, Die rechtsstaatliche Bedeutung der Staatsanwaltschaft unter bes. Berücksichtigung ihrer Rolle in der nationalsozialistischen Zeit, Diss.jur. Frankfurt a.M. 1985; Ulrich *Schumacher*, Staatsanwaltschaft und Gericht im Dritten Reich. Zur Veränderung der Kompetenzverteilung im Strafverfahren unter Berücksichtigung der Entwicklung in der Weimarer Republik und in der Bundesrepublik (Pahl-Rugenstein Hochschulschriften Gesellschafts- und Naturwissenschaften. 185 = Serie Studien zu Demokratie und Recht). Köln 1985; Ingo *Müller*, Furchtbare Juristen. Die unbewältigte Vergangenheit unserer Justiz. Mün-

chen 1987. Zusammenfassend Helmut *Kramer*, Enstehung, Funktion und Folgen des nationalsozialistischen Rechtssystems. Ein Literaturbericht, KJ 20 (1987) 218-245.

75 Vgl. etwa Anatomie des SS-Staates. Bd. 1 und 2 (dtv 462, 463). München 1967; Martin *Broszat*, Der Staat Hitlers. Grundlegung und Entwicklung seiner inneren Verfassung (dtv-Weltgeschichte des 20. Jahrhunderts Bd. 9). München 1969; Franz *Neumann*, Behemoth. Struktur und Praxis des Nationalsozialismus 1933-1944. Hrsg. Gert *Schäfer*. Köln 1977; Karl Dietrich *Bracher*, Manfred *Funke*, Hans-Adolf *Jacobsen* (Hrsg.), Nationalsozialistische Diktatur 1933-1945. Eine Bilanz (Schriftenreihe der Bundeszentrale für politische Bildung Bonn Bd. 192). Düsseldorf 1983.

76 Grundlegend Diemut *Majer*, Grundlagen des nationalsozialistischen Rechtssystems. Führerprinzip, Parteimonopol, Sonderrecht. Stuttgart 1987.

77 Vgl. namentlich Dieter *Rebentisch*/Karl *Teppe* (Hrsg.), Verwaltung contra Menschenführung im Staat Hitlers. Studien zum politisch-administrativen System. Göttingen 1986.

78 Vgl. Eugen *Kogon*, Der SS-Staat. Das System der deutschen Konzentrationslager (Heyne-Buch Nr. 7027). 12. Aufl. München 1982; Martin *Broszat*, Nationalsozialistische Konzentrationslager 1933-1945, in: Anatomie des SS-Staates (Anm. 75), Bd. 2, S. 9-133; Falk *Pingel*, Häftlinge unter SS-Herrschaft: Widerstand, Selbstbehauptung und Vernichtung im Konzentrationslager. Hamburg 1978; Günther *Wieland*, Die normativen Grundlagen der Schutzhaft in Hitlerdeutschland, Jahrbuch für Geschichte 26 (1982) 75-102; Ludwig *Eiber* (Hrsg.), Verfolgung, Ausbeutung, Vernichtung. Die Lebens- und Arbeitsbedingungen der Häftlinge in deutschen Konzentrationslagern. Hannover 1985. Vgl. ferner Julius *Schätzle*, Stationen zur Hölle. Konzentrationslager in Baden und Württemberg. 1933-1945, Frankfurt a.M. 1974; Margarete *Hannsmann*, Aufzeichnungen über Buchenwald. Frankfurt a.M. 1978.

79 Karl-Leo *Terhorst*, Polizeiliche planmäßige Überwachung und polizeiliche Vorbeugungshaft im Dritten Reich. Ein Betrag zur Rechtsgeschichte vorbeugender Verbrechensbekämpfung (Studien und Quellen zur Geschichte des deutschen Verfassungsrechts Reihe A. Studien Bd. 13). Heidelberg 1985. Über Sondereinrichtungen für "schwererziehbare" Jugendliche mit kriminellen Neigungen Victor *Huvalé*, Die NS-Jugendschutzlager Moringen und Uckermark - Ein Griff in die Geschichte, ZBlJugR 71 (1984) 61-67. Zum Verhältnis von "Hitlerjugend und Jugendgerichtsbarkeit 1933-1945" Jörg *Wolff*, Vierteljahreshefte für Zeitgeschichte 1985, 640-667.

80 Vgl. Anm. 6.

81 Vgl. z.B. Paul *Freßle*, Die Geschichte des Männerzuchthauses Bruchsal, Diss.jur. Freiburg i.Br. 1970, S. 239-242; *Schattke* (Anm. 58), S. 201-210; Hinrich *Rüping*, Grundriß der Strafrechtsgeschichte (Schriftenreihe der Juristischen Schulung H. 73). München 1981, S. 100; *Cornel* (Anm. 62), S. 106-108.

82 Vgl. etwa *Müller-Dietz* (Anm. 9), S. 20-23; *Quedenfeld* (Anm. 9), S. 20-93.

83 Vgl. z.B. Peter *Brandt*, Die evangelische Strafgefangenenseelsorge. Geschichte - Theorie - Praxis (Arbeiten zur Pastoraltheologie Bd. 21). Göttingen 1985, S. 212-227; Ingo *Müller* (Anm. 74), S. 93-97; Georg *Rusche*/Otto *Kirchheimer*, Sozialstruktur und Strafvollzug. Frankfurt a.M. - Köln 1974, S. 247-286, die hier freilich die Strafzumessungspraxis im NS-Staat bis 1936 in den Mittelpunkt der Betrachtung rücken.

84 *Poelchau*, Der 20. Juli 1944 im Strafvollzug, ZfStrVo 4 (1954) 133-136.

85 *Leithäuser*, Wilhelm Leuschner in Schutzhaft in der Strafanstalt Rockenberg/Oberhessen im Sommer 1933, ZfStrVo 11 (1962) 125-138. Dazu kritisch Adolf *Dörner*, ZfStrVo 12 (1963) 302-304.

86 *Kosthorst* (Anm. 6).

87 Vgl. Reinhard *Schütz*, Kriminologie im Dritten Reich. Erscheinungsformen des Faschismus in der Wissenschaft vom Verbrechen, Diss.jur. Mainz 1972; Marlis *Dürkop*, Zur Funktion der Kriminologie im Nationalsozialismus, in: *Reifner*/*Sonnen* (Anm. 74), S. 97-120; Klaus *Rehbein*, Zur Funktion von Strafrecht und Kriminologie im nationalsozialistischen Rechtssystem, MSchrKrim, 70 (1987) 193-210.

88 So z.B. *Rusche/Kirchheimer* (Anm. 83); Michel *Foucault*, Überwachen und Strafen. Die Geburt des Gefängnisses. Frankfurt a.M. 1976. Vgl. auch Hubert *Treiber*/Heinz *Steinert*, Die Fabrikation des zuverlässigen Menschen. Über die "Wahlverwandtschaft" von Kloster- und Fabrikdisziplin. München 1980, S. 84 ff.

89 *Fraenkel* (Anm. 4), S. 26 ff.

90 *Fraenkel* (Anm. 4), S. 96 ff.

91 *Fraenkel* (Anm. 4), S. 96 ff.

92 Vgl. Michael *Stolleis*, Die Verwaltungsgerichtsbarkeit im Nationalsozialismus, in: System des verwaltungsgerichtlichen Rechtsschutzes. Festschrift für Christian-Friedrich Menger zum 70. Geburtstag. Köln/Berlin/Bonn/München 1985, S. 57-80; Christian *Kirchberg*, Die Kontrolle von Maßnahmen der "politischen Polizei" durch die Verwaltungsgerichte, in: *Rebentisch/Teppe* (Anm. 77), S. 141-152.

93 Vgl. Karl S. *Bader*, Strafverteidigung vor deutschen Gerichten im Dritten Reich, JZ 27 (1972) 6-12; Dietrich *Güstrow*, Tödlicher Alltag. Strafverteidigung im Dritten Reich, StrVert 3 (1983) 120-127; Stefan *König*, Vom Dienst am Recht. Rechtsanwälte als Strafverteidiger im Nationalsozialismus. Berlin, New York, 1987.

94 Ingo *Müller* (Anm. 74), S. 181 f.

95 *Terhorst* (Anm. 79), S. 160 ff.

96 Vgl. etwa Hans *Buchheim*, Die SS - Das Herrschaftsinstrument, in: Anatomie des SS-Staates Bd. 1 (Anm. 75), S. 153 ff.; *Rüping*, Nationalsozialistische Rechtsprechung (Anm. 74); *Schimmler* (Anm. 74); Ingo *Müller* (Anm. 74), S. 158 ff.

97 Vgl. z.B. *Kosthorst/Walter*, Konzentrations- und Strafgefangenenlager im Emsland (Anm. 6), S. 371 ff.; Ingo *Müller* (Anm. 74), S. 95 ff.

98 Dies wird nicht zuletzt im Hinblick auf die Behandlung politischer Gefangener berichtet. Vgl. etwa *Poelchau* (Anm. 84), S. 134; Walter *Schwerdtfeger*, Ein Journalist wird zum Schweigen gebracht, in: Sterben um zu leben. Politische Gefangene im Zuchthaus Brandenburg-Görden 1933-1945. Hrsg. von Walter *Uhlmann*. Köln 1983, S. 26-107 (38 f., 52).

99 Vgl. die relativ ausführliche Darstellung von *Quedenfeld* (Anm. 9, 82).

100 Hans *Eichler*, Die Wandlung im Strafvollzuge, DRiZ 26 (1934) 67-70 (67).

101 Hans *Frank*, Der Sinn der Strafe, BlGefk 66 (1935) 191 f. (191).

102 *Frank* (Anm. 101) 192.

103 Lothar *Luxenberg*, Gefangenen- und Strafentlassenenfürsorge, DR 9 (1939) 17-19 (17).

104 Vgl. etwa *Pfundtner/Neubert* (Hrsg.), Das neue Deutsche Reichsrecht. Berlin o.J. (Loseblattausgabe) II c 14; RGBl. 1934 I 383; Otto *Weissenrieder*, Reichsrechtliche Vollzugsgrundsätze (BlGefk 65/1934, Sonderheft 1); Die für den Strafvollzugsbeamten wichtigen, seit dem 30. Januar 1933 erlassenen Bestimmungen unter bes. Berücksichtigung der Vorschriften zur Überleitung der Rechtspflege auf das Reich (BlGefk 66/1935, Beil. zu Heft 3). Zum Jugendstrafvollzug vgl. AV des Reichsjustizministers vom 22. Januar 1937 (DJ S. 97) = BlGefk 67 (1936), Beil. zu Heft 4.

105 Vgl. August *Schoetensack*/Rudolf *Christians*/Hans *Eichler*, Grundzüge eines deutschen Strafvollstreckungsrechts. Denkschrift des Ausschusses für Strafvollstreckungsrecht der Akademie für Deutsches Recht. Berlin 1936. Dazu *Müller-Dietz*, Strafvollzugsgesetz oder Strafvollstreckungsgesetz?, in: Max *Busch*/Gottfried *Edel* (Hrsg.), Erziehung zur Freiheit durch Freiheitsentzug. Internationale Probleme des Strafvollzugs an jungen Menschen. Festgabe für Albert Krebs zum 70. Geburtstag. Neuwied und Berlin 1969, S. 111-120 (113 f.).

106 Hinrich *Rüping*, Bibliographie zum Strafrecht im Nationalsozialismus. Literatur zum Straf-, Strafverfahrens- und Strafvollzugsrecht mit ihren Grundlagen und einem Anhang: Verzeichnis der ver-

öffentlichten Entscheidungen der Sondergerichte. Unter Mitarbeit von Josef *Deuringer*, Gisela *von Knorring*, Kerstin *Lange* (Texte und Materialien veröffentlicht vom Institut für Zeitgeschichte 2). München 1985, S. 184-188.

107 Vgl. Hans *Eichler*, Strafvollzug als Rechtsangelegenheit, in: Handwörterbuch der Kriminologie. Hrsg. von Alexander *Elster* und Heinrich *Lingemann*. II. Bd. Berlin und Leipzig 1936, S. 692-704; *ders.*, Der Strafvollzugsordnung vom 22. Juli 1940 zum Geleit!, BlGefk 71 (1940/41) 195-196; *ders.*, Die Strafvollzugsordnung vom 22. Juli 1940, GS 115 (1941) 119-144; Wilhelm *Sauer*, Die Bedeutung der Strafvollzugsordnung vom 22.7.1940 für das Strafurteil und die Strafverfolgung, DStR NF 7 (1940) 136-141. Vgl. auch Anm. 104.

108 Vgl. Ernst *Siefert*, Neupreußischer Strafvollzug. Politisierung und Verfall. Halle 1933; Edgar *Schmidt*, Preußens neuer Strafvollzug, DJZ 38 (1933) 1076-1082; *ders.*, Die reichsrechtlichen Grundsätze für den Vollzug von Freiheitsstrafen vom Standpunkt des preußischen Strafvollzugs, DJ 96 (1934) 667-669; Horst *Schultze-Klosterfelde*, Entwicklungstendenzen im Strafvollzug seit 1918 unter bes. Berücksichtigung der Dienst- und Vollzugsordnungen von Preußen, Thüringen, Braunschweig und Hamburg, Diss.jur. Hamburg 1934; Paul *Heinke*, Der Strafvollzug in Sachsen nach dem 5. März 1933, BlGefk 65 (1934) 140-165.

109 Vgl. Otto *Weißenrieder*, Zum Vergeltungszweck im Vollzug der Freiheitsstrafe, BlGefk 64 (1933) 330-338; Hildegard *Kortheuer*, Die Aufgaben des neuzeitlichen Strafvollzugs und der an ihm beteiligten Personen, Diss.jur. Marburg 1934; *Haensel*, Der Strafzweck vom Standpunkt des Strafvollzuges, DJ 96 (1934) 98-99; *Frank* (Anm. 101); Fritz *Hauptvogel*, Welche Zielrichtung ist dem künftigen Strafvollzug zu setzen?, DStR NF 2 (1935) 321-334; Edgar *Schmidt*, Strafe und Strafvollzug. Zugleich einige Bemerkungen zum Erziehungsgedanken des Strafvollzuges, ZAkDR 2 (1935) 363-367; *ders.*, Sinn und Zweck des Strafvollzugs, BlGefk 68 (1937/38) 42-52 (Kongreßbericht); *Christians*, Ziele des Strafvollzuges, BlGefk 68 (1937/38) 339-350.

110 Vgl. Gunnar *Dybwad*, Theorie und Praxis des faschistischen Strafvollzugs. Bonn 1934 (Diss.jur. Halle 1934); Alfred *Dürr*, Der Vollzug der Freiheitsstrafe, in: Hans *Frank* (Hrsg.), Nationalsozialistisches Handbuch für Recht und Gesetzgebung. München 1935, S. 1477-1486. Vgl. auch *Eichler* (Anm. 107); Otto *Weissenrieder*, Zur Einordnung des Strafvollzugs in das neue deutsche Recht, BlGefk 67 (1936) 133-141; *Strube*, Wie müssen Haft-, Gefängnis- und Zuchthausstrafen umgewandelt werden, damit sie dem Rechtsempfinden des Deutschen Volkes entsprechen?, BlGefk 67 (1936) 365-377; Josef *Sumper*, Problematik des Strafvollzugs. Forchheim 1937 (Diss.jur. Erlangen 1937).

111 Die Zitatensammlung von Karl *Kraus* (Anm. 71) - freilich zusammengestellt in satirischer Absicht - sagt eigentlich alles. Vgl. ferner Hermann *Glaser*, Das Dritte Reich. Anspruch und Wirklichkeit (Herder Bücherei 92) Freiburg i.Br. 1961, S. 26 ff.; Ernst *Nolte*, Der Nationalsozialismus (Ullstein-Buch Nr. 2757). Frankfurt a.M.-Berlin-Wien 1970; Johannes *Zischka*, Die NS-Rassenideologie. Machttaktisches Instrument oder handlungsbestimmendes Ideal? (Europäische Hochschulschriften; Reihe 3, Geschichte und ihre Hilfswissenschaften Bd. 274). Frankfurt a.M./Bern/New York 1986.

112 Vgl. Heinrich *Seyfarth*, Strafvollzug, BlGefk 64 (1935) 125-129; Herbert *Schönmann*, Die Grundgedanken der neuen Entwicklung des deutschen Strafvollzugs und der Entwürfe eines deutschen Strafvollzugsgesetzes. Gelnhausen 1933 (Diss.jur. Gießen 1933); *Müller*, Die Umgestaltung des deutschen Strafvollzugs, DR 3 (1933) 38-39; *Haensel*, Ist eine Reform des deutschen Gefängniswesens notwendig?, ZAkDR 2 (1935) 553-557; Hans *Eichler*, Vor einer Neuordnung des deutschen Strafvollzugs, BlGefk 68 (1937/38) 5-13; Werner *Eberhard*, Zu neuen Wegen im Strafvollzug, MSchrKrim. 33 (1942) 59-69.

113 Vgl. z.B. Grete *Wolff*, Strafvollzug und Rechtsstaat (Strafrechtl. Abhandlungen H. 319). Breslau 1933.

114 Vgl. z.B. Ludwig *Espig*, Die rechtliche Stellung des Strafgefangenen, Diss.jur. Leipzig 1933; Heinz *Bochmann*, Die Rechtsstellung des Strafgefangenen, Diss.jur. Leipzig 1938.

115 Vgl. Hans *Eichler*, Inwieweit ist in der Strafvollstreckung Raum für eine Mitwirkung richterlicher Instanzen?, DStR NF 2 (1935) 357-364; Fritz *Hartung*, Wieweit sind Maßnahmen der Gefängnis-

verwaltung bei Straf- und Untersuchungsgefangenen der richterlichen Aufsicht zu unterwerfen?, ZStW 55 (1936) 222-234; Harry *Trommer*, Volksrichter und Strafvollzug, DJ 99 (1937) 972-973; *Vacano*, Richter und Strafvollzug, BlGefk 68 (1937/38) 355-365.

116 Vgl. Wolfgang *Leder*, Der Stufenstrafvollzug im Zwischenreiche und im neuen Deutschland. Würzburg 1935 (Diss.jur. Breslau 1935); Alfred *Resch*, Der Stufenstrafvollzug. Rückblick und Ausblick, DStR NF 2 (1935) 334-356; Wilhelm *Hofmann*, Der Strafvollzug in Stufen in Deutschland in Geschichte und Gegenwart. Würzburg 1936 (Diss.jur. Erlangen 1936); Karl August *Ringel*, Der Strafvollzug in Stufen nach seiner geschichtlichen Entwicklung in seiner heutigen Gestalt in Preußen, Diss.jur. Marburg 1937.

117 Vgl. z.B. Franz *Weber*, Die Durchführung der Führungsklassen im Strafvollzuge, BlGefk 67 (1937) 160-170; *ders.*, Die gute Führung des Gefangenen, BlGefk 68 (1937/38) 83-93.

118 So finden sich Beiträge zu folgenden Gefangenengruppen:
- Erstbestrafte: Hans *Eichler*, Der Begriff des Erstbestraften nach der Strafvollzugsordnung vom 22. Juli 1940, BlGefk 71 (1940/41) 291-295;
- Berufsverbrecher: Karl Johannes *Heinke*, Die Behandlung des Berufsverbrechers im Strafvollzug. Waldheim 1936 (Diss.jur. Erlangen 1936);
- sog. Psychopathen: Heinz *Erckenbrecht*, Zur Frage der Sonderstrafbehandlung von Psychopathen, BlGefk 69 (1938/39) 437-443.

Ein Beitrag, der sich mit der "Psychologie der politischen Strafgefangenen" befaßt, hat freilich nicht inhaftierte Gegner des Regimes, sondern sinnigerweise österreichische Nationalsozialisten zum Gegenstand, die vor dem "Anschluß" Freiheitsstrafen in der Männerstrafanstalt Graz verbüßten. Vgl. Rudolf *Michel*, Zur Psychologie der politischen Strafgefangenen, MSchrKrim. 30 (1939) 101-106.

119 Vgl. Otto *Weißenrieder*, Auslese im Vollzug, BlGefk 68 (1937/38) 14-23.

120 Vgl. etwa Hans *Frick*, Der Besserungsgedanke im Wandel der Zeit. Düren 1934 (Diss.jur. Erlangen 1934); *Christians*, Die Sicherung gerechter Behandlung der Gefangenen im deutschen Recht, BlGefk 66 (1935) 232-256; Friedrich *Schaffstein*, Die Bedeutung des Erziehungsgedankens im neuen deutschen Strafvollzug, ZStW 55 (1936) 276-290; Wilhem *Bleid*, Strafvollzug als Erziehungsangelegenheit, in: Handwörterbuch Bd. II (Anm. 107) 712-715; W. *Dziembowski*, Strafvollzug im nationalsozialistischen Staate, und Erziehungsmöglichkeiten an Strafgefangenen durch den Anstaltspädagogen, BlGefk 67 (1936) 142-159; Konrad *Dra*, Was heißt Besserung im Strafvollzug?, BlGefk 70 (1939) 44-48; Werner *Kurth*, Probleme der Strafgefangenenbehandlung. Jena 1939 (Diss.jur. Leipzig 1939). Zur Haftpsychologie Konrad *Dra*, Umriß einer Psychologie der Haft, MSchrKrim. 32 (1941) 134-144. Zum Vollzug in Lager *Semler*, Strafvollzug in festen Anstalten und Lagern, BlGefk 70 (1939/40) 3-14; Anton *Fetzer*, Erziehungsmittel im Gefangenenlager, BlGefk 73 (1942/43) 34-40.

121 Vgl. *Haensel*, Militärische Formen im Strafvollzug, BlGefk 67 (1936) 166-170.

122 Vgl. *Sieber*, Die Ehre als Schnittpunkt in der Tendenz des Strafvollzuges, der Straffälligenbetreuung und Strafanstaltsseelsorge, BlGefk 71 (1940) 53-60.

123 Vgl. etwa Rudolf *Marx*, Die Gefangenenarbeit unter bes. Berücksichtigung der Urbarmachung von Ödländereien, DStR NF 2 (1935) 364-373; Roland *Freisler*, Arbeitseinsatz des Strafvollzuges im Dienste des Vierjahresplanes, DJ 100 (1938) 584-587; *ders.*, Arbeitseinsatz im Strafvollzug, DJ 102 (1940) 1021-1025; *Wüllner*, Der Einsatz von Strafgefangenen im Rahmen des Vierjahresplanes, BlGefk 68 (1937/38) 286-294; *Rambke*, Strafgefangene als Kultivierungsarbeiter in Italien und Deutschland, BlGefk 69 (1938/39) 177-197; *Ollmann*, Der Einsatz der Strafgefangenen beim Bau der Ostmarkstraße, BlGefk 72 (1941/42) 53-61; Ludwig *Linker*, Außenarbeit im Strafvollzug unter bes. Berücksichtigung des Arbeitsertrages und der Belohnungen der Gefangenen, BlGefk 71 (1940/41) 295-305; Hartwig *Glaubach*, Die Wiedereingliederung des Vorbestraften unter bes. Berücksichtigung des Arbeitseinsatzes, Diss.jur. Hamburg 1943.

124 Vgl. z.B. Wilhelm *Nebe*, Verpflegung der Gefangenen, Bekleidung und Lagerung, BlGefk 70 (1939) 282-289.

125 Vgl. z.B. *Fischer*, Aus der Arbeit der Strafanstaltsschule, BlGefk 66 (1935) 322-331; *Dziembowski* (Anm. 120).

126 Vgl. z.B. *Dziembowski*, Die Gefangenen-Bücherei im neuzeitlichen Strafvollzug, BlGefk 67 (1936) 378-392.

127 Vgl. A. *Knickenberg*, "Der Leuchtturm". Die Reichs-Gefangenenzeitung, BlGefk 72 (1941) 67-75.

128 Vgl. etwa Detlef *Klatt*, Seelsorge und Fürsorge im Strafvollzug, Die Innere Mission 32 (1936) 312-315; K. *Mehliß*, Die Fürsorge für politische Gefangene, Die Innere Mission 31 (1936) 315-317; M. *Schultze*, Seelsorge an Gefangenen, MSchrKrim. 29 (1938) 561-565; *ders*., Seelsorge bei der Vollstreckung von Todesurteilen, MSchrKrim. 33 (1942) 52-57.

129 Vgl. z.B. *Schriever*, Beamtenrapport, Beamtenappell und Beamtenkonferenz in Vollzugsanstalten, BlGefk 68 (1937/38) 119-123; *Plischke*, Ausbildung des höheren Strafvollzugsbeamten, BlGefk 69 (1938/39) 339-345; *Strube*, Vorschläge für die Ausbildung der Beamten des höheren Dienstes bei den Justizvollzugsanstalten, BlGefk 69 (1938/39) 346-351; *Bonnenberg*, Der nebenamtliche Gefängnisvorstand, BlGefk 70 (1939) 221-231.

130 Vgl.etwa Paul *Berg*, Düsseldorfer Tagung. Jahresversammlung des Deutschen Reichsverbandes für Gerichtshilfe, Gefangenen- und Entlassenenfürsorge und der Rheinisch-Westfälischen Gefängnisgesellschaft, JW 64 (1935) 3208-3210; Roland *Freisler*, Ermittlungshilfe und Straffälligenbetreuung. Berlin 1937; *Strube*, Die Einstellung von Staat und Volk gegenüber den Vorbestraften, BlGefk 68 (1937/38) 350-355; *ders*., Die Straffälligenbetreuung in den preußisch-deutschen Strafvollzugsanstalten, BlGefk 72 (1941) 140-147; *Hilgenfeldt*, Die Neugestaltung der Gefangenen- und Entlassenenfürsorge und die Einführung der Ermittlungshilfe, DJ 99 (1937) 1595-1597; *Luxenberg* (Anm. 103); Gustav *Ellmers*, Gegenwartsprobleme der Betreuung von Strafentlassenen, Diss.jur. Hamburg 1939.

131 Vgl. z.B. Else *Voigtländer*, Über den Strafvollzug an Frauen, BlGefk 68 (1937/38) 268-278; Gusta *Begemann*, Strafvollzug an Frauen, BlGefk 69 (1938) 202-206. Vgl. auch Lilly *Zarncke*, Sonderstrafvollzug für junge Psychopathinnen?, BlGefk 70 (1939) 209-220.

132 Vgl. etwa Otto *Weißenrieder*, Jugendstrafvollzug. AV. des RJM. vom 22. Januar 1937 (Deutsche Justiz S. 97). Ein kurzer Bericht, BlGefk 67 (1936) 393-402; Hansgerd *Techow*, Jugendstrafvollzug, JuR 10 (1936) 36-38; Roland *Freisler* (Hrsg.), Gedanken über Strafvollzug an jungen Gefangenen. Berlin 1936; Wilhelm *Mollenhauer*, Die erzieherische Ausgestaltung des Jugendstrafvollzuges, ZStW 55 (1936) 591-612; Friedrich *Schaffstein*, Gedanken über Strafvollzug an jungen Gefagenen, ZStW 56 (1937) 642-646; H. *Bäcker*, Zur Neugestaltung des Jugendstrafvollzuges, Die Innere Mission 32 (1937) 74-76; Edgar *Schmidt*, Der neue deutsche Jugendstrafvollzug, JW 66 (1937) 717-720; Egon *Behnke*, Jugendgefängnis und Erziehungsheim als Maßnahmen gegen Jugendkriminalität, ZStW 56 (1937) 535-550; Rudolf *Sieverts*, Zur Neuordnung des deutschen Jugendstrafvollzugs, MSchrKrim. 29 (1938) 31-46; Herbert *Rauch*, Die Neugestaltung des Jugendstrafvollzugs, ZStW 57 (1938) 220-224; Werner *Villinger*, Zur Erneuerung des Jugendstrafrechts und des Strafvollzugs an Jugendlichen, insbesondere zur Frage des Jugendarrestes, MSchrKrim. 30 (1939) 299-311; Marianne *Sieberer-Falch*, Der Jugendstrafvollzug. Ein geschichtlicher Überblick über den Vollzug der Gefängnisstrafe an Jugendlichen im Deutschen Reich, insbesondere in Württemberg, Diss.jur. Tübingen 1940; Konrad *Dra*, Zur Gestaltung des Jugendarrestes und des Jugendstrafvollzuges, MSchrKrim. 31 (1940) 643-67; Rudolf *Rösler*, Grundsätze des Strafvollzugs an jugendlichen Verbrechern, Diss.jur. Prag 1943; Hans *Eichler*, Kriminalpolitische Stellung und Aufgabe des Jugendstrafvollzugs, BlGefk 75 (1944) 1-14. Vgl. ferner Wilhelm *Dziembowski*, Wie erfüllt die Anstaltsschule die Erziehungsaufgabe des neuen Jugendstrafvollzugs?, BlGefk 68 (1937) 371-379; Kurt *Wittig*, Lehrgänge und Gegenwartsunterricht im Jugendgefängnis, BlGefk 68 (1937/38) 300-304, Georg *Kühn*, Die Leibesübungen im neuen Jugendstrafvollzug, BlGefk 68 (1937/38) 267-300.

133 Vgl. z.B. Ernst *Roesner*, Strafvollzugsstatistik, in Handwörterbuch Bd. II (Anm. 107), S. 715-737; *ders*., Bibliographie der Strafvollzugsstatistik des In- und Auslandes, BlGefk 68 (1937/38) 53-57 (Inland).

134 Ingo *Müller* (Anm. 74), S. 94.

135 DJ 100 (1938) 800 ff., Anhang 21.

136 Vgl. z.B. Karl *Alt*, Todeskandidaten. Erlebnisse eines Seelsorgers im Gefängnis München-Stadelheim mit zahlreichen im Hitlerreich zum Tode verurteilten Männern und Frauen. München 1946; Harald *Poelchau*, Die letzten Stunden. Erinnerungen eines Gefängnispfarrers, aufgezeichnet von A. *Stenbock-Fermor*. Berlin 1949; Peter Buchholz, der Seelsorger von Plötzensee, hrsg. von Anton *Gundlach* und Albert *Panzer*. Meitingen 1964; Hans *Rieger*, Verurteilt zum Tod. Seelsorge im Gefängnis des Wiener Landgerichts 1942-1944. Dokumentarbericht. Wuppertal 1967. Vgl. auch *Brandt* (Anm. 83), S. 371, Anm. 55; Frauen in Fesseln. Erinnerungen einer Berliner Gefängnisfürsorgerin aus den Jahren 1933-1945, aufgeschrieben von Erich *Klausener* (Morus-Kleinschriften Nr. 51). Berlin 1962. Ein eindrucksvolles literarisches Panorama von der Tötungsmaschinerie des Dritten Reiches präsentiert uns Arnold *Zweig* in seinem Roman "Das Beil von Wandsbek" (Fischer Taschenbuch 2069). Frankfurt a.M. 1982.

137 Vgl. Eberhard *Bethge*, Dietrich Bonhoeffer. Theologe, Christ, Zeitgenosse. München 1970. S. 949-957 (Die Gefängniswelt - Die Kirche im Gefängnis).

138 Vgl. Kurt *Kreiler* (Hrsg.), Sie machen uns langsam tot. Zeugnisse politischer Gefangener in Deutschland 1780-1980 (Sammlung Luchterhand 374). Darmstadt und Neuwied 1983, S. 187-197; *Uhlmann* (Anm. 98) S. 236 ff.

139 Julius *Leber*, Briefe und Notizen aus der Haft, Neue Rundschau 86 (1975) 22-37.

140 Vgl. *Leithäuser* (Anm. 85).

141 Vgl. *Kreiler* (Anm. 138), S. 184-187.

142 Vgl. *Kreiler* (Anm. 138), S. 164-169; *Uhlmann* (Anm. 98), S. 177 f.

143 Luise *Rinser*, Gefängnistagebuch (Fischer Taschenbuch 1327). Frankfurt a.M. 1973.

144 Vgl. *Kreiler* (Anm. 138), S. 169 f.

145 Vgl. Carola *Stern*, In den Netzen der Erinnerung. Lebensgeschichten zweier Menschen. Reinbek 1986, S. 102 ff.

146 Der Strafvollzug im III: Reich. Im Anhang: die Nürnberger Rassegesetze. Denkschrift und Materialsammlung. Hrsg. von der Union für Recht und Freiheit (O. *Fischer*, J.L. *Hromadka*, Karel *Dostál*, Alois *Hába* und Jaroslav *Kratochvíl* mit juristischen Gutachten von Václav *Bouček*). Prag 1936. Auf dieses Werk (S. 72 f.) stützt denn auch Ingo *Müller* (Anm. 134) jedenfalls zum Teil seine Zahlenangaben.

147 Der Strafvollzug im III. Reich (Anm. 146), S. 13 ff., 51 ff., 104 ff.

148 Der Strafvollzug im III. Reich (Anm. 146), S. 64 ff., 89 ff.

149 Der Strafvollzug im III. Reich (Anm. 146), S. 66 ff.

150 Der Strafvollzug im III: Reich (Anm. 146), S. 72.

151 Der Strafvollzug im III. Reich (Anm. 146), S. 72 ff., 77f., 78 ff., 80 ff., 85 ff.

152 Der Strafvollzug im III. Reich (Anm. 146), S. 82.

153 Der Strafvollzug im III. Reich (Anm. 146), S. 97-103.

154 Der Strafvollzug im III. Reich (Anm. 146), S. 109.

155 Der Strafvollzug im III. Reich (Anm. 146), S. 109.

156 Albert *Krebs* (Anm. 5), S. 598.

Die Entwicklung des Strafvollzugs und des Sanktionssystems von 1945 bis in die Gegenwart

Alexander Böhm

Daß ich diese Epoche behandeln darf, ist mir eine besondere Freude. Der Jubilar hat sie in entscheidender Weise gestaltet. Ich habe in dieser Zeit unter seiner Dienstaufsicht arbeiten dürfen. Meine Vorgesetzten, Mitarbeiter und Kollegen, mit denen ich zu tun hatte und noch zu tun habe, verfügen über praktische Erfahrungen aus dem ganzen Zeitraum und haben oft anschaulich über sie berichtet.

Ich will die zu behandelnde Epoche in fünf Abschnitte einteilen:

- *Wiederaufbau* - bis zum Inkrafttreten des Grundgesetzes,
- *Konsolidierung* - bis zum Inkrafttreten der DVollzo,
- *Reformperiode* - bis zu den Entwürfen für ein Strafvollzugsgesetz,
- *Ernüchterung* - als Überschrift über das letzte Jahrzehnt und schließlich
- *zehn Jahre Strafvollzugsgesetz* - als Versuch einer Standortbestimmung heute.

1. Wiederaufbau

Verständlich, daß die Besatzungsmächte stärkere Sympathien für die Insassen der Strafanstalten empfanden als für deren Bewacher. Und Kriegseinwirkungen hatten viele Vollzugseinrichtungen in einen desolaten Zustand versetzt. So berichtet der Lehrer *Adam*, der 1945 für die Jugendstrafanstalt Rockenberg zuständig war, daß die dort in tagelangen Fußmärschen aus wegen Annäherung der alliierten Truppen aufgegebenen Strafanstalten in Westdeutschland eingetroffenen von Hunger und Krankheit gezeichneten Zuchthausgefangenen teilweise an Typhus erkrankt waren - mehrere sind der Krankheit erlegen -, daß es geglückt war, durch strenge Trennung ein Übergreifen der Seuche auf die jungen Gefangenen zu verhindern und daß die amerikanischen Besatzungsoffiziere alle jungen Gefangenen entlassen wollten und sich nur mühsam davon überzeugen ließen, daß die jungen Leute wegen z.T. erheblicher krimineller Delikte einsaßen. So wurde nur ein Teil der Gefangenen entlassen. Mit den verbleibenden jungen Gefangenen und den wenigen Bediensteten, die die Besatzungsmacht noch in der Anstalt arbeiten ließ, mußte in die überfüllte Anstalt Butzbach gezogen werden; in der zweckentfremdeten Anstalt Rockenberg war alsbald kaum noch ein brauchbarer Gegenstand vorhanden. Die Anstalten füllten sich dann bald mit von amerikanischen Gerichten verurteilten Ausländern, die - wer mag es ihnen nach allem, was ihnen im Krieg widerfahren war, verdenken - starke Aversionen gegen das deutsche Gefängnispersonal äußerten. Die Aufrechterhaltung eines Mindestmaßes an Sicherheit und Ordnung erwies sich so als sehr schwierig. Herr *Johanns*, der in dieser Zeit die Strafanstalt Butzbach leitete, in die besonders viele von den Militärgerichten verurteilte ausländische Gefangene eingewiesen wurden, hat anschaulich von dramatischen Situationen berichtet. Und dann war natürlich die Sorge, wie man die Gefangenen auch nur notdürftig ernähren, kleiden und im Winter vor Kälte schützen konnte, das beherrschende Thema. Die Kontrollratsdirektive Nr. 19 vom 12. November 1945 bot einen, den vorgefundenen Zuständen angemessenen Rahmen für vollzugliches Handeln. Danach sollte ein ausreichend ausgebildeter Beamtenkörper die Bewachung der Sträflinge, ihre Mindestansprüche auf Kost und Bekleidung und ihr körperliches Wohlergehen sowie die Aufrechterhaltung von Ordnung und Zucht sicherstellen. Die Beaufsichtigung muß streng, aber gerecht sein, ohne Anwendung von Körperstrafen. Nützliche körperliche Arbeit, Erziehung und Ausbildung - besonders bei jugendlichen Erstverbrechern -, Briefverkehr mit Verwandten und Freunden und Gelegenheit zur Teilnahme am Gottesdienst werden angeordnet. Besuchsgelegenheit seitens anständiger Freunde und Verwandter soll wohlwollend gegeben, der Grundsatz anerkannt werden, daß kein menschliches Geschöpf hoffnungslos verwahrlost und verdorben ist. In der amerikanischen Besatzungszone wurden - vermutlich der insoweit in Amerika bestehenden Situation entsprechend - in den Ländern bei den Justizministerien Leitungen für das Gefängniswesen eingerichtet. In den anderen westlichen Besatzungszonen blieb die Vollzugszuständigkeit wie vor 1945 bei den Generalstaatsanwälten. Daß in Hessen mit Herrn *Krebs* ein Mann des Vollzugs Direktor des Gefängniswesens geworden ist, dürfte Hauptgrund dafür sein, daß sich aus diesem Bundesland viele Impulse für den Strafvollzug ergeben haben, und der Slogan "Hessen vorn" jedenfalls für den Strafvollzug lange Zeit seine Berechtigung hatte. Ja, die Reste dieser Vorreiterrolle sind auch heute noch, mehr als 20 Jahre nach seiner Pensionierung und trotz deutlichen Aufholens anderer Bundesländer, nachweisbar. In seinen Erinnerungen berichtet *Krebs*, es sei in der amerikanischen Besatzungszone immerhin erreicht worden, daß kein Gefangener in der Wiederaufbauphase verhungerte oder erfror. Systematisch wurden neue Mitarbeiter gewonnen und geschult.

"Menschen, nicht Maßregeln" hatte ja schon *Krohne* in seinem Lehrbuch der Gefängniskunde als Rezept für einen guten Strafvollzug empfohlen. In Rockenberg gab es so monatlich eine ganztägige Anstaltsleiterbesprechung. Vor allem im Jugendstrafvollzug bemühte man sich um eine erzieherische Atmosphäre. Ich besitze ein Foto, das den Wechsel der Anstaltsleitung in Rockenberg im Jahr 1949 zeigt. Der neue Anstaltsleiter, dem man die Hungerjahre noch deutlich ansieht, steht am Rednerpult, sein Vorgänger neben ihm. Der Oberlehrer gibt den Einsatz zu einem gemeinsamen Lied der Gefangenen, die im sogenannten Klosterhof vollzählig versammelt sind, ebenso wie alle Beamten, die zum Teil alte Militäruniformen tragen. Ich weiß nicht, ob Anstaltsleiterwechsel heute noch mit einer solchen gemeinsamen Feier begangen werden.

Krebs berichtet, daß die Amerikaner die von ihren Gerichten zum Tode Verurteilten in einer bayerischen Anstalt hinrichten ließen. Aber auch die deutsche Justiz kannte und verhängte noch die Todesstrafe. Der Jubilar berichtet, daß er entsprechenden Wünschen des damaligen Justizministers mit Entschiedenheit und mit Erfolg entgegengetreten ist. So hat man in Hessen davon abgesehen, wieder eine Hinrichtungsstätte zu schaffen. Wie mir aus der Vollzugsverwaltung des Landes Rheinland-Pfalz erzählt wurde, ergibt sich aus den Akten, daß dort der Widerstand aus dem Wirtschaftsministerium kam, das dem Justizministerium die Bezugsberechtigung für die bereits in Solingen bestellte Guillotine verweigert hat.

2. Konsolidierung

Art. 102 des GG hat die Todesstrafe abgeschafft. Die Bundesrepublik versteht sich als sozialer Rechtsstaat. Die Achtung der Menschenwürde ist oberstes Gebot. So gibt das Inkrafttreten des Grundgesetzes auch dem Strafvollzug eindeutige Leitlinien. Sie werden in der Ordnung des Gefängniswesens für Hessen (OGH), die am gleichen Tag wie das Grundgesetz, am 23. Mai 1949, in Kraft tritt, für die vollzugliche Praxis formuliert. Die Vorschrift, die zunächst als Ausführung der Kontrollratsdirektive gedacht war, geht so doch schon deutlich über deren Vorstellungen hinaus. In der OGH finden sich auch Aufgabenbeschreibungen für die verschiedenen Vollzugsbediensteten, auch für jene des Sozialdienstes. Hier konnte man an Regelungen im thüringischen Strafvollzug aus der Zeit vor 1933 anknüpfen. Freilich hat es eine vollständige Rezeption der Entwicklungen von 1923 - 1933 nicht gegeben. In den Strafvollzug, vor allem auch den Jugendstrafvollzug, fanden vielmehr Erfahrungen aus dem westlichen Ausland Eingang. Vor allem blieben vollzugliche Vorstellungen und Praxis aus den Vereinigten Staaten von Nordamerika, aus denen erfahrene Vollzugspraktiker als Gefängnisoffiziere nach Deutschland gekommen waren, und die vielen deutschen Vollzugsleitern die Möglichkeit boten, amerikanische Einrichtungen kennenzulernen, nicht ohne Einfluß.

Das läßt sich deutlich an der seit 1950 erscheinenden *Zeitschrift für Strafvollzug* ablesen, einer auch von unserem Jubilar initiierten Fachzeitschrift für die Vollzugsbediensteten, die einerseits die Tradition der *Blätter für die Gefängniskunde* fortführte, andererseits Anregungen amerikanischer Gefängniszeitungen, etwa *The Prison World*, übernahm. Die Zeitschrift, Organ der Gesellschaft für Fortbildung der Strafvollzugsbediensteten, ließ damals stärker als heute alle Mitarbeiter des Vollzuges zu Wort kommen, vermittelte Informationen über Anstalten aus allen Bundesländern und über die Ländergrenzen hinaus, stellte die historischen Vorkämpfer für einen modernen Strafvollzug dar und gab so den Vollzugsbediensteten eine neue Orientierung für ihre Arbeit. Im Jugendstrafvollzug in Hessen, teilweise auch im allgemeinen Strafvollzug, gab es eine (vorsichtige) Erneuerung des Stufenstrafvollzugs. Nr. 102 der OGH, die im übrigen nur den "Strafvollzug in Gruppen" kennt, macht deutlich, daß hier dem Gefangenen in "stufenweise steigendem Maße" Gelegenheit gegeben werden soll, sich zu bewähren. In der Praxis durften die Angehörigen der dritten Stufe in Begleitung eines Sozialarbeiters und des Anstaltsleiters Ausgänge unternehmen. Auch im allgemeinen Vollzug wurden offene Anstalten errichtet, bahnbrechend das Gustav-Radbruch-Haus in Frankfurt. Bei der Differenzierung der Anstalten wurde in Hessen mit sonst nur halbherzig verwirklichten gesetzlichen Postulaten ernst gemacht: eine selbständige Sicherungsverwahrungsanstalt gab es in Ziegenhain, um dem berühmten Vorwurf des "Etikettenschwindels" jedenfalls von vollzuglicher Seite entgegenzutreten, und die einzige, jemals in Deutschland bestehende Untersuchungshaftanstalt für junge Gefangene in Frankfurt-Höchst verwirklichte die in § 93 Abs. 1 JGG aufgestellt Forderung.

In die Konsolidierungsphase fallen wichtige Entscheidungen des Gesetzgebers:

Das Jugendgerichtsgesetz von 1953 hebt die Jugendstrafe als eigene Freiheitsentziehung des Jugendstrafrechts nun auch im Namen deutlich von den Freiheitsstrafen des allgemeinen Strafrechts ab, gibt dem Vollzug dieser Jugendstrafe einen eindeutigen erzieherischen Auftrag, erlaubt erstmals Vollzugslockerungen ("Vollzug weitgehend in freien Formen" § 91 Abs. 3 JGG) und baut die Entlassung zur Bewährung aus. Schon 1954 gibt es das erste, von jeder Stammanstalt weit entfernte Freigängerhaus in Groß-Gerau, das die neuen gesetzlichen Möglichkeiten extensiv nutzen kann. Aber auch das allgemeine Strafrecht erfährt eine wichtige Novellierung. Seit 1953 gibt es auch dort die Strafaussetzung zur Bewährung für Gefängnisstrafen bis zu 9 Monaten sowie die Möglichkeit der Reststrafaussetzung zur Bewährung nach Verbüßung von zwei Dritteln der Strafzeit bei guter Prognose. Eine gesetzliche Regelung des Strafvollzugs wird indessen nicht in Angriff genommen. Man meint, zunächst müsse eine grundlegende Reform des materiellen Strafrechts erfolgen. Erste Vorarbeiten, die 1962 zu einem Gesetzesentwurf der Bundesregierung führen, lassen für einen modernen Volllzug nichts Gutes erwarten. Die unterschiedlichen Haftarten, Zuchthaus und Gefängnis vor allem, sollen beibehalten werden. Eine Stärkung spezialpräventiver Vorstellungen ist nicht in Sicht. In der Öffentlichkeit werden nach spektakulären Verbrechen Stimmen laut, die die Wiedereinführung der Todesstrafe fordern. Ich erinnere micht gut an die Gehässigkeiten, denen man, trat man solchen Forderungen in öffentlichen Diskussionen entgegen, ausgesetzt war.

Als eine für den Strafvollzug in Hessen segensreiche Entscheidung erwies sich die Vorschrift, daß alle Gerichtsreferendare - die Referendarzeit dauerte damals 3 1/2 Jahre - einen Monat in einer Justizvollzugsanstalt Dienst zu leisten hatten und darüber einen Bericht schreiben mußten. Die Konfrontation mit den Problemen des Strafvollzugs hat bei der Juristengeneration, die so ausgebildet worden ist, deutliche Spuren hinterlassen. Man trifft in Gerichten, den verschiedensten Behörden und Verbänden immer wieder auf Juristen, die besonderes Verständnis für Probleme des Strafvollzugs haben und hilfreich sind. Die heute bestehende Möglichkeit, sich je nach Interesse eine Wahlstation "Strafvollzug" während der Referendarausbildung aussuchen zu können, ist kein guter Ersatz. Gerade daß alle jungen Juristen, auch diejenigen, die ganz andersartige berufliche Pläne hatten und verwirklicht haben, den Strafvollzug kennenlernten, hat sich so bewußtseinsverändernd ausgewirkt.

Das Ende dieser Konsolidierungsphase möchte ich mit dem Inkrafttreten der DVollzO ansetzen, einer Verwaltungsanordnung, die in allen Bundesländern gleichlautend erging und auf die sich die Strafvollzugsverwaltungen der Bundesländer geeinigt hatten. Es war eine Einigung auf den kleinsten Nenner, gegenüber der Ordnung des Gefängniswesens für Hessen in manchem ein Rückschritt, der damaligen Rechtsauffassung indessen wohl entsprechend. Die zentrale Vorschrift (Nr. 57) hat den Zielpluralismus des Strafvollzugs geradezu klassisch formuliert: sämtliche Strafzwecke stehen hier gleichgeordnet nebeneinander. Diese Umschreibung des besonderen Gewaltverhältnisses ließ auch die 1961 durch eine Änderung des Einführungsgesetzes zum Gerichtsverfassungsgesetz geschaffene Regelung, wonach endlich Gefangene mit dem Vortrag, ihre Rechte seien durch die Vollzugsbehörden verletzt worden, gerichtlichen Rechtschutz vor den Strafsenaten der Oberlandesgerichte in Anspruch nehmen konnten, weitgehend leerlaufen. Denn nur wenige Einschränkungen (wie etwa die Genehmigungspflicht der Eheschließung in der Strafanstalt, Nr. 166 DVollzO) ließen sich durch keinen denkbaren Strafzweck rechtfertigen, und nur selten entschied ein Gericht, daß das Grundrecht der Menschenwürde durch Vollzugsverhältnisse verletzt sei, wie allerdings das Oberlandesgericht Hamm für die Belegung einer Einzelzelle mit drei Gefangenen ohne abgetrennte Toilette (NJW 1967, 2024). Normalerweise galt "jede Beschränkung der Rechte des Strafgefangenen" als rechtmäßig, "soweit sie zur Erreichung der Strafzwecke und wegen der durch sie bestimmten Natur des Anstaltsverhältnisses notwendig ist" (KG in NJW 1969, 672).

3. Reformperiode

Es ist wohl ein Verdienst der sogenannten großen Koalition und ihres Bundesjustizministers *Heinemann*, daß aus den zunächst restaurativen Ansätzen der Strafrechtsreform doch noch ein Reformgesetz wurde, das neben der konsequenten Verwirklichung des Schuldprinzips (Abschaffung von Resten des Erfolgsstrafrechts) starke spezialpräventive Verbesserungen gebracht hat. An die Stelle von Zuchthaus, Gefängnis, Einschließung und Haft tritt als einzige freiheitsentziehende Strafe die Freiheitsstrafe. Die Strafaussetzung zur Bewährung wird erweitert, die Strafzumessungsvorschrift erlaubt auf der Grundlage der Schuld spezialpräventive Überlegungen. Der Anwendungsbereich der Geldstrafe (Tagessatzsystem) wird erweitert, die Mindestdauer der Freiheitsstrafe auf einen Monat heraufgesetzt. Kleinkriminalität wird zu Verwaltungsunrecht (Ordnungswidrigkeit) herabgestuft. Der Anwendungsbereich der Sicherungsverwahrung wird drastisch auf gefährliche Täter beschränkt, die Maßregel "Arbeitshaus" wird abgeschafft. Grundsätzlich werden Maßregeln der Besserung und Sicherung vor den Strafen vollzogen, ihr Vollzug wird auf die Strafe angerechnet. Auch aus Maßregeln kann zur Bewährung entlassen werden (Führungsaufsicht); und als eine besondere spezialpräventive Anstrengung, Rückfallkriminellen zu einem gesetzmäßigen Leben zu verhelfen, wird die sozialtherapeutische Anstalt skizziert, - die entsprechenden Vorschriften werden freilich zunächst nicht in Kraft gesetzt. Nun gerät auch wieder die Aufgabe in den Blick, den Strafvollzug gesetzlich zu regeln.

Sicher wird das öffentliche und politische Interesse am Strafvollzug auch durch Mißstände verstärkt: Der Tod von Gefangenen in Beruhigungszellen ("Glocke") einer Anstalt in Hamburg, im "Klingelpütz" in Köln und später in Mannheim führten zu parlamentarischen Untersuchungen.

Das von dem Hamburger Bundestagsabgeordneten *Rollmann* herausgegebene Taschenbuch "Strafvollzug in Deutschland" (1967), das u.a. bedrückende Auszüge aus dem Protokoll des Untersuchungsausschusses, der die Hamburger Vorfälle zu untersuchen hatte, enthält, ist Ausdruck verstärkten öffentlichen und politischen Interesses am Strafvollzug. Der Bundesjustizminister beruft eine Sachverständigenkommission unter Leitung von Prof. *Sieverts* ein, die Vorarbeiten für ein Strafvollzugsgesetz leisten soll. Die jeweiligen Arbeitsergebnisse der Kommission werden in Fachkreisen und in der Öffentlichkeit besprochen. Eine Gruppe liberaler Hochschullehrer, die schon durch einen Alternativentwurf zur Strafrechtsreform Einfluß auf die Gesetzgebung genommen haben, legt einen Alternativentwurf zum Strafvollzugsgesetz vor, der sehr weitgehende Reformvorstellungen formuliert. Berufsverbände der Strafvollzugsbediensteten, Fachverbände, wie der Bundeszusammenschluß für Straffälligenhilfe, und die Kirchen melden sich mit Vorschlägen zu Wort. Die lebhafte Diskussion führt auch zu Veränderungen der Praxis. Die DVollzO wird geändert, die alten Vergünstigungen für Wohlverhalten werden (im Jahre 1969) Behandlungsmaßnahmen, die Gnadenordnungen der Länder nehmen Ausgangs-, Urlaubs- und Freigangsregelungen der Strafvollzugsreform vorweg (in Hessen durch eine Neufassung der GnO v. 27.11.1968). Mit seiner Entscheidung vom 14. März 1972 erklärt das Bundesverfassungsgericht die Figur des besonderen Gewaltverhältnisses für nicht im Einklang mit der Verfassung stehend und verpflichtet den Gesetzgeber, ein Rechte und Pflichten des Gefangenen genau bestimmendes Strafvollzugsgesetz alsbald in Kraft zu setzen (BVerfGE 33, 1 ff). Die *Lebach-Entscheidung* des Bundesverfassungsgerichts (BVerfGE 35, 202 ff.) erhebt ein Jahr später die Resozialisierung in Verfassungsrang. Dies wird in einer Entscheidung vom Oktober 1975 auch noch für das Strafvollzugsgesetz präzisiert, das nicht nur Rechtsstellungsgesetz sein darf, sondern die für die Resozialisierung nötigen Vorschriften enthalten muß (BVerfGE 40, 276 ff.).

In diese Reformperiode fallen Personalverbesserungen, eine wesentlich günstigere Beförderungsstruktur für die Beamten jeder Laufbahn, verbesserte Ausbildungs- und Prüfungsordnungen für den mittleren und gehobenen Vollzugsdienst in allen Bundesländern sowie eine rege Bautätigkeit. Neben Neubauten im Jugendstrafvollzug (Bremen-Blockland, Ottweiler, Wiesbaden, Adelsheim) entstehen moderne Werkräume für alte Anstalten, schrittweise wird das Kübelsystem beseitigt. Durch die Strafprozeßnovelle vom 19.12.1964 war auch die Stellung des Untersuchungsgefangenen verbessert worden, etwa sein Anspruch auf Einzelunterbringung in § 119 Abs. 1 StPO verbrieft. Dies führte zu einer Neufassung der Untersuchungshaftvollzugsordnung, die am 1.1.1966 in Kraft trat. Die Voraussetzungen für die Verhängung der Untersuchungshaft wurden verschärft.

4. Ernüchterung

Wenn man im politischen Bereich teils mit Genugtuung teils mit Verbitterung von der "Wende" spricht, die sich im Herbst 1982 vollzogen haben soll, so darf nicht übersehen werden, daß die Freude an als fortschrittlich oder liberal bezeichneten gesellschaftlichen Veränderungen schon lange zuvor einer Ernüchterung, ja einer Reformunlust gewichen war. Mit seiner Bemerkung, das "Ende der Fahnenstange" sei erreicht, lag der hessische Ministerpräsident *Börner* voll im Trend der sich wandelnden Stimmung. Diese "Wende" wird man in der Mitte der 70er Jahre ausmachen können, das Inkrafttreten des Strafvollzugsgesetzes ist schon in diese Ernüchterungsphase gefallen. *Müller-Dietz* hat das Gesetz in der Form, wie es in Kraft trat, als einen "Torso" bezeichnet, weil wesentliche Vorschriften mit einer Art Sperrvermerk versehen waren. Sie wurden zwar verkündet, über ihre Verwirklichung sollte aber erst ein späteres Gesetz entscheiden, für das nicht einmal eine zeitliche Perspektive angedeutet war.

Es waren dies die kostenträchtigen Maßnahmen wie die Regelung des Entgelts für die Gefangenenarbeit (§ 200 StVollzG bestimmt in Abs. 2, daß über die Erhöhung der Bemessung, die gerade 1/16 der ursprünglich vorgesehenen Entlohnung beträgt, bis zum 31.12.1980 befunden werden soll. Bis heute - fast 7 Jahre nach der gesetzten Frist - hat niemand irgendetwas "befunden"), die Einbeziehung der Gefangenen in das Netz der sozialen Sicherung (§§ 190 bis 193, 198 Abs. 3 StVollzG) sowie Maßnahmen zur Gliederung der Anstalt (§ 201 Nr. 4 StVollzG). Auch nach 10 Jahren, um das vorauszuschicken, sind diese Mängel nicht beseitigt worden, im Gegenteil, Überprüfungen nach abgelaufenen Fristen haben nicht zu vorgesehenen Änderungen geführt. Ursprünglich befristete Veränderungen (den offenen Vollzug - § 201 Nr. 1 - betreffend) sind in unbefristete verwandelt worden, sie treten also nicht automatisch, sondern erst nach Erlaß eines Gesetzes in Kraft. Auch der Abschied von der sozialtherapeutischen Anstalt, auf die viele Hoffnungen gesetzt worden waren, zeichnete sich schon seit längerer Zeit ab. Zunächst wurde das Inkrafttreten des § 65 StGB mehrfach hinausgeschoben, 1985 schließlich wurde die Vorschrift gestrichen. Kein Bundesland hat je daran gedacht, den für eine Inkraftsetzung der Vorschrift erforderlichen Raum- oder Personalbedarf vorzubereiten. Man hat die bewährten Modellversuche sozialtherapeutischen Vollzuges als "Vollzugslösung" in einer sehr unverbindlichen Fassung in dem StVollzG verankert. Dem an sich erfreulichen Ausbau des offenen Vollzugs und einer zunehmenden Gewährung von Vollzugslockerungen steht eine für den Beobachter geradezu atemberaubende "Hochsicherheit" des geschlossenen Vollzugs gegenüber. Die geschlossenen Anstalten sind zu Festungen aufgerüstet mit automatischen Überwachungsanlagen und Natodraht-Rollen auf den Mauern. Die früher zivilen Pforten sind durch mit mehreren Beamten besetzte schußsichere Schleusen ersetzt worden. Die Sicherheitsdienste sind verschärft.

Mehr Personal als je zuvor leistet im Sicherheitsbereich, im Nachtdienst und auf hoch technisierten Zentralen vor Bildschirmen und Sprechgeräten seine Arbeit. Nur teilweise lassen sich diese Veränderungen mit dem Umstand erklären, daß terroristische Gewalttäter, die es in der Reformperiode noch nicht gegeben hat, den Vollzug vor neue Aufgaben gestellt haben. Denn nur in wenigen Anstalten sind solche terroristischen Gewalttäter untergebracht. Aber viele geschlossene Anstalten, sogar Jugendstrafanstalten, sind viel stärker gesichert als früher. Neben den Terroristen sind es Verbrecher aus dem Bereich des organisierten Verbrechens und insbesondere drogenabhängige und -gefährdete Gefangene, die die Vollzugsentwicklung gestört haben. Die Einschleusung von Drogen in Anstalten zu verhindern, erfordert aufwendige und penible Kontrollen der Hafträume, beim Besuch, im Briefverkehr, bei Zusendung von Paketen und bei Vollzugslockerungen. Die Kontrollen müssen sich auf alle Insassen erstrecken, weil ja auch ein nicht-abhängiger Gefangener für einen Abhängigen Drogen einschmuggeln könnte. Sägen und Waffen lassen sich mühelos mit einem Suchgerät auffinden, wie es an jedem Flughafen im Einsatz ist. Kein Paket muß man öffnen. Auch die Schnapsflasche, die der Freigänger vielleicht einzubringen versucht, läßt sich leicht entdecken. Dem - obendrein wohl sogar vergeblichen - Versuch, Anstalten drogenfrei zu halten, stehen indessen die Intentionen von Vollzugsliberalisierungen entschieden entgegen. Schwierigkeiten anderer Art bereitet der hohe Anteil von Ausländern im Strafvollzug, insbesondere aber verhinderte die Überbelegung eine normale Vollzugsgestaltung vor allem im geschlossenen Vollzug; neben bedrükkenden Unterkunftsverhältnissen und Beschränkungen von Freizeitmöglichkeiten fehlte für viele Gefangene sogar die Arbeit.

Die sicher folgenschwerste Veränderung ist aber die gestiegene Bedeutung der Sicherheit. Nur vordergründig mag ihre Ursache darin liegen, daß aufgrund spektakulärer Vorfälle im Zusammenhang mit Terroristen einige Justizminister und Justizsenatoren ihre Posten verloren haben. Ich vermute vielmehr, daß die Absage des Strafvollzugsgesetzes an eine von vergeltungs- und generalpräventiven Gesichtspunkten auch nur im mindesten beeinflußte Vollzugsgestaltung dem Sicherungsaspekt als dem einzigen Mittel, mit Hilfe dessen man das Strafübel eindrucksvoll gestalten kann, sozusagen eine Ersatzfunktion zugewiesen hat. Ich erinnere mich da an die schöne Geschichte, die *Max Busch* von einem Kasseler Beamten zu erzählen pflegt: In den 50er Jahren, als davon die Rede war, daß die Vollzugsgestaltung "humanisiert" werden müsse, meinte ein alter Vollzugsbeamter im Beamtenunterricht zu Herrn *Busch*, auch er halte grundsätzlich die Forderungen für richtig, daß man den Gefangenen human begegnen müsse, aber, so setzte er hinzu, "ein bißchen quälen werden wir sie doch noch dürfen". Quälen darf man die Gefangenen eben heute noch mit der Sicherheit. Sie steht im Gesetz und ist ganz rational - im Gegensatz zu Sühne und Vergeltung. Sicherheit schuldet man der Bevölkerung. Selbst der humanste Abgeordnete und der liberalste Professor verstehen das. Auf die Irritationen, die die Erkrankung des Immunsystems AIDS in den Vollzug getragen hat, will ich gar nicht mehr zu sprechen kommen.

Aber auch noch eine andere Entwicklung macht dem Strafvollzug zu schaffen: Die Abkehr von der sogenannten Behandlungsideologie. War in der Reformperiode, vor allem auch im Zusammenhang mit der Forderung nach Einrichtung sozialtherapeutischer Anstalten, der Gedanke lebendig, man könne im Strafvollzug entscheidende Hilfen zur Resozialisierung bieten, so hat zunächst in den Ländern, die, wie die Vereinigten Staaten von Nordamerika, Holland, Schweden und Dänemark auf Behandlung und Therapie setzten, ein Umdenken begonnen. Nun meint man, Freiheitsstrafe eigne sich überhaupt nicht für resozialisierende Behandlung. Eine Zwangserziehung könne nie Erfolg haben, Strafvollzug mache den Insassen auf jeden Fall schlechter. Diese Vorstellungen gewinnen auch hier rasch Anhänger. Vor allem jüngere Wissenschaftler fühlen sich von dem humanen und liberalen Gehalt neuer kriminologischer Theorien angesprochen.

Soweit etwas von diesen Überlegungen über den engeren Kreis der Wissenschaftler in die Öffentlichkeit und das politische Bewußtsein dringt, ist es das Empfinden, Strafvollzug tauge nicht für Resozialisierung. Daß man ihn aber zur Sicherheit für die Allgemeinheit und aus generalpräventiven Gründen in einem gewissen Umfang weiter benötigt, wird ebenfalls angenommen. Statt Abschaffung des Strafvollzugs also Verschlechterung des Vollzugs. Diese Konsequenz verschafft den jungen Wissenschaftlern Bundesgenossen, die sie sich offenbar ursprünglich nicht gewünscht haben. Andererseits formiert sich aber entschiedener Widerstand. Daß wieder stärker auf Gefahren des Freiheitsentzugs hingewiesen und ein naiver Glaube in Umerziehungsmöglichkeiten erschüttert worden ist, wird heute ganz überwiegend als Verdienst der neuen Kriminologie anerkannt. Allerdings, so sieht man jetzt, ist dann oft das Kind mit dem Bade ausgeschüttet worden. Die empirischen Belege dafür, daß strenge Bestrafung und Freiheitsentzug die Ursachen für kriminelle Entwicklungen und für die Verfestigung krimineller Karrieren sein sollen, sind dünn, die statistischen "Beweise" für solche Thesen sind ähnlichen Einwänden ausgesetzt, wie sie den "Beweisen" des Erfolgs von Resozialisierungsmaßnahmen entgegengehalten worden sind. Kaum jemand gerät in den Strafvollzug, bei dem nicht vorher zahlreiche Versuche mit der "Behandlung in Freiheit" erfolglos unternommen worden sind. Und auch diese "Behandlung in Freiheit" ist überhaupt nur denkbar auf dem Hintergrund eines drohenden Freiheitsentzugs, dessentwegen sich der Verurteilte auf jene Behandlung in Freiheit einläßt. Zwangsbehandlung oder Zwangserziehung finden ohnehin nicht statt. Vielmehr werden im Rahmen des Freiheitsentzugs resozialisiernde Angebote gemacht; und so richtig es ist, daß man nicht Personen deswegen, weil man sie resozialisieren will, einsperren darf, so richtig ist es, Personen, die, weil sie Verbrechen begangen haben, eingesperrt werden müssen, mit resozialisierenden Maßnahmen und Angeboten zu konfrontieren. Man darf diese Maßnahmen den Insassen nicht durch Androhung von Haftverschärfungen aufdrängen. Daß die Entscheidung des Insassen Konsequenzen etwa für eine spätere Gewährung der vorzeitigen Entlassung hat, ist freilich nicht zu übersehen und - wie ich meine - nicht zu beanstanden.

Auf die Ernüchterung hinsichtlich der spezialpräventiven Möglichkeiten des Strafvollzugs ist also bald die Ernüchterung über die Konsequenzen der ersten Ernüchterung getreten. Eine entscheidende Umbesinnung im Strafvollzug ist so nicht erforderlich, die dem Strafvollzugsgesetz zugrundeliegenden Reformideen sind nach wie vor sinnvoll und plausibel.

Die Erschütterungen und Verunsicherungen, die der Strafvollzug in der Periode der Ernüchterung hinnehmen mußte, sind auf dem Gebiet der Entwicklung des Sanktionenrechts nicht zu beobachten. Hier geht die Reform weiter: Die Entscheidung des Bundesverfassungsgerichts zur Verfassungsmäßigkeit der lebenslänglichen Freiheitsstrafe (BVerfGE 45, 187 ff.) vom 21. Juni 1977 zwingt den Gesetzgeber zur Einführung eines gerichtlichen Verfahrens für die Aussetzung der lebenslänglichen Freiheitsstrafe nach Teilverbüßung (§ 57 a StGB; im Dezember 1981). Die Regelung erweist sich alsbald als unvollständig. Ein Teil ihrer Mängel wird 1986 behoben, gemeinsam mit einer vorsichtigen Erweiterung der Strafaussetzung nach Teilverbüßung einer zeitigen Freiheitsstrafe (Neufassung des § 57 Abs. 2 StGB) und der Abschaffung der als verfehlt erkannten Vorschrift, die auch für Bagatellrückfälle eine erhöhte Mindeststrafe vorgeschrieben hat (§ 48 StGB). So ist es vielleicht überhaupt falsch, so einfach vom Ende der Reformperiode zu reden. Kriminalpolitische Reformen, die nichts kosten (vielleicht sogar etwas einsparen), gehen weiter, von einer reaktionären Trendwende ist hier nichts zu spüren. Daß mancher noch mehr Reform will, spricht nicht gegen diese Aussage; auch früher erfolgten solche Reformen - wie ich meine zu Recht - mit "Augenmaß" (so hat es der frühere Justizminister *Jahn* einmal formuliert, und zwar anerkennend).

Aber Reformen, die Geld kosten, bleiben auf der Strecke: die sozialtherapeutische Anstalt, die Fortschreibung des Strafvollzugsgesetzes, die Reform des Jugendgerichtsgesetzes, das Jugendstrafvollzugsgesetz und das Untersuchungshaftvollzugsgesetz. Was die beiden zuletzt erwähnten Gesetzgebungswerke angeht, so fehlt nun auch der gerichtliche Druck, der seinerzeit den Gesetzgeber beflügelt hat, das Strafvollzugsgesetz in Kraft zu setzen: Entgegen früheren Trends hält das Bundesverfassungsgericht heute mit großer Mehrheit die Untersuchungshaft durch die Generalklausel in § 119 StPO für verfassungsmäßig unbedenklich geordnet (BVerfGE 35, 311 ff. einerseits, 57, 170 ff. andererseits), die Oberlandesgerichte haben im Gegensatz zu Entscheidungen vor 10 Jahren auch keinen Zweifel mehr daran, daß § 91 JGG dem Jugendstrafvollzug einen verfassungsrechtlich ausreichenden Rahmen gibt (OLG Stuttgart in ZfStrVo 1980, 60 einerseits, NStZ 1987, 444 bei *Böhm* andererseits).

5. Zehn Jahre Strafvollzugsgesetz

Trotz der erwähnten Ernüchterung kann man wohl eine positive Bilanz ziehen. Das Strafvollzugsgesetz hat sich auch als Torso besser bewährt als man annahm. Seine Leitlinien sind wohl richtig. Dies ist der Tenor aller Geburtstagsartikel ebenso wie das gemeinsame Bekenntnis der Länderjustizminister. Was den Leiter der Ev. Akademie in Arnoldshain bewogen hat, in der Einladung zu einer in wenigen Wochen beginnenden Tagung zu behaupten, es erfreue sich die Feststellung weitgehender Einmütigkeit, das Strafvollzugsgesetz habe die erwarteten Resozialisierungserfolge nicht erbracht, weiß der Himmel (eine bei Verlautbarungen einer kirchlichen Einrichtung nicht so fernliegende Vermutung). Mir ist weder von der behaupteten Erwartung noch von der Einmütigkeit etwas bekannt.

Die Zeichen für eine noch bessere Ausnützung der gesetzlichen Möglichkeiten stehen nicht schlecht. Wir erleben seit etwa zwei Jahren einen Belegungsrückgang, der nicht nur demographische Gründe hat, sondern darauf beruht, daß in Deutschland von der Freiheitsstrafe weniger Gebrauch gemacht wird. Europaweit rückt die Bundesrepublik, die eine relativ hohe Belegungsziffer hatte, näher an die anderen Staaten mit niedrigen Belegungszahlen heran. Der Belegungsrückgang könnte es erlauben, mit einem geringeren finanziellen Aufwand die im Strafvollzugsgesetz angestrebten Strukturen der Anstalten zu verwirklichen. Das Zahlenverhältnis von Bediensteten zu Gefangenen verbessert sich. Sowohl im Rahmen der Vollzugspädagogik wie im Bereich der Therapie zeichnen sich neue Möglichkeiten ab. Die eine kann man mit dem Begriff "soziales Training" umschreiben; es ist eine vollzugspädagogische Methode, die es sich zum Ziele setzt, Defizite in der Bewältigung praktischer Lebenssituationen zu erkennen, zu diskutieren, ihre Behebung in der Praxis zu erproben und dem Gefangenen verständlich und erstrebenswert zu machen. Neue Therapieformen erfassen nun auch stärker den nicht sprachlich gewandten und intellektuell befähigten Gefangenen. Die Mitarbeiter, so hört man, sind besser motiviert und wohl auch qualifizierter als früher. Es hat sich die Erkenntnis Bahn gebrochen, daß auch die Bediensteten des allgemeinen Vollzugsdienstes stärker in das Behandlungskonzept eingebunden werden müssen, an Entscheidungen zu beteiligen sind und einen festen Arbeitsplatz erhalten. Die neue Ausbildung des gehobenen Dienstes erlaubt die Hoffnung, daß das Interesse für den Menschen verstärkt und bürokratische Schwierigkeiten verringert werden. Rückfalluntersuchungen haben gezeigt, daß der Vollzug der Freiheitsstrafe lange nicht so häufig zum Rückfall und schon gar zu einer lange Zeit überdauernden kriminellen Karriere führt, wie man ursprünglich befürchtet hat und wie es die gegen die angebliche Behandlungsideologie angehenden Kriminologen behauptet haben.

Die statistische Überlegenheit der "Behandlung in Freiheit" beruht vornehmlich auf der andersartigen (nämlich weniger gefährdeten) Population der "ambulanten Maßnahmen". Eine vorsichtige Rehabilitierung spezialpräventiver Möglichkeiten im Vollzug, die nach diesen Befunden erlaubt und geboten ist, dürfte auch die Gefahr verringern, daß andere Strafzwecke die Vollzugsgestaltung stärker bestimmen. Neben der Betonung des Sicherheitsaspekts in den vergangenen Jahren spielt insoweit eine Rolle, daß die Justizverwaltungen die Entscheidung des Bundesverfassungsgerichts, das es mit der Verfassung für vereinbar erklärt hat, bei wegen schwerster Gewaltdelikten verurteilten Gefangenen Vollzugslockerungen auch im Hinblick auf die Schwere der Schuld zurückzustellen (BVerfGE 64, 261 ff. - 28. Juni 1983 -) verallgemeinern, ja teilweise sogar den "Schuldausgleich" zu einem Gestaltungsprinzip des Strafvollzugs erheben wollen. Das Vorhaben, das StVollzG in dieser Hinsicht zu ändern, ist wohl, wie mir scheint, gescheitert. Die große Mehrheit der Bundesländer lehnt eine Änderung des Gesetzes zu Recht ab. Freilich läßt sich die Gefahr nachhaltig nur bannen, wenn der wohl im Zeichen der Überbelegung und der zu starken Berücksichtigung von Sicherheitsüberlegungen beobachtete Trend gestoppt werden kann, daß offener Vollzug und Vollzugslockerungen (übrigens auch Strafaussetzung zur Bewährung) vorwiegend den besser sozialisierten Insassen oder Verurteilten gewährt wird, die mit diesen Belastungen besser umgehen können. Eine solche, sozialstaatlichen Forderungen sicher nicht entsprechende "Zuteilung von Vollzugschancen" kann neutralisiert werden durch eine Verbesserung der resozialisierenden Angebote an die gefährdete Population im geschlossenen Vollzug und durch eine Ausgestaltung des offenen Vollzugs und der Vollzugslockerungen, die ihre Gewährung auch an gefährdetere Personen erlaubt: die konsequente Durchführung und Verbesserung aller dem Vollzugsziel dienenden Maßnahmen vermindert die Chance derer, die andere Strafzwecke berücksichtigt wissen wollen.

Literaturhinweise

1. Wiederaufbau

Günter *Johanns*, Streiflichter aus dem Strafvollzug, in: Strafvollzug in Hessen. Eine Festgabe für Albert Krebs zum 40jährigen Dienstjubiläum am 12. Juni 1960, S. 7 ff.

Albert *Krebs*, in: Pongratz (Hrsg.), Pädagogik in Selbstdarstellungen, Band IV, Felix Meiner Verlag, Hamburg, S. 154 ff.

Albert *Krebs*, Die Durchführung der Kontrollratsdirektive Nr. 19, in: Zeitschrift für Strafvollzug 1 (1950), Nr. 3, S. 17 ff.

2. Konsolidierung

Albert *Krebs*, Heinrich *Meffert*, Strafanstalt für Männer Frankfurt am Main-Preungesheim Gustav Radbruch-Haus, in: Zeitschrift für Strafvollzug 9 (1959/69), S. 67 f.

Heinz *Meyer-Velde*, Sicherungsverwahranstalten, in: Schwind/Blau (Hrsg.), Strafvollzug in der Praxis, Berlin, New York 1976, S. 65 ff., 69 sowie dies., 2. Aufl., Berlin, New York 1988, S. 95 ff, 99.

Thilo *Eisenhardt*, Der Erziehungsauftrag des Jugendgerichtsgesetzes und seine Durchführung in Untersuchungshaft und Jugendarrest, in: Zentralblatt für Jugendrecht und Jugendwohlfahrt 1971, S. 240 ff.

Albert *Krebs*, Otto *Schott*, Max *Gebhardt*, Das "Fliedner-Haus" Groß-Gerau, in: Zeitschrift für Strafvollzug 5 (1955), S. 141 ff.

Jürgen *Baumann*, Die Reform des Allgemeinen Teils eines Strafgesetzbuches, in: Rheinisch (Hrsg.), Die Deutsche Strafrechtsreform, München 1967, S. 56 ff.

3. Reformperiode

Gerhard *Jahn*, Rechtspolitische Probleme der Strafvollzugsreform, in: Gerhard Jahn (Hrsg.), Rechtspolitik mit Augenmaß, Karlsruhe 1972, S. 191 ff.

Bund der Strafvollzugsbediensteten Deutschlands e.V., Stellungnahme zum Entwurf eines Strafvollzugsgesetzes, 1974. (Mit vollständigem Abdruck des Kommissionsentwurfs und der Änderungsvorschläge des Bundesrates.)

Fachausschuß I "Strafrecht und Strafvollzug" des Bundeszusammenschlusses für Straffälligenhilfe, Vorschläge zum Entwurf eines Strafvollzugsgesetzes, 2. Auflage, 1974.

Jürgen *Baumann* u.a., Alternativ-Entwurf eines Strafvollzugsgesetzes, Tübingen 1973

4. Ernüchterung

Heinz *Müller-Dietz*, Probleme des modernen Strafvollzuges, Berlin, New York 1974.

Heinz *Müller-Dietz*, Über das Inkrafttreten von Vorschriften, die nicht in Kraft treten, in: Juristenzeitung 1973, S. 564.

Alexander *Böhm*, Zur Sozialtherapie, in: Neue Juristische Wochenschrift 1985, S. 1813 ff.

Günther *Kaiser*, Abolitionismus - Alternative zum Strafrecht? in: Küper (Hrsg.), Festschrift für Karl Lackner zum 70. Geburtstag am 18. Februar 1987, Berlin, New York 1987, S. 1027 ff.

Hans-Jürgen *Kerner*, Was kann die Freiheitsstrafe leisten? in: Schöch (Hrsg.), Strafe. Tor zur Versöhnung? Hofgeismarer Protokolle 244, 1988, S. 140 ff.

5. Zehn Jahre Strafvollzugsgesetz

Heinz *Müller-Dietz*, 10 Jahre Strafvollzugsgesetz - Bilanz und Perspektiven -, in: Bewährungshilfe 33 (1986), S. 331 ff.

Klaus *Meyer*, Zehn Jahre Strafvollzugsgesetz - Das Gesetz im Rückblick, in: Zeitschrift für Strafvollzug 36 (1987), S. 4 ff.

Karl Peter *Rotthaus*, Die Bedeutung des Strafvollzugsgesetzes für die Reform des Stafvollzugs, in: Neue Zeitschrift für Strafrecht 1987, S. 1 ff.

Jürgen *Baumann*, Gerhard *Staiger*, Schuld und Sühne ohne Ende? in: Schöch (Hrsg.), Strafe. Tor zur Versöhnung? Hofgeismarer Protokolle 244, 1988, S. 93 ff.

Heinz *Müller-Dietz*, Max *Busch*, Rüdiger *Wulf* u.a., Soziales Training im Strafvollzug, in: Kriminalpädagogische Praxis 16 (1988), Heft 27

Gabriele *Dolde*, Günter *Grübl*, Verfestigte "kriminelle Karriere" nach Jugendstrafvollzug?, in: Zeitschrift für Strafvollzug 37 (1988), S. 29 ff.

Zukunftsaspekte der Kriminalpolitik und des Sanktionssystems

Max Busch

Ein 90. Geburtstag regt dazu an, in historischen Dimensionen zu reflektieren. Verdienste des Jubilars im Zusammenhang mit historischen Entwicklungen werden gewürdigt, sein Erleben und sein Schicksal werden in historischen und epochalen Herausforderungen gespiegelt und seine Beiträge zur Entwicklung in seinem Wirkungsbereich werden analysiert. Die Zukunft kommt dabei kaum ins Blickfeld. Angesichts des sogenannten fortgeschrittenen Alters des Geehrten erscheint es vielleicht sogar peinlich und unhöflich, sich mit der Zukunft zu beschäftigen, die doch weitgehend nicht mehr seine Zukunft ist, sei es im Berufsleben, sei es bezüglich der Lebenszeit überhaupt. Es ist also der Befindlichkeit aller Beteiligten und der allgemein gewünschten Harmonie eines Jubiläums angemessener, dankbar Rückblick zu halten und sich des Gelungenen und der Erfolge zu erinnern und alles Dunkle und Fragwürdige, insbesondere die Zukunft zu vergessen.

Es ist schon ein "kulturelles Ereignis", wenn man ohne Hemmungen und Befürchtungen zu einem 90. Geburtstag über Zukunftsaspekte nachdenken kann. Daß dieses Thema in die heute dargebotenen Beiträge aufgenommen wurde, ist weder die Entscheidung eines Vorbereitungskomitees, noch eine Idee des Referenten selbst. *Albert Krebs* hat anläßlich seines 80. Geburtstags im Jahr 1977 eine Reihe von Freunden und Weggenossen zu einem Rundgespräch eingeladen und dabei den Wunsch geäußert, die Teilnehmer möchten einen Beitrag zum Thema "Freiheitsentzug im Jahr 2000" mitbringen. Die Beiträge wurden seinerzeit nicht gedruckt, so daß ich mich selbst nicht zitieren, sondern nur inhaltlich auf meine Ausführungen zurückgreifen kann. Deutlich wird aus diesem Geburtstagswunsch, daß es also durchaus im Rahmen der Konzeption des Jubilars liegt, Zukunftsfragen ausdrücklich anzugehen.

Es erscheint verlockend, sich einleitend mit der Frage zu beschäftigen, warum und wie sich Menschen überhaupt mit möglichen künftigen Entwicklungen beschäftigen, welche Motive, welche Impulse und Interessen sie dazu treiben, Künftiges zu bedenken, zu erhoffen oder zu befürchten und warum der Mensch in die Zukunft plant oder planen muß. Hier könnte vieles zur historischen Existenz, zur Fähigkeit der Antizipation von Künftigem und zum Wissen um Vergänglichkeit gesagt werden. Meine Aufgabenstellung ist enger und zielt auf den uns hier und heute gestellten Handlungsbereich, nämlich Kriminalpolitik und Sanktionssystem. Der Hinweis auf Hintergrundgegebenheiten und auf allgemeine Rahmenbedingungen soll lediglich deutlich machen, daß auch dieses ganz spezifische Thema nicht einfach isoliert und nur technologisch-pragmatisch abgehandelt werden kann, sondern einer Vielzahl von Rückfragen bedarf, die hier vielleicht noch im Gespräch erhellt werden können.

Die Beschäftigung mit der Zukunft sollte für den Menschen eine *Selbstverständlichkeit* im unmittelbaren Sinne dieses Wortes sein. Daß man sich heute sehr intensiv mit Zukunft beschäftigt, sei es in der Wissenschaft als Futurologie, sei es in der Kunst, im Theater, im Film und im Fernsehen, liegt sicher auch noch an einem anderen Begründungszusammenhang, nämlich an einer weit verbreiteten Angst vor der

Zukunft. Diese Angst ist immer latent vorhanden, sie ist aber im gesellschaftlichen Rahmen dadurch gefördert worden, daß wir begreifen, daß wir in der Lage und vielleicht sogar auf dem Wege sind, Zukunft für die kommenden Generationen und vielleicht sogar für uns selbst insgesamt und total zu zerstören. Diese Erkenntnis trifft auf eine Befindlichkeit, die transzendente oder transzendierende Wissens- oder Glaubensbestände kaum noch kennt und nicht mehr ins Kalkül einbezieht. Die Zukunftsfrage ist für uns heute einerseits vordringlich und andererseits beängstigend.

Dies alles lassen wir hier so stehen und fragen uns nun, wie wohl die Zukunft der Kriminalpolitik und des Sanktionssystems aussehen könnte. Wollen wir nicht einfach spekulieren oder unseren Wunschvorstellungen in diesem Bereich Ausdruck geben, müssen wir überlegen, welche realistischen Ansätze für eine Beschäftigung mit der Zukunftsfrage sich anbieten.

Es erscheint sinnvoll, zu überprüfen, welche offenen Fragen und welche Themen in der Gegenwart zur Diskussion stehen, um dann von daher weiterzudenken, zu planen und Konzepte zu entwickeln. Der Stand der einschlägigen Diskussion in der Gegenwart wurde uns schon aus den vorhergehenden Referaten deutlich, und man könnte den Katalog der offenen Fragen allein daraus entwickeln. Die Tatsache, daß mir diese Referate vorher nicht bekannt waren, hat aber auch ihren spezifischen Reiz. Da ich meine Ausführungen "unabhängig" konzipieren muß, wird es dem Zuhörerkreis und dem Referenten möglich, zusätzliche Variablen und vielgestaltigere Interpretationen zur Grundlage ihrer Gespräche zu machen.

Welches sind nun die Probleme und die offenen Fragen, die sich zu unserem Thema aufdrängen? Auch hier tut sich ein weites Spektrum auf:

Grundlegende Fragen wie die nach der gesellschaftlichen Rezeption des Strafrechts in der Gegenwart stehen neben ganz pragmatischen Problemen, z.B. der wichtigen Frage der weiteren Entwicklung der Bezahlung der Gefangenen und der Einbeziehung der Insassen von Strafanstalten in das System der sozialen Sicherung. Ich will versuchen, einen "mittleren" Weg zu wählen, um mich weder in die Höhen der Rechts- und Gesellschaftsphilosophie abzusetzen, noch in die sogenannten Niederungen der eingegrenzten Alltagsfragen von Gesetzgebung und Praxis zu geraten.

Verfolgt man die gegenwärtige Diskussion,ergeben sich u.a. etwa folgende Themenkomplexe:

1. Wie rechtfertigt sich ein Strafrechtssystem in der gegenwärtigen Gesellschaft? Wie sehen seine Funktion und sein Wirkungsbereich aus? Wie könnte eine sinnvolle Weiterentwicklung in die Zukunft ablaufen und welche Anforderungen wird eine künftige Gesellschaft bezüglich eines Rechtsgüterschutzes und einer Ordnungsfunktion an das Strafrecht stellen?

2. Sind Freiheitsentzug und repressive Interventionen zukünftig notwendig oder können sie durch konstruktive und aufbauende Aktivitäten in Freiheit ersetzt werden?

3. Wie werden sich die Adressatenprofile verändern und welche Anforderungen werden diese Veränderungen stellen?

4. Wie sieht es mit Schuld und Verantwortung spezifisch im Bereich abweichenden Verhaltens aus und welche Normstrukturen bestimmen, welches Verhalten als abweichend definiert werden wird?

5. Wie wird sich die Reaktion der (nichtabweichenden) Bevölkerung auf Abweichen entwickeln und welche kriminologischen und kriminalpolitischen Erkenntnisse werden hier verändernd eingebracht werden?
Wie sieht es mit der Akzeptanz von Reformen beim künftigen Menschen aus?

Dieser keineswegs vollständige und fast willkürlich erscheinende Katalog macht bereits deutlich, daß wir hier lediglich Trends und allgemeine Entwicklungsmöglichkeiten andeuten können und vieles offenbleiben muß.

Zunächst zum Strafrecht und zum Sanktionssystem insgesamt:

Man kann das Sanktionssystem des Strafrechts und seine inhaltliche Ausgestaltung nicht unabhängig von der Problematisierung des Strafrechts überhaupt behandeln. Die Diskussion des Strafrechts war bis in unser Jahrhundert hinein eine Domäne der Rechtswissenschaft, und es mag auch heute noch aus der Sicht von Juristen als eine Grenzüberschreitung betrachtet werden, wenn ein Sozialpädagoge als Gesellschaftswissenschaftler sich hier zu Wort meldet. Die Abgenzungsfrage kann aber von uns vernachlässigt werden, weil übergreifende Denkmodelle längst Raum gewonnen haben. Es sei nur auf die umfassende Literatur zur Rechtssoziologie und zur kritischen Kriminologie verwiesen. In unserem Zusammenhang stellt sich die Frage, ob ein Strafrecht zur Erfüllung seiner angestammten gesellschaftlichen Funktion (noch) erforderlich ist.

In unserem Jahrhundert können wir eine Reihe von Ansätzen entdecken, die eine Überwindung oder Beseitigung eines Strafrechts postulieren und Alternativen anbieten wollen. Die aus dem 19. Jahrhundert stammende marxistische Konzeption, die gesellschaftliche Verhältnisse entwirft, die Strafe und Bestrafung überflüssig machen, sei hier nur erwähnt. Sie soll hier nicht weiter erörtert werden, zumal in einer auf Zukunft gerichteten Betrachtung wohl nur mit Sicherheit gesagt werden kann, daß die Hoffnung auf derartige Gesellschaftsverhältnisse nicht erfüllt werden wird, weil sie empirisch nachweisbare Grundgegebenheiten individualen und sozialen Lebens widerspricht. Dies mag später oder anderswo diskutiert werden.

Am bekanntesten innerhalb der Fachdiskussion ist wohl die schon vor Jahrzehnten bekannt gewordene Problematisierung des Strafrechts durch die Défense sociale (*Ancel, Gramatica*), die ein Aufgeben des Strafgedankens und ein pädagogisch-therapeutisch ausgerichtetes Maßnahmenrecht fordert. Aus Sanktionen würden dann nicht mehr repressive Interventionen, aus Strafanstalten sozialpädagogisch-therapeutische Einrichtungen. In den letzten Jahrzehnten ist die Zahl der Argumente und Vorschläge so umfangreich geworden, daß sie hier nicht geschildert werden können. Dabei geht es hier noch nicht um die auf der Basis eines modifizierten Strafrechts empfohlene Abschaffung der Gefängnisse, auf die wir noch zurückkommen, sondern insgesamt um Alternativen der Reaktion der Gesellschaft auf in bestimmter Weise qualifiziertes abweichendes Verhalten. In unserem Zusammenhang, nämlich bei dem Versuch, künftige Entwicklungen zu antizipieren, erscheint mir eine Argumentation beachtenswert, die auch von Krebs aufgegriffen wurde und die über eine rechtswissenschaftlich-interne Diskussion in theologischer oder auch philosophischer und nicht nur in sozialwissenschaftlicer Hinsicht hinausführen kann. Der protestantische Theologe *Karl Barth* hat - um es vereinfacht darzustellen - 1960 vor der Evangelischen Konferenz für Straffällige in Fulda über den Sinn der Strafe reflektiert.[1] Er bezeichnet die Strafe als eine durch die Menschlichkeit bestimmte "Fürsorgemaßnahme", die nicht der Sühne dient, die ein bereits durch Jesus Christus übernommenes Faktum ist. In der Zeit nach Christus bleiben nur noch die Schutzfunktion und die Erziehungsfunktion für die Reaktionssysteme des Rechts. Die Problematisierung staatlichen Strafens oder repressiver Intervention ist also nicht nur aus sozialkritischer, sondern auch aus theologischer Sicht möglich.

Die vereinfachende Interpretation des staatlichen Handelns als schlichte Verlängerung des Arms des richtenden Gottes wird allenfalls heute noch implizit und latent wirksam, aber kaum noch ausdrücklich vertreten. Das mit der Aufklärung einsetzende Hervorgehen des Menschen aus der (selbstverschuldeten) Unmündigkeit (Kant) hat einer naiven Harmonisierung von göttlichem und staatlichem Handeln ein Ende gesetzt. Es gibt kein Zurück mehr hinter die Aufklärung, allenfalls deren Überwindung durch eine neue Konzeption von Mensch und Welt, die durch Aufklärung und Vernunftherrschaft hindurch neue Dimensionen erkennt. Wir werden darauf noch eingehen.

Damit sind wir bei der Zukunft, d.h. der Frage, wie sich Strafrecht und damit die Grundlage unseres Sanktionssystems möglicherweise weiterentwickeln könnte. Z.Zt. erleben wir eine politische Tendenz, die zu einem klassischen Schuldstrafrecht zurückkehren will und dies soweit konkretisiert, daß in der Justizministerkonferenz der Länder die Frage erörtert wurde, ob nicht Sühne und Abschreckung in der Regelung zum Vollzugsziel verankert werden müßten. Wir werden also in Zukunft mit einer Entwicklung rechnen können, die aus durchaus verschiedenen Motivationen eine repressiv ausgestaltete, mit gewollt abschreckender Übelzufügung arbeitende Strafrechtskonzeption vertritt. Der transzendente Gesamtrahmen, die vor-aufklärerische Rechtfertigung einer solchen Tendenz ist aber weder als gültig noch als wiederherstellbar zu betrachten, so daß ein repressiv-moralisierendes Strafrecht ohne außenstehendes Maß und Kontrolle bleibt und daher in der Gefahr der Maßlosigkeit, der Willkür und jeweils opportunistischer Interpretationen steht. Man muß daher eine solche Entwicklung schon deshalb skeptisch betrachten, weil diese Art der sozialen Kontrolle selbst außer Kontrolle geraten kann, wie dies ja nicht nur von 1933 - 1945 in unserem Jahrhundert erschreckend deutlich wurde. Wir müssen die Konsequenz ziehen, daß wir bei autonomer Verfügung über die Verwendung unserer Instrumente diese selbst entschärfen und humanisieren müssen. Eine uns übergeordnete Instanz bremst uns offenbar nicht mehr.

Eine solche, wohl fälschlicherweise konservativ genannte Entwicklung kann nur dann eintreten, wenn die Erkenntnisse der modernen Humanwissenschaften negiert werden, die die naive Individualisierung des Phänomens Kriminalität eigentlich nicht mehr zulassen. Insoweit wird die künftige Entwicklung eines Strafrechts davon abhängen, welchen Stellenwert Wissenschaft haben wird. Es gibt eine bestimmte Tendenz eines Wissenschaftsskeptizismus, der insbesondere Human- und Gesellschaftswissenschaften betrifft und der sich auch auf die Akzeptanz des gesicherten Teils von Soziologie, Psychologie und Pädagogik auswirkt. Ob sich wissenschaftliche Erkenntnisse zur Behandlung von Personen mit abweichendem Verhalten auch im Strafrecht durchsetzen, wird weithin auch davon abhängen, welche Inhalte in das ideologische und weltanschauliche Vakuum einer orientierungslosen Gesellschaft einströmen und zu vorwissenschaftlichen Entscheidungen führen. Die Aufgabe in der Strafrechtspolitik der Zukunft könnte eine doppelte sein:

Einerseits ist uns aufgegeben, Erkenntnisse psychologischer, sozialer und kulturell-qualifizierender Wissenschaften in Reformprozesse einzubringen und gegen dogmatisch-fixierende und dann anachronistisch werdende Systeme durchzusetzen. Andererseits werden wir uns um differenziertere Aussagen zum Menschen, zur Gesellschaft und zu Sinnfragen bemühen müssen, um nicht der Illusion eines technologisch-mechanistisch orientierten Pragmatismus aufzusitzen, der in der Justiz anzutreffen ist.

Der zweite von mir angesprochene Fragenkomplex bezüglich künftiger Entwicklung ist konkreter und praktischer angesetzt. Er läßt die eben behandelte Problematik zunächst auf sich beruhen und wendet sich der Frage zu, wie das Sanktionssystem als solches weiterentwickelt werden könnte und sollte.

Die Entwicklung in unserem Jahrhundert (dem Jahrhundert des Krebses) ist bereits in den vorhergehenden Referaten nachgezeichnet worden, so daß die Ausgangslage nicht mehr analysiert werden muß. Die Zurückdrängung des Freiheitsentzugs im Gesamtsystem der Sanktionen ist deutlich, auch wenn die Insassenzahlen kaum sinken. Alternative Konzepte für bestimmte Tätergruppen und insbesondere im Bereich der sogenannten leichten und mittleren Kriminalität sind vielgestaltig und intensiv in der Diskussion. Für die Zukunft entsteht die Frage, ob die Interpretation der Entwicklung richtig ist, daß die Freiheitsstrafe immer mehr im Hintergrund verschwindet und in einer gradlinigen Entwicklung in absehbarer Zeit abgeschafft werde, daß die Gefängnisse überflüssig werden. Die Möglichkeiten alternativer Interventionen sind sicher noch nicht ausgeschöpft, aber es werden doch immer mehr Grenzen deutlich. Offensichtlich bleibt ein "harter Kern" von Kriminalität, der aus den verschiedensten Gründen ambulantes Reagieren, also das Vermeiden von Freiheitsentzug nicht zuläßt. Oder, um es anders zu sagen: Wohin mit dem Personenkreis, der heute noch an allen Alternativen vorbei oder durch sie hindurch weiterhin in Gefängnissen endet?

Ist dies lediglich eine Frage der Handhabung der Rechtsprechung? Hier und da wird Non-Intervention empfohlen, weil sich alles von selbst regele. Abgesehen von einigen noch zu entkriminalisierenden Bagatellbereichen kann dies aber nicht ernsthaft zur Grundlage von Kriminalpolitik gemacht werden.

Ein intern alternativer Strafvollzug ist wohl die sozialtherapeutische Anstalt, wie sie heute als Versuch oder Experiment praktiziert wird. Aus einer Reihe von schwerwiegenden Gründen, insbesondere auch finanziellen, ist aber in den nächsten Jahrzehnten nicht zu erwarten, daß das Modell der sozialtherapeutischen Anstalten Grundlage des Regelvollzugs wird. Impulse mögen von dort ausgehen. Es wird im übrigen noch weiter an spezifischen sozial-pädagogischen und therapeutischen Behandlungskonzepten gearbeitet werden müssen, um Sozialtherapie in einem ernstzunehmenden, qualifizierten Maße zur Grundlage für den Umgang mit abweichendem Verhalten zu machen.

Das Strafvollzugsgesetz existiert nun 10 Jahre und seine Ergebnisse sind trotz aller gegenteiligen Behauptungen nicht schlecht. Sie sind aber auch nicht so gut, wie dies der Aufwand vortäuscht, mit dem dieses Ereignis eines 10-jährigen Bestehens - übrigens ein Zeichen für unsere wenig qualifizierte Schnellebigkeit - geradezu gefeiert wird. Die Rechtlichkeit des Vollzugs der Freiheitsstrafe, die Rechtsstellung des Gefangenen sind besser geworden. Offen bleibt die Verwirklichung dessen, was Reformer des 20. Jahrhunderts - und insbesondere auch *Krebs* - wollten, nämlich ein konstruktiver, sozialisierend effektiver und humaner Strafvollzug. Es zeichnen sich zwei Wege ab: Einerseits eine konstruktive Weiterentwicklung zu einem sozialpädagogisch qualifizierten Vollzug, andererseits eine sogenannte "neoklassizistische" Vollzugsform, in der der Gefangene zwar human verwahrt, jedoch aktiv und konstruktiv nicht angegangen wird, weil dies keine Aussicht auf Erfolg habe.[2] Die negative Bewertung wird dabei nicht am Adressaten festgemacht, den man ja sogar für eine Behandlung in Freiheit als geeignet betrachtet, sondern soziologistisch an der Institution. Um es mit dem Titel der *Festschrift für Krebs zum 70. Geburtstag* zu formulieren: Erziehung zur Freiheit durch Freiheitsentzug ist nicht möglich.[3] Dieser neoklassizistisch definierten Reduktion des Strafvollzugs auf einen human vertretbaren Verwahrungsvollzug kann man keine Zukunft voraussagen. Einerseits ist er human nicht vertretbar, weil Menschen nicht wie Gepäck aufbewahrt werden können, sondern stets aktiv-positiver Intervention bedürfen. Andererseits entwickelt sich ein solcher Freiheitsentzug vielleicht sogar gegen den Willen der Theoretiker aber mit Notwendigkeit zu einem "klassischen", d.h. repressiv-brutalen Strafvollzug, der die Insassen unterdrückt und entmündigt.

Es bleibt also die Aufgabe der Weiterentwicklung des Strafvollzugs zu einem sozialpädagogisch qualifizierten Behandlungssystem, von dem gerade vor wenigen Monaten der 4. Bundeskongress der freien Initiativen und Gruppen in der Straffälligenarbeit festgestellt hat: "Der gesetzliche Behandlungsanspruch konnte nichts am Menschen zerstörenden, entsozialisierenden Charakter des Strafvollzugs ändern"[4]. Zukunftsaufgabe ist es, auch wenn man die Situation nicht so scharf sieht, den gesetzlichen Behandlungsanspruch in eine sozialpädagogische Realität umzusetzen. Hierbei stehen wir allerdings noch sehr am Anfang. Ökologische und hermeneutisch-lebensweltbezogene Forschungsmethoden haben uns den Einblick in die Bedeutung von Alltagsgegebenheiten wie Wohnen und täglichen Umgang eröffnet bzw. unseren Blick geschärft. Die Lebenswelt "Strafanstalt" muß, wenn sie als solche nicht vermeidbar ist, ganzheitlicher und differenzierter angegangen werden.

Wie weit Reformen in Zukunft Alibi und Gegenstand von Hochglanzschriften und Reden von Justizministern bleiben, läßt sich schwer voraussagen. Der zynisch-menschenverachtende Hintergrund, auf dem Krebs und viele andere ihre Bemühungen durchführen und durchkämpfen mußten, wird auch in Zukunft nicht verschwinden. Es wäre schon ein Erfolg, wenn er in dem Maße latent und damit eingeschränkt bliebe, wie er es heute ist.

Die Gegenwart des Strafvollzugs weist gegenüber der "Ära Krebs" (bis 1965) einige neue Merkmale auf. Ich nenne nur die Stichwörter Drogen, Ausländer, Geiselnahme und AIDS. Insbesondere das Phänomen Geiselnahme hat im Kommunikationssytem Strafvollzug das Mißtrauenspotential vergrößert. Andererseits haben neue Medien, insbesondere das Fernsehen, sicherlich die Isolierung von der Außenwelt relativiert. Wir kennen neue Faktoren, die die Gegenwart überholen, noch nicht. Entscheidend wird jedoch sein, ob Humanität in diesem Grenzbezirk verteidigt werden kann, ob konstruktiver Umgang mit den Inhaftierten die Unterstützung einer Minderheit und die Tolerierung durch die Mehrheit der Bevölkerung weiterhin findet. Wir werden in Zukunft sehr sensibel darauf achten müssen, welche Rahmenbedingungen sich verändern, um flexibel, frühzeitig und gezielt reagieren zu können.

Dies gilt auch für das nächste Problem, mit dem wir uns befassen wollen, nämlich mit der Variablen im Zukunftsbild des Vollzugs, die wir die Veränderung des Adressatenprofils nennen können. Schicht- und deliktspezifisch hat sich die Bevölkerung der Strafanstalten nicht wesentlich verschoben. Daran hat auch die Entstehung neuer Deliktsgruppen, z.B. erhöhte Bestechungs- oder Umweltkriminalität nichts geändert. *Böhm* hat neuerdings darauf hingewiesen, daß hier zwar die Zahl der Verfahren und der Verurteilungen steige, daß es aber - schon wegen der günstigen Sozialprognose - praktisch kaum zu Strafverbüßungen kommt.[5] Das organisierte Verbrechen ist bei uns ebenfalls im Vormarsch und damit tritt eine Erschwerung von konstruktiven Sozialisationshilfen ein. Strategien zur Herauslösung aus kriminellen Gruppenbindungen müssen erst noch entwickelt werden.

Unsere schnellebige Zeit mit ihrer immer höheren Geschwindigkeit sozialen Wandels wird uns hier in Zukunft größere Flexibilität abfordern. Der retardierende und wenig flexible Apparat der Justizverwaltung wird lernen müssen, differenzierter und situationsangemessener zu handeln, selbst wenn in mancher Hinsicht Zurückhaltung und Beharrung durchaus auch positive Aspekte haben. Dazu gehört auch eine Offenheit für Kooperationsmodelle, die mit Angeboten außerhalb der Justizverwaltung arbeiten, insbesondere bei neuem Hilfebedarf in neuen Problemgruppen (Drogen, AIDS).

Schließlich wird das künftige Bild der Strafrechtspflege und des Strafvollzugs von der Entwicklung in dem "Dreieck" Normen - Schuld - Verantwortung abhängen. Damit ist eine fast nicht zu begrenzende und hier sicherlich nicht auszuschöpfende Weite der Problematik angesprochen. Daher können nur einige Aspekte genannt werden.

Zur Frage künftiger Normentwicklung:

Wir werden mit einem immer schnelleren technologischen und sozialen Wandel auch einen Normwandel erleben, der sich nicht etwa nur aus der Veränderung von Grundwerten als solchen, sondern aus den Rückwirkungen technologischer Realisationsfelder ergibt. Menschenwürde wird z.B. gegenüber Medieninteressen und insgesamt gegenüber technologisch erweiterter Verfügbarkeit und durch Normierung ökologischer Voraussetzungen für Leben überhaupt verteidigt werden müssen. Es wird z.B. eine bereits heute diskutierte Frage anstehen, die unmittelbar den Freiheitsentzug betrifft. Freiheitsstrafe könnte nämlich dann entbehrlich werden, wenn man dem Verurteilten einen Minisender anhängt oder einbaut, so daß eine Überwachungsinstanz ständig seinen Standort feststellen kann. Dies würde Straftaten sinnlos machen, wenigstens im klassischen Bereich, weil die Verfolgung und Aufdeckung gesichert wären. Dies ist nicht eine von Orwell inspirierte Entgleisung, sondern der ernsthafte Vorschlag von Kriminologen, insbesondere in Amerika. Experimente in dieser Richtung stehen unmittelbar bevor, und man kann sich durchaus fragen, ob diese Form der Überwachung und Kontrolle nicht weniger isolierend und schädlich ist als unsere Gefängnisse. Aber hier steht offenbar mehr auf dem Spiel. Wo und wie ist Menschenwürde gefährdet? Ist Einsperren vielleicht doch würdiger, weil für den Betroffenen noch wahrnehmbar und kontrollierbar? Wie sehen die Wertvorgaben aus, die derartige Sender gegenüber einem Freiheitsentzug akzeptabel erscheinen lassen?

Ein weiterer, in Zukunft sicher noch bedeutsamer und erst in den letzten Jahren in die Diskussion gekommener Problemkreis ist der Täter-Opfer-Ausgleich. Er ist sicher in einer weitgehend anonymisierten und auf Sicherungssysteme aufgebauten Massengesellschaft kein Wundermittel. Wir werden seine Möglichkeiten und aber auch seine Grenzen in der Strafrechtspflege erst noch ausloten müssen. Die Zukunft wird erst noch Möglichkeiten und Grenzen von hier praktizierbarer Versöhnung und Erledigung von zwischenmenschlichen Schadensverursachungen abzuwägen haben. Dies wird vielleicht besser nach dem Abklingen des Modischen und der Euphorie realisierbar sein.

Auch auf den ständigen Wandel der Strafrechtsnormen bezüglich der Delikte ist hinzuweisen. Was wird in Zukunft strafbar sein, und wo ist ein strafrechtliches Sanktionssystem entbehrlich? Wir haben noch erlebt, daß in Jugendstrafanstalten 10 % der Insassen wegen Homosexualität inhaftiert waren. Mit einem Wandel der Normen ändert sich der Adressatenkreis und damit auch die Methode des Umgangs und der Behandlung.

Bezüglich Schuld und als deren Grundlage Verantwortlichkeit des Menschen für sein Tun öffnet sich ein weiteres weites Feld des Nachdenkens. Aufklärung und deren Kinder Psychologie, Soziologie und der Versuch einer Politologie haben gerade in dem Jahrhundert, das wir heute hier bedenken, zu einer nie dagewesenen Ausdehnung des "Machbaren" geführt, und die Gen-Manipulation läßt uns künftige Möglichkeiten ahnen, ebenso wie der bereits von mir zitierte Mini-Sender. *Hans Jonas* spricht in seinem Buch "Das Prinzip Verantwortung" von einer "neuen Art von Intervention über die alten ethischen Kategorien hinaus".[6] Die Mischung wohltätiger und gefährlicher Möglichkeiten sei z.B. von der Medizin in einem "unauffälligen Übergang" zum sozialen Agieren hin ausgedehnt worden. Der Fortschritt im technischen Können bietet sich auch für die "Erleichterung der Gesellschaft von der Lästigkeit schwierigen individuellen Benehmens" (S. 51) an. Dahinter steht nach *Jonas* "das schwierige Problem von entmündigender gegenüber freigebender Fürsorge". Dürfen wir den "menschlichen Weg der Behandlung menschlicher Probleme" - ebenfalls eine Formulierung von *Jonas* - umgehen?

Die Beantwortung dieser Frage hängt ab vom Bild des Menschen und daraus ergibt sich, wie wir in Zukunft mit Verantwortung und Schuld umgehen. Wir tun noch nicht alles, was wir können. Je mehr wir aber können, um so größer wird die Versuchung, es auch zu tun. Wo stehen Strafrechtspflege und Strafvollzug auf diesem Wege?

Ein Maßnahmenrecht, das nur noch zum Schutz der Gesellschaft interveniert, entsteht fast unmerklich im Schoße des Strafrechts. Eine Strafanstalt, die nicht mehr vom Anspruch der Verantwortung und von Mißachtung der Verantwortung als Schuld spricht, sondern soziales Training als mechanistisch qualifizierendes System mit dem Ziel des sozialen Funktionierens betreibt, entspricht dem Stand kriminologischer Forschung und dem Diskussionsstand im Rahmen eines Wissenschaftsparadigmas, das die Genese des Verbrechens naiv-aufklärerisch reduziert.

Daß hier zu *Lombroso* und kriminalbiologischen Frühinterpretationen kein prinzipieller Unterschied besteht, wird nur dadurch verdeckt, daß das heute elaborierte Denksystem geradezu bis zur Unkenntlichkeit differenziert wurde. Es ist wie auf vielen Gebieten unseres Lebensalltags: Die Verpackung ist so ansprechend und verfeinert, daß man kaum noch wagt, am Inhalt zu zweifeln. Sozialisation und Integration, Resozialisierung und Anpassung sind für die fatale Ausgangslage der Straffälligen unmittelbar einleuchtende und wertvolle Zielsetzungen. Wer bedenkt da noch, daß es nach einer gelungenen Sozialisation weiterzuleben gilt und dies dann in individueller Verantwortung und nicht aus erworbenen sozialen Verhaltensweisen allein geleistet werden muß?

Die konservative Justiz ist offenbar hinter dieser "wissenschaftlichen" Aufarbeitung der Kriminalität als Sozialversagen zurückgeblieben, wenn sie in § 2 des Strafvollzugsgesetzes fordert, daß der Gefangene künftig ein Leben ohne Straftaten "in sozialer Verantwortung" führen soll. Denn es bedarf unter psycho-sozial-aufklärerischen Aspekten nicht der Verantwortung, sondern des Wissens und des Könnens. *Müller-Dietz* spricht hier zu Recht von einer verfehlten Forderung nach einem "Super-Bürger", von Gehirnwäsche und von einer "reinen Objektstellung" des Gefangenen. Er führt weiter aus, daß gerade Verantwortung "die Subjektivität des Gefangenen gewährleistet".[7] Damit können moderne Sozialwissenschaftler wenig anfangen. Daß Justiz konservativ sei, daß sie psychologische und soziologische Bedingungsprozesse und daraus abzuleitenden Behandlungsbedarf vernachlässige und letztlich auf Schuld und Sühne beharre, wird ihr von "modern" orientierten Theoretikern oft vorgehalten, bis hin zum Vorwurf der Unmenschlichkeit. Ein Verharren in vorwissenschaftlichen Denkkategorien wird ihr zugeschrieben, und hier ist sicher auch partiell Kritik angebracht.

Daß aber einige Sozialpädagogen mit all ihren humanwissenschaftlichen Kenntnissen im Dienst einer auf Schuldprinzip und Verantwortung beharrenden und nicht im Sozialfunktionalismus sich auflösenden Justiz geblieben sind - und dazu gehört auch *Albert Krebs* -, daß es durchaus psychologisch, soziologisch und sozialpädagogisch qualifizierte Mitarbeiter im Strafvollzug gibt, die mit dem Schuldstrafrecht leben können, beruht weder auf Opportunismus, noch auf Verrat an ihrem Beruf. Sie sind für die Zukunft der Strafrechtspflege und des Strafvollzugs insofern wegweisend, als sie die notwendige, nämlich die aus dem Dilemma führende Aufgabe wenigstens in Ansätzen signalisieren. Diese Aufgabe lautet in vielen Bereichen der Gesellschaft, aber auch und gerade in der Strafrechtspflege und deren Sanktionierungssystem: Wir müssen herausfinden aus der prometheischen und hybriden Fehlinterpretation der Befreiung unseres Verstandes. Vor fast 200 Jahren rief *Immanuel Kant* dazu auf, den Mut zu haben, sich seines Verstandes "ohne Leitung eines anderen zu bedienen" und bezeichnet dies ausdrücklich als den "Wahlspruch der Aufklärung".[8] Eine in vorhergehenden Jahrhunderten nie dagewesene, ja nicht einmal geahnte Entwicklung wurde dadurch ausgelöst, die uns ungeheure Chancen und neue Qualitäten der Lebensverwirklichung brachte. Erst in den letzten Jahren dämmerte es langsam auf, daß auch der Untergang, die Vernichtung der Lebensbasis von Mensch und Natur implizit mitgeliefert wurden. Dies alles gilt auch für unser Thema des Umgangs mit der Kriminalität.

Die "konservative" Justiz, die ein Gespür dafür bewahrt hat, wie gefährlich es ist, die bergende Ordnung zu verlassen und sich ins offene Meer der rationalen Gesellschaftskonstrukte zu begeben, ist im Kern voraufklärerisch geblieben. Sie kann diese Position nicht auf Dauer halten, weil der voraufklärerische Inhalt ihr nicht mehr zur Verfügung steht, nämlich die transzendente Rechtfertigung eines bewahrenden und letztlich vorläufigen Rechts. Die Verankerung des Rechts in der immanent postulierten und interpretierbaren Würde des Menschen reicht offenbar nicht aus, weil sie keine zureichende Barriere gegen Mißbrauch und technokratische Ansprüche, sondern eine Variante der Selbstrechtfertigung durch Rationalität darstellt.

Wie sollen Schuld, Verantwortung und Subjektivität aufrechterhalten werden und Grundlage des Intervenierens bleiben, sei es als Strafe oder als Maßnahme sozialen Befähigens? Woher kommt die Kraft, wo ist der Urgrund, in dem Erkenntnis, Wissenschaft und technische Machbarkeit maßvoll verpflichtet sind? Hier ist die große Herausforderung für das Strafrecht der Zukunft zu suchen.

Neben dieser Aufgabe der Suche nach einer neuen Grundlegung ergibt sich eine zweite Zukunftsaufgabe: Wie kann die in den letzten 200 Jahren erworbene humantechnologische, hochdifferenzierte Qualität, die sich in den Wissenschaften Psychologie, Soziologie und Pädagogik ausdrückt, nicht einfach verleugnet, sondern in die Scheunen der Lebensbewältigung eingefahren werden? Wie soll eine Verantwortung, eine individuale und soziale Qualität fordernde Justiz auf der wissenschaftlichen Erkenntnisebene des auslaufenden 20. Jahrhunderts agieren?

Das ist nicht mit einem genialen Konzept zu schaffen. Es gibt aber Ansätze, die bedroht, noch weithin ohnmächtig und selbstunsicher sind, die aber in die Zukunft weisen. Am Ende dieser Entwicklung müßte ein Interventions- oder Sanktionssystem stehen, das die Qualität und Differenziertheit unserer Humanwissenschaften integriert hat und das in einem neuen "Haus des Seins" in einem neuen Oikos - und dies ist Ökologie im eigentlichen Sinne - seine Orientierung erfährt. Bereits vor 2000 Jahren wird in der Bibel festgestellt, daß, wer sein Haus auf einen Fels baut, den Platzregen und Stürmen gewachsen ist. Wer jedoch sein Haus auf Sand baut, der geht unter (Matthäus 7, 24-27). Es gibt kein Sein ohne Platzregen und Sturm. Es gibt keine Idylle an den harten empirischen Erkenntnissen der Humanwissenschaften vorbei. Die Aufgabe der Zukunft ist es in unserem Kontext, ein neues "Haus", nicht nur eine schönere Strafanstalt für das Reagieren auf kriminell qualifiziertes abweichendes Verhalten zu bauen. Konkret wird uns dies schon an bestimmten Tätergruppen, z.B. den Drogenabhängigen deutlich. Dies ist eine wahrhaft epochale, schwere, gefährliche und anstrengende Aufgabe, die wir unseren Nachkommen überlassen müssen, weil wir sie nicht rechtzeitig erkannt haben. Jetzt, wo wir zu ahnen beginnen, was auf uns zukommt, können wir es in unserer Generation nicht mehr schaffen. Uns bleibt nur, sozusagen in den Vorhöfen noch Ausgangspositionen, vielleicht gemeinsam mit einer jungen Generation, zu erarbeiten. Wir müssen Vertrauen in diejenigen setzen, die nach uns kommen, und den Skeptizismus des Älterwerdens überwinden. Wir dürfen uns auch nicht an neuen Formen und Vokabeln stoßen, sondern sollten denen helfen, die das 21. Jahrhundert gestalten müssen. Wenn wir noch gefragt werden, sollten wir Wesentliches sagen, d.h. auf die oben angedeuteten Grundprobleme hinweisen. Es ist aber keineswegs selbstverständlich, daß uns die junge Generation überhaupt noch anhört, nachdem wir sie in die gegebene Ausgangslage gefahren haben.

Auch künftige Generationen werden Fehler machen, die sie als solche erst hinterher erkennen. Unsere große Chance ist es, daß wir zum Ende unseres Jahrhunderts noch die Grenzen des Machbaren erleben und am Nachdenken über neue und umfassendere Konzepte beteiligt sein können. Strafrechtspolitik, Strafrechtspflege und die Ausgestaltung des Sanktionssystems suchen nach einer neuen Basis. Weder die Rückkehr zu einem angeblich nach wie vor bewährten Reaktionsmodell, noch eine ohne Besinnung weitergetriebene Sozialisationsstrategie mit immer "mehr Waffen" - um ein Beispiel aus einem anderen Bereich zu bemühen - stellen eine Lösung dar.

Nicht "erbarmungsloser Optimismus" (auch ein Begriff von Hans Jonas), sondern das Akzeptieren eines Menschen, der ist, wie wir alle, führt zu einem nicht idealen aber erträglichen Zusammenleben in der Vorläufigkeit unseres Seins. Dies hebt weder alte dogmatische Setzungen, noch moderne Interventionsmethoden einfach auf. Verbrechensbekämpfung, Strafverfahren, Inhaftierung und ambulante Sanktionen, insbesondere aber die stets bleibende Aufgabe der Sozialisation Benachteiligter, Geschädigter und falsch programmierter Menschen werden als solche nicht aufgehoben. Nicht aber die Erfindung neuer, u.U. raffinierter agierender Behandlungsmethoden, sondern eine neue humane Solidarität mit dem Straffälligen ist gefragt. In den 20er Jahren, in denen *Albert Krebs* wirkte, standen in der sozialpädagogischen Bewegung derartige Dimensionen zur Diskussion. Wir haben nach 1945 Fehler gemacht, weitgehend einfach an den Traditionen von vor 1933 anzuknüpfen, anstatt die dazwischenliegende Zeit auch inhaltlich aufzuarbeiten. Wir können auch heute nicht einfach auf den Fundus des 20. Jahrhunderts regredieren, sondern müssen das Wagnis einer offenen Zukunft eingehen. Sie werden vielleicht enttäuscht sein, daß ich nicht von konkreten Sanktionskonzepten, z.B. von meinem Forschungsvorhaben zu Sozialen Trainingskursen oder von praktischen, kommunikativ fruchtbaren Formen der Durchführung von Strafverfahren und Sanktionsmaßnahmen gesprochen habe. Nicht wegen des festlichen Anlasses, der dieses Symposium zustande gebracht hat, sondern weil ich es einfach als Gebot der Stunde betrachte, radikal (an die Wurzeln gehend) nachzudenken, habe ich die vielen mir sehr wohl bekannten und Ihnen auch vertrauten Probleme, Mängel, Anforderungen und Aufgaben der Strafrechtspflege im Blick auf die Zukunft nicht inhaltlich behandelt.

Lassen Sie mich mit zwei Sätzen schließen, die 1942, mitten im Krieg, von *Dietrich Bonhoeffer* unter der Überschrift "Gegenwart und Zukunft" ausgesprochen wurden. Sie sind für unsere Ausgangsposition nach wie vor orientierend: "Uns bleibt nur der sehr schmale und manchmal kaum noch zu findende Weg, jeden Tag zu nehmen, als wäre es der letzte und doch in Glauben und Verantwortung so zu leben, als gäbe es noch eine große Zukunft". Und der andere Satz: "Denken und Handeln im Blick auf die kommende Generation, dabei ohne Furcht und Sorge jeden Tag bereit sein zu gehen - das ist die Haltung, die uns praktisch aufgezwungen ist und die tapfer durchzuhalten nicht leicht aber notwendig ist."[9]

Anmerkungen

1 Zuletzt dokumentiert von Gerhard *Deimling*, Gedenket der Gebundenheit als die Mitgebundenen, Wuppertal 1986, S. 29 ff.

2 Hierzu: Max *Busch*, Gescheiterter Behandlungsvollzug, in: Müller, Siegfried/Otto, Hans-Uwe, Damit Erziehung nicht zur Strafe wird, Bielefeld 1986, S. 143.

3 Max *Busch*/Gottfried *Edel*, Erziehung zur Freiheit durch Freiheitsentzug, Neuwied/Berlin 1969.

4 DPWV-Nachrichten, 5/87, S. 64.

5 Alexander *Böhm*, Strafzwecke und Vollzugsziele, (noch nicht veröffentlicht) siehe S. 129 dieses Bandes.

6 Hans *Jonas*, Das Prinzip Verantwortung, 4. Auflage, Frankfurt/M. 1983, S. 15 und S. 50 ff.

7 *Calliess/Müller-Dietz*, Strafvollzugsgesetz, Kommentar, 4. Aufl., München 1986, S. 41.

8 Immanuel *Kant*, Werke, Akademie-Ausgabe, Band 8, Berlin 1968, S. 35 ff.

9 Dietrich *Bonhoeffer*, Widerstand und Ergebung, München 1952.

Der Erziehungsbeamte in der Strafanstalt[1]

Albert Krebs

(Erfahrungen aus der Arbeit in der Thüringischen Landesstrafanstalt Untermaßfeld bei Meiningen und dem Thüringischen Landesjugendgefängnis Eisenach von 1923-1933)

Die Grundsätze für den Vollzug von Freiheitsstrafen vom 7. Juni 1923 halten an einer Trennung der Funktionen einer Erziehungsarbeit fest und kennen Lehrer, Seelsorger und Fürsorger. Auch der amtliche Entwurf eines Strafvollzugsgesetzes schlägt eine ähnliche Regelung vor und will die einheitliche Erziehungsarbeit drei Sonderbeamtengruppen übertragen. Thüringen ist eins der wenigen Länder, in denen die besondere Aufgabe der Erziehungsarbeit in der Strafanstalt, neben der Mitwirkung aller in der Strafanstalt tätigen Beamten, einem Erziehungsbeamten übertragen ist.

"Den Fürsorgern liegt das gesamte Gebiet der Gefangenenfürsorge, die weltliche Seelsorge sowie der Unterricht ... ob", sagt der § 14 der Dienst- und Vollzugsordnung für die Thüringischen Landesstrafanstalten vom 24. Mai 1924. Gefangenenfürsorge, Unterricht und weltliche Seelsorge sind in einer Hand vereinigt, dabei wird betont: "damit fruchtbare, erziehlich wirksame Arbeit an den Gefangenen geleistet werden kann, muß ein einheitlicher erzieherischer Geist alle Beamten ... beherrschen" (Thür.DuVO. § 17). Aus diesen Bestimmungen geht hervor, daß erkannt ist, die Aufgabe der Erziehung kann nur geleistet werden, wenn der gesamte Strafvollzug in einer erziehlichen Atmosphäre sich auswirkt, und die Sonderaufgabe von einem Beamten verantwortlich geleistet wird.

In der Praxis wirken sich diese Erkenntnisse in den Thür. Landesstrafanstalten seit Herbst 1922 aus, indem mit Einführung eines Progressivsystems pädagogische Fachbeamte als "Erzieher" zur Mitwirkung im Strafvollzug herangezogen werden. Ihr Aufgabenkreis hatte sich bis zur Einführung der Dienst- und Vollzugsordnung vom Mai 1924 so herausgebildet, wie er im oben zitierten Paragraphen formuliert werden konnte. Damals wurde die Dienstbezeichnung "Erzieher" umgewandelt in "Fürsorger", heute aber scheint die erste Bezeichnung für die Arbeit des Erziehungsbeamten charakteristischer.

Wie die Indienststellung von diesen Erziehungsbeamten erweist, machte die pädagogische Bewegung der letzten Jahre nicht vor den Strafanstalten halt und erhob unter Betonung der Aufgabe des Strafvollzugs: Die Erziehung des Gesellschaftsuntüchtigen zum Gesellschaftstüchtigen, Forderungen, wie sie ähnlich bereits früher von Strafvollzugspraktikern und Theoretikern erhoben wurden.

Aber das Problem Erziehung ist durchaus nicht geklärt. Nicht zu bestreiten ist zwar die Tatsache, daß ein Freimachen von Kräften im Zögling eine wesentliche Aufgabe der Erziehung, wenn auch gleichzeitig erst ihre Voraussetzung ist[2]. Erst die bewußte Einwirkung auf diese Kräfte und ihre gewollte Gestaltung bleiben Absicht der Erziehung im allgemeinen und auch der Erziehung im Strafvollzug.

Ist das Freiwerden positiver Kräfte Voraussetzung einer Erziehungsarbeit, so ist damit schon die gesamte Schwierigkeit einer Erziehung unter dem Zwange des Strafvollzuges berührt. Gelingt es diese Voraussetzung einmal zu schaffen, dann bleibt die Durchführung der Erziehungsabsicht in der Strafanstalt immer noch durch die Schwierigkeiten, die der Freiheitsentzug mit sich bringt, gehindert. Aus der anscheinend unversöhnlichen Gegensätzlichkeit von Zwang (verstärkt durch den Entzug der körperlichen Bewegungsmöglichkeit in der Strafanstalt) und Freiheit (als Zeichen dieser Möglichkeit außerhalb der Strafanstalt ideell und materiell) führt allein die Erkenntnis: "Der Gegenpol von Zwang ist nicht Freiheit sondern Verbundenheit". Denn: "Zwang in der Erziehung, d.i. das Nichtverbundensein, das ist Geducktheit und Aufgelehntheit; Verbundenheit in der Erziehung, d.i. Aufgeschlossen- und Einbezogensein, Freiheit in der Erziehung, d.i. Verbundenwerdenkönnen"[3].

Ist so die allgemeine und spezielle Situation der Erziehung letzten Endes innerhalb wie außerhalb der Strafanstalt nur eine einzige, so ist auch die Lage des Erziehers einheitlich in ihrer Aufgabe, und einzig die Komplikation eines verstärkten "Nichtverbundenseins" charakterisiert die Sonderstellung der Erziehungsarbeit in der Strafanstalt. Hinzu kommt als weiterer erschwerender Faktor die Tatsache, daß in der Regel an den Gefangenen sich bereits eine, wenn auch verfehlte Erziehung auswirkt. Aus diesem Grunde wird eine "Umerziehung, d.i. Heilerziehung" zu vollbringen sein[4]. Diese Heilpädagogik hat dann weder "Anpassung an das wirtschaftliche Leben" allein, oder "soziale Eingliederung" allein zum Ziel, sondern ihr Ziel ist die Förderung der Verbundenheit[5].

Als weitere schwere Hemmung einer Erziehungsarbeit in der Strafanstalt ist folgende Tatsache zu berücksichtigen. Liegt der Sinn der Strafe in dem Wiedereinordnen in die Gesellschaft, in dem Gewinnen einer inneren Bindung aus Moralität und nicht nur aus Legalität, denn erst dann ist es Erziehung, so ist die Ursache der Strafe, das aus der Bindung gelöst sein, das Gesondertsein oder wie oben genannt "die Unfähigkeit in Freiheit d.i. in Verbundenheit leben zu können". Hierbei ist nicht die Frage nach der Ursächlichkeit der Sonderung berührt. Diese Frage nach der Ursächlichkeit der Sonderung ist für den Erzieher die entscheidendste, denn sie ist letzten Endes die Voraussetzung für das Verbundenwerdenkönnen. Diese Feststellungen aber sind ohne jede Wertung vorzunehmen und hierher gehört die Frage der Schwererziehbaren.

Gibt es so letztlich nur eine Erziehung als Lösen der Sonderung und Knüpfen der Verbundenheit, so entsteht eine ständige Wechselwirkung zwischen der Erziehung als absolutem Faktor, dem Erzieher und dem Zögling. Diese Wechselwirkung kann nur individuell und einmalig sein, wenn auch das Ziel ständig das Gleiche bleibt. Der Zögling stellt die Aufgabe und die Erziehung hat sie durch den Erzieher zu lösen. Diese Bedeutung ist grundsätzlich unumstritten, wenn auch in den seltensten Fällen zutiefst anerkannt in dem neuen wahrhaft tragischen Konflikt, den der Erzieher mit wenigen anderen Berufsgruppen gemeinsam hat, diese Aufgabe als Amt auf sich nehmen zu müssen! Das ist der Unterschied zu den "Aucherziehern", der nicht scharf genug, freilich ohne jede Wertung zu betonen ist.

Kann wirklich in einem Erziehungsstrafrecht (Erziehung-Straf-Recht) jeder "Richter, Staatsanwalt, Helfer und Arzt" an seiner Stelle praktischer Pädagoge sein[6]? Nur dann, wenn jeder Vertreter der genannten Berufsgruppen sich den obenerwähnten Gedanken der Erziehung als Aufhebung der Sonderung auch als Beamter unterordnet! Damit vollzieht der Aucherzieher eine Rückkehr zum Ausgangspunkt des Nurerziehers, zu den Zeiten, "wo es keine spezifische Berufung des Erziehers gab und die

Zöglinge im Zusammenleben mit dem Meister (Erzieher) lernten ohne es zu merken, das Leben in Freiheit"[7].

Die Folgerungen aus diesen Überlegungen müssen zu der Erkenntnis führen, es besteht die Notwendigkeit, daß Nurerzieher mit bestimmter Absichtlichkeit in die Strafanstalten hineingehen und zu wirken versuchen. Das Vorhandensein dieser dem Strafvollzug als selbständige Beamtenkategorie neben den Sicherheits-, Werk- und Verwaltungsbeamten bis dahin fremden Gruppen (Pfarrer - Lehrer - Arzt arbeiteten neben und nur selten miteinander) hat nicht nur in der Praxis, sondern auch in den Geisteswissenschaften ihre theoretische Notwendigkeit und Begründung gefunden. Wenn bei aller Problematik des Strafvollzugs das positive Ziel, das Wiederaufrichten, das Wiedereinbeziehen des Menschen ist, so liegt "die sittliche Entwicklung zu einem großen Teile darin, daß eine selbständige Funktion, in dem sie sich als solche erkennt, auch von einem eigenen Vertreter übernommen wird, der für sie einsteht"[8]. Dieser Zeitpunkt scheint für den Strafvollzug gekommen zu sein, wie die Einstellung der Erziehungsbeamten erweist. Sie schaffen in der Strafanstalt wie in jeder Art von Schule, Erziehungs- oder Lehrstätte, die erziehliche Atmosphäre in der bei "Freiheit" "Verbundenheit" wächst und ein "pädagogischer Bezug" möglich wird.

Die praktische Folgerung aus diesen kurz skizzierten Leitgedanken wird bisher in den seltensten Fällen in den deutschen Strafanstalten zu ziehen versucht, wenn auch das Wort "Erziehungsstrafvollzug" üblich ist. Die Konsequenz dieser Ausführungen bedeutet beim gegenwärtigen Stand des deutschen Gefängniswesens trotz vielversprechender Ansätze in verschiedenen Strafanstalten mehr wie eine "Reform des Strafvollzuges", eine Neuschaffung der gesamten Grundlagen des Strafrechts. Leider zeigt auch der amtliche Entwurf eines Strafvollzugsgesetzes (1927) nicht, daß eine konsequente Leitlinie vorliegt, sondern immer wieder dominiert der Gedanke des Vergeltens, des "Verstärkens der Sonderung" und nicht der, durch Hilfe aus dieser Sonderung herauszuführen. Es ist unbestreitbar, daß längere Einzelhaft, körperliche Strafen und Arrest, Maßnahmen sind, die nur eine Seite des Menschen treffen, in der Regel fördern sie nicht die erziehlichen Ziele, wenn auch vielleicht organisatorische (Disziplin) zeitweise damit erreicht werden können.

Soll also mit dem Gedanken der Erziehung als Wiederherstellung einer Verbundenheit während des Strafvollzuges Ernst gemacht werden, so gehören Sondererziehungsbeamte zu den bereits vorhandenen Spezialbeamten in die Strafanstalten. Die Aufgabengebiete dieser Erziehungsbeamten in der Strafanstalt sind dann: Gefangenenfürsorge, Unterricht und weltliche Seelsorge.

Das gesamte Gebiet der Gefangenenfürsorge erfaßt den Gefangenen in allen Stadien des Strafvollzugs und unter den verschiedenen Bedingungen, wie sie Arbeits-, Frei- und Ruhezeit im Rahmen der Anstalt geben. Darüber hinaus berührt sie seine Bindungen zur Außenwelt. Ihr Ziel ist nicht nur Vermittlung materieller Güter, sie muß die Schaffung materieller Bedingungen zu einer pädagogischen Einwirkung wollen. Es geht daraus bereits weiter hervor, daß Gefangenenfürsorge nicht isoliert gesehen werden kann, sondern in vielfältiger Weise mit dem Gesamtproblem der Wiedereinbeziehung, der Erziehung verknüpft ist. Die Fürsorge im obigen Zusammenhange neben Unterricht und weltlicher Seelsorge befaßt sich demnach wie jede erziehliche Einwirkung von Mensch zu Mensch mit dem ganzen Menschen, insbesondere aber in seiner wirtschaftlichen Verknüpfung über ihn hinaus[9].

Diese Fürsorge wird auch die materiellen Voraussetzungen einer ideellen Einwirkung, die körperliche Gesundheit festzustellen, und während des Strafvollzuges ev.

die Gesundung zu fördern haben. In diesem Sinne gehören der Arzt und die fachlich vorgebildeten Pfleger notwendig zu den Erziehungsbeamten[10].

Unmittelbar nach Einlieferung in die Strafanstalt beginnt die Fürsorge. Bei der Aufnahme des Neuankommenden zeigt sich wiederum ihre Verbundenheit mit der gesamten pädagogischen Funktion. Bei den zu treffenden Feststellungen über alles Persönliche des Zuganges ist es ihre Teilaufgabe zu erkunden, welche materiellen Bedingungen vorhanden, und ob etwa Forderungen oder Verpflichtungen bestehen bzw. einzulösen sind. Ihre Aufgabe ist es, in Zusammenarbeit mit den Fürsorgeinstitutionen außerhalb der Anstalt, die Störungen, die das Ausscheiden aus dem Familienverband und der Eintritt in die Strafanstalt verursachte, zu erkennen und zu beheben, sowohl hinsichtlich der Verbundenen (Familie), als auch des Verbindenden, als wirtschaftenden Menschen.

Die Bedeutung der sorgfältigen Erforschung dieser Bindungen, die mit größerer oder geringerer Wucht zerrissen sind, sie aufrecht zu erhalten, sie neu zu knüpfen oder vorsichtig ganz zu lösen, das erscheint vielleicht weniger wichtig für den Augenblick - obwohl diese Art der Fürsorge die Psyche des Gefangenen und sein Verhalten in der Anstalt wesentlich bestimmt und Voraussetzungen einer möglichen Erziehung schafft - als für die Vorbereitung der Entlassung des eben Eingelieferten unbestreitbar notwendig.

Eine weitere Aufgabe, die unmittelbar nach der Einlieferung sich erhebt, ist die ärztliche Untersuchung. Ein Zusammenarbeiten des Erziehers mit dem Psychiater und prakt. Arzte ist, wie bereits betont, unbedingtes Erfordernis, denn von allem Anfang an muß festgestellt werden, welche Kräfte in dem neuen Zöglinge liegen. Eine Entscheidung auf Grund dieser Untersuchung zu fällen, ob es ihm gelingen wird die Verbundenheit zurückzuerlangen oder in Sonderung zu beharren ("erziehbar oder unerziehbar", "verbesserlich oder unverbesserlich") ist selbst nach noch so eingehender Beobachtung zum Beginn des Strafvollzugs in der Regel nicht möglich[11]. Es muß ferner berücksichtigt werden, daß bereits vor der Verurteilung eine Scheidung der zu Verurteilenden vorgenommen wurde.

Erst nach Ablauf der, durch das bestimmte Strafmaß unpädagogisch gesetzten Grenze, wird man in der Regel daran denken müssen, auf Grund der Beobachtung, der Führung während des Strafvollzugs, ein Gutachten über das wahrscheinliche Verhalten außerhalb der Anstalt abzugeben. Auch hierbei werden die engen Beziehungen der Fürsorge mit dem Unterricht und der weltlichen Seelsorge als Teilgebiete der Erziehungsmaßnahme ersichtlich.

Die Gefangenenfürsorge setzt sich während des Aufenthaltes in der Strafanstalt ständig fort, regelt z.B. die Beziehungen der Unterhaltsverpflichteten zu ihren Angehörigen, zu den Behörden und hat ebenso, wie die freie Wohlfahrtspflege in ihrem Bereich, für all die Dinge zu sorgen, die als ein individuelles, materielles Minimum zum Aufbau einer ideellen Existenz angesehen werden müssen.

Besondere Bedeutung gewinnt diese Art der Fürsorge bei der Vorbereitung der Entlassung und der Entlassung selbst. Die Verbindung zu den Arbeitsämtern, zu den staatlichen bzw. privaten Stellen der Gefangenenfürsorge außerhalb der Strafanstalt muß dabei hergestellt werden. Nur intensivstes Kennenlernen der materiellen Bedingtheit des Rechtsbrechers, der "Fürsorge" bedarf, läßt Erfolg erhoffen. Nicht gelegentlich und nebenbei geleistete Arbeit darf getan werden, sondern systematische Pflichterfüllung für den hauptamtlichen Fürsorger innerhalb wie außerhalb der Anstalt ist Voraussetzung eines Erfolges. Beide Instanzen, die naturgemäß am geeignetsten staatlich sind, aber die ehrenamtliche, private Mitarbeit einbeziehen und zu schätzen wissen, müssen Hand in Hand arbeiten.

Der Fürsorger in der Strafanstalt bereitet das Arbeitsgebiet für den Fürsorger außerhalb der Strafanstalt vor, nachdem bereits von der Einlieferung ab ständig Fühlungnahme zwischen beiden Organen bestehen muß.

Der Unterricht als weiteres Aufgabengebiet des Erziehungsbeamten in der Strafanstalt, ist in verschiedenen Bestandteilen dem Unterricht außerhalb der Anstalt fremd, wenn er auch in starkem Maße Wesen und Ziele der Erwachsenenbildung in sich trägt.

Grundsätzlich sei darauf hingewiesen, daß allgemein ein Konflikt zwischen Unterricht und Gesamterziehung besteht, der nur gelöst werden kann, wenn das Ziel des Unterrichts, Erziehung des Menschen und nicht allein objektive Leistung ist und die Form ebenfalls vom Erziehungszwecke bestimmt wird[12].

Die Bedeutung des Mitgehens der Schüler im Unterricht besteht gleicherweise innerhalb wie außerhalb der Strafanstalt, denn das Interesse des Schülers am Stoff entscheidet die Intensität seiner Teilnahme und diese beeinflußt seine Leistung. Die rein pädagogische Folge "der Kraftbewährung" und damit verbundenen Erweiterung und Entwicklung des eigenen Ich kommt hinzu[13]. Auch die Form der Darbietung wirkt entscheidend. Diese Aufgabe mit dem Ziel: Hilfe zur Selbsthilfe, kennzeichnet wieder wie auch in der Fürsorge den Dreiklang: Fürsorge, Unterricht, Seelsorge, unter dem Gesichtspunkt der Erziehung als Herstellen einer Verbundenheit.

Für die Bewältigung der Aufgabe, Unterricht in der Strafanstalt zu erteilen, ist die Kenntnis des Intellekts und die Kenntnis der soziologischen Bedingtheit des Schülers außerhalb der Anstalt notwendig. Besonders wichtig wird die Berücksichtigung der Arbeit als Broterwerb sein müssen.

Die Methodik des Unterrichts in der Strafanstalt hat sich aber vielleicht noch stärker als die Schulpädagogik nach den Schülern zu richten. Es entscheiden hier nicht nur die verschiedenen geistigen Fähigkeiten wie Intellekt und Lebenswissen, sondern weiter rein äußere Gesichtspunkte, wie Strafdauer und Verschiedenartigkeit der Vorkenntnisse. Die Aufnahme hat bereits die Einzelheiten zu beobachten und die Praxis hat sie dann zu berücksichtigen.

Es ist selbstverständlich, daß die Unterrichtseinteilung sich nach der intellektuellen Begabung richtet, wenn auch hier der Erziehungszweck letztlich bestimmt und eine Zuteilung zu einer anderen Gruppe aus allgemein-pädagogischen Rücksichten erfolgen kann. Schwer zu überwinden sind die Gegensätze der Vorbildung, die, wenn auch in der Regel einheitlich proletarisch, so doch z.B. durch den Gegensatz von Stadt und Land gekennzeichnet sind. Das nicht zu überwindende Hindernis ist die zeitlich bestimmte Verurteilung, die selten einen Unterrichtsstoff mit einer durch mehrere Stunden hindurch gleichbleibenden Schülergruppe erledigen läßt. In der Regel stören Neueinlieferungen und Entlassungen jegliche Kontinuität und lassen die Unterrichtsstunden in der Strafanstalt kaum vergleichen mit der Unterrichtsstunde in der Schule, die gerade die Notwendigkeit der Kontinuität betont. Trotzdem bleibt der Unterricht ein Erfordernis. Neben naturwissenschaftlichen Fragen bewegen geisteswissenschaftliche Probleme die Schüler der Strafanstalt und die Anforderungen an die Lehrkraft sind vielfältig und hoch. Hierbei wächst methodisch die Klasse unter Umständen über sich hinaus zur Arbeitsgemeinschaft und ist geistig verbunden mit dem großen pädagogischen Strom der Erwachsenenbildung, der auch das Leben in der Strafanstalt berühren sollte.

Waren die Teilaufgaben in Fürsorge und Unterricht teilweise bereits vor der beabsichtigten Durchführung der Resozialisierung durch Erziehung erkannt und zu lösen versucht, so fehlt ihnen doch der übergeordnete Gesichtspunkt, unter dem Fürsorge oder Unterricht gegeben wurde. Auch die geistliche Seelsorge hat nicht von sich aus diese Synthese im Sinne einer Erziehung als Verbundenheit zustande gebracht, wenn auch ein Wichern dies beispielsweise versuchte.

Die Aufgabe der "weltlichen Seelsorge" ist für die Strafanstalten neu, wenn auch schon seit längerer Zeit allgemein als Lehre begründet[14] und z.B. in den Fürsorgeerziehungsanstalten durchzuführen versucht[15]. Es wird hier nicht als Aufgabe angesehen, den Gegensatz zwischen weltlicher und kirchlicher Seelsorge zu behandeln, sondern es soll versucht werden, das Grundsätzliche der Seelsorge herauszustellen. Es wird von theologischer Seite betont: "Wir unterscheiden also an jeglicher Seelsorge die beiden grundlegenden und wesentlichen Seiten: Die pneumatisch-transzendente ("vorwiegend geistliche") und die psychologisch-irdische Seite[16]. Bei der weltlichen Seelsorge wird vorzugsweise die psychologische Seite betont und die geistliche Seite dem Zögling als stets neues Problem beim Erzieher und sich selbst aufgezeigt, ohne es aber durch den Erzieher lösen zu wollen. Diese Lösung bleibt den kirchlichen Seelsorgern überlassen, deren Berufung es ist, diese Seite der Verbundenheit im Zögling zu erziehen. Zweifellos bedarf das Sein des Menschen, durch das die Persönlichkeit wächst, einer Pflege und Förderung. Dieses ist das Ziel der Seelsorge. Aus diesem inneren Vermögen heraus, das vor allem durch den einzelnen Menschen bestimmt wird, entscheidet sich sein Tun und Lassen. Die Gegensätzlichkeit in den Lebensäußerungen dieses Seins sind es gewesen, die dem Zögling außerhalb der Anstalt Schwierigkeiten bereiteten. "Die weltliche Seelsorge hat den Zweck, die vielen Gegensatzfragen untereinander, sowie die Gegensätze selbst, planmäßig zu harmonisieren" und "dem seelischen Prinzip im Menschen zur Herrschaft zu verhelfen"[17].

Bei diesem theoretisch erkannten Ziele ist es wichtig nach Anhaltspunkten im Leben des Gefangenen zu suchen und festzustellen, ob in der Strafanstalt weltliche Seelsorge zu treiben ist.

Die Voraussetzung einer tieferen seelsorgerischen Einwirkung als sie durch Gewähren materieller Fürsorge und Unterrichtsstundenerteilung zur Hebung der Intellekts gegeben werden kann, ist die hier entscheidende innere Gleichstellung des Seelsorgers mit dem Rechtsbrecher. Dabei ist aber nicht daran gedacht, daß hieraus eine schwächliche Haltung und ein Übersehen tatsächlich vorhandener Schäden folgen sollte, sondern allein eine verstärkte innere Bereitschaft für den anderen kann dann erst möglich werden. Eine genaue Kenntnis des "Nächsten", seiner Eigenarten und Verhaltensweisen gehört deshalb weiter dazu, eine tiefere Erkenntnis, wie sie bereits weiter oben für die Fürsorge und auch den Unterricht als notwendig bezeichnet wurde. Gerade die Aufnahme, verbunden mit der ständigen späteren Beobachtung während des Aufenthalts in der Strafanstalt, hat die Gesetzmäßigkeit der vorangegangenen Sonderung aus der der Gefangene heraus zum Rechtsbrecher wurde, so sorgsam wie möglich zu ergründen. Erst wenn der Zögling spürt, daß er zutiefst erkannt wurde, spürt er auch, ob Hilfsbereitschaft in dem Erzieher lebt oder ob andere Motive wie z.B. persönliche Interessen des Beobachters, Anlaß von Erörterungen und Besprechungen gaben und weitergeben.

Drei gleichwertige Stadien sind es, die durchlaufen werden müssen, um dieser notwendig zu erkennenden Gesetzmäßigkeit der Sonderung eine Gesetzmäßigkeit der Bindung aufzeigen zu können. Ohne Überwinden des Mißtrauens, das trennend zwischen dem Erzieher und dem Rechtsbrecher - wie auch allen übrigen Beamten gegenüber - besteht, ist kein Verstehen möglich. Nur ein ganz persönliches Eingehen auf alle persönlichen Nöte bahnt Vertrauen an. Aber auch das Kennen der Massenstimmung, die eine positive aber auch eine negative Erziehungsatmosphäre schaffen kann, ist notwendig. Erst wenn Vertrauen gewonnen ist, schwindet Haß aus Bosheit, Ablehnung aus Entmutigung, Geringschätzung und Gleichgültigkeit aus seelischer Gebrochenheit und der Zögling gewinnt Selbstvertrauen. Es gilt dann weiter das Vertrauen zu bewahren. Wenn auch im allgemeinen dem Erziehungsbeamten in der Strafanstalt Vertrauen vielleicht leichter als den anderen Beamten geschenkt wird, es bleibt immer ein nicht erzwingbares Geschenk, so steht er doch auch unter stärkerer und ständigerer Kritik. Kein geistiges und körperliches Müdesein oder Müdewerden darf den in diesem Frontdienst Stehenden ankommen.

Zuletzt aber sollen, und das ist die letzte Bindung und das dritte Stadium, die Gefangenen teilhaben an der Not des Erziehers um sie selbst, besonders um einzelne unter ihnen. Wie wichtig kann dabei das Wecken von Verständnis für den einzelnen Mitgefangenen für den vertrauenswerten Gefangenen selbst werden und damit Verständnis für die eigenen echte Nöte anbahnen und Möglichkeiten einer überpersönlichen Aufgabe sogar in der Strafanstalt zeigen.

Die besondere Form, in der sich Vertrauen im Rahmen der Strafanstalt von den Beamten zu den Gefangenen und den Gefangenen zu den Beamten zeigen kann, ist die Selbstverwaltung. Sie hat nach erfolgter pädagogischer Einwirkung den Versuch zu machen, die erhoffte, erworbene Bindung zu prüfen. Nur nach längerer sorgfältiger Sichtung kann dieser Gruppe ihr Wirken ermöglicht werden, ihr Leben in der Freizeit selbst zu gestalten. Ihr geistiger Führer ist der durch Vertrauen mit ihr verbundene Erzieher.

Unter diesen inneren Voraussetzungen, die sich zusammenfassen lassen im Begriffe, Vertrauengeben und Vertrauennehmen (gleich in welcher Form) und unter den vorangehenden äußeren Voraussetzungen sinnvoller Einrichtungen während der Arbeits- und der Ruhezeit kann weltliche Seelsorge unter dem Gesichtspunkt der Erziehung als Hilfe zur Verbundenheit zu gelangen, wirksam werden.

Äußerungen dieser Erziehungsarbeit, der weltlichen Seelsorge, sind vor allem in verständnisvoller Würdigung der Gemütsbewegungen des Gefangenen und besonders desjenigen, der Familie hat, ersichtlich. Nicht nur in Förderung des Briefverkehrs oder in fürsorgerischer Unterstützung, sondern durch innere Anteilnahme und Bindung ist da vom weltlichen Seelsorger aus mitzuarbeiten und aufzurichten, gelegentlich auch zu trennen und zurückzuweisen. Gerade diese feinsten und persönlichsten Empfindungen bleiben entscheidend für das Verhalten in der Anstalt und in der Gesellschaft. So ist es denn selbstverständlich, daß der Erzieher versucht, im Rahmen seiner Tätigkeit und Mittel, die Familien der Inhaftierten kennenzulernen und auch die öffentliche Fürsorge unter Umständen auf entstehende Mängel z.B. in der Kindererziehung durch Abwesenheit des Vater, hinzuweisen. Seine Anwesenheit bei den Besuchen der Angehörigen in der Anstalt, nicht als Sicherheitsbeamter, sondern als Berater und Helfer, wird dann weniger als Zwang und Beeinträchtigung eines Gedankenaustausches empfunden.

Wie weit dann in der Anstalt bereits dieser pädagogische Bezug im Zeichen innerer Freiheit gehen kann, zeigen beispielsweise die Spaziergänge der Angehörigen der III. Stufe "unter Führung des Direktors und der Fürsorger, ohne Bedeckung durch bewaffnete Aufsichtsbeamte außerhalb der Anstalt" (Thür.DuVO. § 109 Abs. 3). Der Spaziergang ist dabei nicht nur eine äußere schematische Angelegenheit, denn sonst würde er mißlingen, sondern im Rahmen der Strafanstalt eine Manifestierung des wiedergefundenen Vertrauens in sich selbst und der gezeigten Bereitwilligkeit zur Bekundung einer Verbundenheit.

Es bleibt zuletzt die Frage, was wird mit denen, die sich nicht an den Erzieher anschließen, die ihn ablehnen, nicht weil sie allein ihren Weg fänden, auch das ist in Betracht zu ziehen, sondern mit denen, die sich außerhalb der gesamten Tendenz stellen? Bei Hausstrafen soll grundsätzlich der Gedanke richtunggebend sein, durch diese Maßnahme sowohl den Einzelnen als auch die Gesamtheit zu fördern. Freilich wird am ehesten gefördert durch Verhütung derartiger Schwierigkeiten, aber wenn kein Verhüten möglich, so soll der weltliche Seelsorger nicht unbeteiligt außerhalb stehen. Er hat mitzuberaten beim Anstaltsgericht, wenn er vielleicht auch zweckmäßigerweise nicht mit stimmberechtigt ist. Sein Gutachten muß bei dieser Verhandlung wie auch bei der Entlassung ebenso gewertet werden, wie das des Arztes und es sollte in der Regel in Zusammenarbeit beider entstehen.

In diesem Zusammenhang, der aufzuzeigen versucht, wie während des Freiheitsentzuges die Erziehungsabsicht durchgeführt werden kann, muß ein System berührt werden, das z.T. mit äußeren Mitteln und nach äußeren Gesichtspunkten versucht, das gleiche Problem zu lösen und eine Sonderung der Masse der Gefangenen in kleinere Gruppen zur Einzelbehandlung erstrebt. Die Wirkung des Progressiv- oder Stufensystems ist nur in Verbindung mit Anstellung geeigneter Kräfte zur Erziehungsarbeit innerhalb der Gruppen oder Stufen, nicht nur in disziplinärer, sondern dann auch in erziehlicher Hinsicht sinnvoll.

Bei der Einlieferung wird der Gefangene in der Regel der I. Stufe zugeteilt. Hier findet die sorgsame Beobachtung statt, wie sie bereits die geschilderten, zu treffenden Maßnahmen der Fürsorge, des Unterrichts und der weltlichen Seelsorge notwendig machen. Ist nach Ablauf einer im Verhältnis zur Gesamtstrafzeit festgelegten Frist ein teilweises Bild gewonnen, und sind nicht besondere Schwierigkeiten bei dem Einzelnen eingetreten, so rückt der Gefangene nach der II. Stufe auf. Diese Normalstufe soll sinngemäß prozentual die größte Zahl der Inhaftierten vereinigen und ihnen im Rahmen des Zwanges sinnvolle Betätigungsmöglichkeiten für die Freizeit geben. In dieser Behandlungsstufe wird mit all den bezeichneten Mitteln der Gefangenenfürsorge, dem Unterricht und der weltlichen Seelsorge systematische Einwirkung versucht. Gerade hierbei muß das Prinzip: Streben nach Legalität, bereichert werden durch das Prinzip: Streben nach Erneuerung der Gesinnung. Nur bei den Gefangenen, bei denen wirklich eine eigene Tätigkeit geweckt oder gefördert ist und bei denen der Erziehungsbeamte glaubt, eine günstige Diagnose stellen zu können, wird an eine Bewährung dieser Gesamthaltung bereits in der Strafanstalt durch Aufstufung nach der III. Stufe gedacht[18].

Die III. Stufe, mit der Sonderaufgabe Bewährungsstufe zu sein, muß besondere Einrichtungen haben, die Bewährung zu ermöglichen. Die bereits skizzierte Selbstverwaltung mit allen Belastungen und Belohnungen gibt dieser Möglichkeit den Rahmen. Es wird demnach den Angehörigen dieser Stufe ein Vertrauen entgegengebracht, das bisher nicht mißbraucht wurde. Von hier aus wird eine vorzeitige Entlassung vorgeschlagen oder befürwortet werden können, während von den anderen Stufen in der Regel nur Entlassungen nach Strafablauf eintreten. Gerade hier werden sich aber auch alle inneren Schwierigkeiten eines Strafvollzugs, der sich dem Erziehungsgedanken unterordnen möchte, besonders deutlich zeigen. Die Strafzeit in der Strafanstalt ist besonders hier Aufgabe und Vorbereitung für die Zukunft.

Sind alle genannten Voraussetzungen erfüllt, so ist berechtigte Hoffnung gegeben, daß der Entlassene nicht nur der Forderung entspricht, nicht schlechter aus der Anstalt zu kommen wie er hineinkam, sondern durch innere Bindung den Angehörigen zur Freude und der Mitwelt zum Gewinn zu werden. Die Erreichung dieses Ziels ist neben den oben geschilderten Voraussetzungen abhängig von der zeitlichen Möglichkeit einer intensiven Einwirkung. Nur längere Freiheitsstrafen können im geschilderten Sinne der Erziehung dienen.

Neben dem Verhältnis des Erziehungsbeamten zu dem Inhaftierten, ist seine Stellung im Rahmen der gesamten Beamtenschaft und sein Verhältnis zu ihr, von größter Wichtigkeit für das Gelingen seiner Sonderaufgaben.

Charakterbildung und Willensstärkung an den Gefangenen, das ist nicht nur das Ziel der Fürsorge (Thür.DuVO. § 98), sondern jedes Beamten, der, ganz gleich in welcher Eigenschaft, in der Strafanstalt wirkt. Trotz des Wissens von allen Schwierigkeiten der Zusammenarbeit, muß diese versucht werden und dem speziellen Träger des Erziehungsgedankens wird durch sein Beispiel auf Gefangene und Mitbeamten eine große Verantwortung gegeben. Die Aufgabe an der Ausbildung der Aufsichtsbeamten in besonderen Unterrichtsstunden für diese Beamten mitzuarbeiten, bringt neue Möglichkeiten der Übermittelung grundsätzlicher Einstellung, und Austausch von Meinungen in wissenschaftlicher Form, neben freier Aussprache über Zweck und Sinn der gemeinsamen Aufgabe. Die Unterrichtsstunden bedeuten eine Bereicherung für den Erziehungsbeamten. Hierbei muß beachtet werden, daß der Gefangene ständig unter der Aufsicht des Sicherheitsbeamten steht, denn der Gefangenentag vollzieht sich zu je einem Drittel in Arbeitszeit, Freizeit und Ruhezeit. Während der Arbeitszeit fällt dem Werkbeamten und während der Freizeit dem Erziehungsbeamten die Sorge um den Gefangenen zu.

Die Einstellung des Gefangenen zu der ihm aufgetragenen Arbeit, die Betonung der Notwendigkeit geregelter sinnvoller Arbeitsmöglichkeit als Grundlage aller Einwirkung, und der Hinweis auf die wichtige Stellung des Werkbeamten, muß entscheidend auf den Erziehungsbeamten in seinem Verhältnis zum Werkbeamten wirken.

Die Berührung des Erziehungsbeamten mit dem Verwaltungsbeamten bringt für den Strafvollzug keine besondere Stellungnahme, sondern setzt nur voraus, daß neben der allgemeinen sachlich ernsten Berufsauffassung bei der gelegentlichen Beziehung zu Gefangenen, die gleiche Grundhaltung erziehungsfördernd wirkt.

Am wenigsten eindeutig sind die Beziehungen des Erziehers zu den speziellen Erziehungsbeamten, zum Fürsorger, Lehrer, Arzt und Geistlichen. Eine Zusammenarbeit während des Gesamtstrafvollzugs versteht sich von selbst.

Nach dem amtlichen Entwurf eines Strafvollzugsgesetzes werden nach dem sächsischen Vorbild Fürsorger mit der wirtschaftlichen Fürsorge besonders nach der Entlassung der Gefangenen betraut (§§ 33 und 242). Der Lehrer in außerthüringischen Anstalten hat seine wesentlichste Aufgabe im Untericht als Wissensübermittler, während in den thüringischen Landesstrafanstalten die Einheit der Beeinflussung notwendig erachtet wird. Eine sinnvolle Zusammenarbeit mit dem Anstaltsarzt bleibt nach den vorhergegangenen Ausführungen eine selbstverständliche Folgerung. Grundsätzliche Schwierigkeiten können und haben sich aus dieser Vereinigung zweier Gebiete, Wissensübermittlung und Fürsorge im Zusammenhang mit weltlicher Seelsorge nicht ergeben, vielmehr halten die derzeitigen Fürsorger, die bei ihnen getroffene Regelung für außerordentlich günstig.

Die Stellung des Erziehers zum Geistlichen ist nicht restlos geklärt. Wenn, dann ist hier eine formale Bestimmung notwendig, die versucht, beide Gebiete abzugrenzen, die sich freilich aber auch bewußt ist, daß das Gebiet der Seelsorge ein Ganzes ist. Die Grenze läßt sich vielleicht so finden "Gottesdienst und religiöse Seelsorge in der

Anstalt sind Angelegenheiten der Religionsgesellschaften" (Thür.DuVO. § 16), wobei statt "religiöser Seelsorge", "kirchliche Seelsorge" gesetzt werden müßte. Diese Bestimmung gibt den Anstaltsgeistlichen volle Betätigungsmöglichkeit im Sinn ihrer konfessionellen Interessen. Die Stellung des Geistlichen außerhalb der Anstalt in der Freiheit der bürgerlichen Welt, ist der in einer Anstalt, die das Ziel hat, den Gefangenen für diese Zeit in der Freiheit vorzubereiten, ähnlich. Unter Berücksichtigung der durch die Strafanstalt bedingten Verhältnisse, ist die Verkündigung der Lehre der betreffenden Religionsgesellschaften den gleichen Bedingungen inner- wie außerhalb der Anstalt unterworfen. Die Beziehungen der Erzieher werden zu den Strafanstaltsgeistlichen aller Bekenntnisse sehr eng sein müssen, da ja das Ziel der Erziehung gemeinsam ist, wenn auch die Mittel teilweise verschieden bleiben.

Es ist selbstverständlich, daß der Erziehungsbeamte wie alle übrigen Beamten der Anstalt dem Leiter der Strafanstalt untersteht und mit diesem das pädagogische Gewissen bilden soll.

Was die Anforderungen an den Erziehungsbeamten in der Strafanstalt anlangen, so ist zu unterscheiden zwischen den charakterlichen Eigenschaften und seinen Kenntnissen. Ist eine Beschreibung seiner charakterlichen Eigenschaften auch nicht möglich, so sei doch betont, der Erzieher darf nicht in einen Fanatismus und unter seine Aufgabe kommen, wenn er auch wissen muß, daß es seine Aufgabe ist, da zu sein und durch sein Dasein das Gewissen zu vertreten[19].

Bezüglich der Vorbildung der Fürsorger in den Strafanstalten, die bereits jetzt im Amte sind, wenn auch wie schon betont, eine von dem thür. Fürsorger "Erzieher" verschiedene Tätigkeit ausüben, ließ sich feststellen, daß sie verschiedenartig ist. In einzelnen Ländern sind grundsätzlich nur Akademiker zugelassen (z.B. Sachsen), in anderen Ländern sind neben akademisch gebildeten Lehrern, Sozialpädagogen und Theologen auch Volks- und Berufsschullehrer als Fürsorger im Amte (z.B. Thüringen und Hamburg). Eine Entscheidung, welche Vorbildung die geeignetste ist, wird nicht leicht zu fällen sein, aber es läßt sich der Stoff, den ein Fürsorger in den Grundzügen beherrschen muß, wohl bezeichnen[20]. Das Wichtigste bleibt, daß der Erzieher "gebildet" ist, aber nicht nur weiß, wo er das findet, was er nicht weiß (Simmel), sondern, daß er Herzensbildung besitzt.

Das Gesamtbild des Fürsorgers muß sich so darstellen, daß er, neben der aktiven Arbeitskraft und Freudigkeit in ihrer Auswirkung, die passive Fähigkeit hat, Menschen auf sich wirken zu lassen und diese Synthese seiner Aufgabe zu finden. Gleichzeitig muß er sittliche und geistige Kraftquellen kennen und auswerten, die ihm die ungeheure Schwere seiner Aufgabe überhaupt zu tragen ermöglichen.

Wenn heute noch der Erziehungsbeamte als Träger des Erziehungsgedankens in der Strafanstalt und als Zwischenglied zwischen der Fürsorge vor der Urteilsfällung (Gerichtshilfe) und dem Aufenthalt im Gerichtsgefängnis, sowie der Zeit nach der Entlassung auch nicht überall einen festumrissenen Aufgabenkreis sich geschaffen hat, so steht doch fest, daß er Funktionen ausübt, die keines der bisher im Strafvollzug vorhandenen Organe ausübte. Seine Eigenart muß anerkannt werden und er muß von sich aus die weiteren Voraussetzungen zu seiner Arbeit fordern. Diese Voraussetzungen werden nicht in einer veränderten Einstellung der Gefangenen oder dem Gefangenen gegenüber liegen, sondern vielmehr in der grundsätzlichen Einstellung gegenüber den Behörden. Es muß immer wieder betont werden, daß die praktische Konsequenz des Erziehungsgedankens im Strafvollzug erfordert, an Stelle äußerer Anpassung an die soziale Ordnung, das höhere Ziel sittlicher Erneuerung zu setzen[21]. Diese Arbeit kann nur von Fachbeamten geleistet werden. In den thür. Landesstrafanstalten sind dementsprechend bei einem Gefangenenbestand von ungefähr 800 Personen 8 staatliche Fürsorger, "Erzieher", als Erziehungsbeamte angestellt.

Eine Vertretung dieser mit der Sonderaufgabe der Erziehung im Strafvollzug betrauten Beamten den obersten Landesbehörden gegenüber, haben bereits Hamburg und Sachsen geschaffen. In Hamburg ist es der Leiter der Abteilung für soziale Angelegenheiten der Hamburgischen Strafanstalten und in Sachsen der Staatsbeauftragte für die Strafentlassenenpflege. In Thüringen kommen die Fürsorger zur Beratung ihrer Aufgaben in Arbeitsgemeinschaften zusammen. Wird, wie aus dem Strafvollzugsgesetz hervorgeht, der Fürsorger (hier nicht Erzieher) gesetzlich gefordert und sollen bereits in Preußen an jedem Landgericht und in den Strafanstalten Fürsorger eingestellt werden[22], so ist bei jedem Strafvollzugsamt bzw. den, den Strafanstalten übergeordneten Justizbehörden ein pädagogisches Referat zu schaffen. Dieser Referent hätte dann freilich alle pädagogischen Angelegenheiten im Strafvollzug der übergeordneten Behörde gegenüber zu vertreten (Fürsorge, Unterricht, weltliche Seelsorge). Er würde gleichberechtigt neben den Referenten für die technischen Angelegenheiten, neben den für die polizeilichen Maßnahmen, neben den für die juristischen und allgemeinen Verwaltungsfragen und neben den für das Gesundheitswesen Verantwortlichen stehen. Unter anderen Aufgaben wäre es seine besondere Pflicht, die Beziehungen zu den wissenschaftlichen Instituten seines Landes aufzunehmen und intensiv zu gestalten. Weiterhin gehörte in seinen Aufgabenkreis die Anlage einer Sammelstelle, die Auskunft über die kriminellen Persönlichkeiten eines Landes bzw. des Bereichs eines Strafvollzugsamts geben könnte. Die Notwendigkeit der Betonung einer solchen Forderung zeigt der amtliche Entwurf eines Strafvollzugsgesetzes, der die bedeutsame Frage der Anstaltsbeamten in 6 kurzen Paragraphen behandelt.

Der Erziehungsbeamte im Strafvollzug, der die Bezeichnung "Erzieher" erhalten sollte, wird, wenn er seine Aufgabe ernst auffaßt, stets vor diese letzten Fragen eines Strafvollzuges, dem Sinn der gerichtlichen Strafe überhaupt gestellt. Er kann unter den schweren Bedingungen trotz aller Enttäuschungen nur aushalten und wirken, wenn er weiß, entsprechend dem Willen des Gesetzgebers und der Öffentlichkeit ist der Sinn des Strafvollzugs "Erziehung". Diese Erziehung wird nicht nur als Erziehung zum gesetzmäßigen Leben verstanden, denn das ist Dressur, sondern im Sinne wahrer geistiger Bildung und seelischer Bindung beim Helfen zur Schaffung materieller Voraussetzungen zum Leben in der "Freiheit".

Anmerkungen

1 Erschienen in: Zeitschrift für die Gesamte Strafrechtswissenschaft 1928 (49), 65-83; wieder abgedruckt in: *Krebs*, A., Freiheitsentzug. Entwicklung von Praxis und Theorie seit der Aufklärung, Berlin 1978, S. 255-271

2 Martin *Buber*, Rede über das Erzieherische, Berlin 1926, S. 21.

3 *Buber*, a.a.O., S. 22.

4 Karl *Landauer*, Das Strafvollzugsgesetz, in Almanach für das Jahr 1928, Internationaler Psychoanalytischer Verlag Wien, S. 202.

5 Hans *Eyferth*, Zur Lage in der Heilerziehung, in "Die Erziehung", Jahrgang 2 (1927), S. 557.

6 Max *Grünhut*, Der gegenwärtige Stand der Jugendgerichtsbewegung, in: "Die Erziehung", Jahrgang 3 (1928) S. 127.

7 *Buber*, a.a.O., S. 18/19.

8 Hermann *Nohl*, Sinn der Strafe, in: "Jugendwohlfahrt", Leipzig 1927, S. 95/96 und ähnlich Moritz *Liepmann*, Die Problematik des progressiven Strafvollzuges in: "Monatsschrift für Kriminalpsychologie und Strafrechtsreform", Beiheft I, Festgabe zum 60. Geburtstage von Gustav Aschaffenburg, Heidelberg 1926, S. 59.

9 Max *Grünhut*, Fortschritte und Hemmungen in der Gefängnisreform, in: "Die Erziehung" 2. Jahrgang (1927), S. 290 ff. Margarete *Sommer*, Die Fürsorge im Strafrecht, Berlin 1925, S. 9 verallgemeinert und setzt den sekundären Gesichtspunkt "Fürsorge" über, bzw. statt Erziehung. Max *Grünhut*, Art. Gefangenenfürsorge in: Handwörterbuch der Staatswissenschaften 1926, S. 677 ff. A. *Starke*, Gefangenen- und Entlassenenfürsorge, in: "Reform des Strafvollzuges", herausgegeben von Frede und Grünhut, Berlin 1927, S. 203 ff., sieht in Fürsorge im wesentlichen Entlassenenfürsorge, die bereits im Gefängnis seelische Bedingungen zwischen dem zu Entlassenden und einer ihm vertrauten Persönlichkeit zu knüpfen hat, besonders S. 204, 209.

10 Schilderung eines Arztes in Karl *Hau*, Lebenslänglich, Berlin 1925, S. 28 bis 31. Beatrice *Kent*, Geschulte Krankenpflege in Gefängnissen, in: Unterm Lazaruskreuz, Blatt der Berufsorganisation der Krankenpflegerinnen Deutschlands, Berlin 1927, Januar, Nr. 1, Jahrgang XXII.

11 Zu erwähnen sind hier die kriminalbiologischen Untersuchungen von Viernstein in Straubing.

12 Georg *Simmel*, Das grundsätzliche Verhältnis zwischen Erziehung und Unterricht, in: Schulpädagogik, Osterwieck-Harz 1922, S. 15, 32 ff.

13 *Simmel*, a.a.O., S. 17.

14 Wilhelm *Börner*, Weltliche Seelsorge, Leipzig 1912.

15 P. *Backhausen*, Lebensgemeinschaft als Grundlage der Anstaltserziehung, Blätter für innere Mission in Bayern 38 (1923) 27 ff. (Heft 7/8), Walter *Herrmann*, Probleme der Fürsorgeerziehung, in: Die Erziehung Jahrgang 1 (1926) S. 268 ff. und Jahrgang 2 (1927) S. 171 ff. Erich *Weniger*, Die Gegensätze in der modernen Fürsorgeerziehung, in: Die Erziehung, 2. Jahrgang (1927) S. 171 ff.

16 Walter *Gruehn*, Seelsorge im Licht der gegenwärtigen Psychologie, in: Schriftenreihe: Arzt und Seelsorger, Heft 7, Schwerin 1926, S. 15.

17 *Börner*, a.a.O., S. 22.

18 "Diese 'innere Einkehr' festzustellen, wird nicht leicht, oft außerordentlich schwer sein. Deshalb ist es nötig, daß psychologisch und pädagogisch gut ausgebildete Beamten - bei uns sind es die Fürsorger -. in genügender Zahl zur Verfügung stehen und sich fortgesetzt um die Gefangenen bekümmern." Lothar *Frede*, Der Strafvollzug in Stufen in Thüringen, in: Zeitschrift für die gesamte Strafrechtswissenschaft, Band 46 (1925) S. 237.

19 Walter *Hoffmann*, Die Reifezeit, Leipzig 1926, S. 297.

20 A. *Starke* Akademisch gebildete Gefängnisfürsorger, in: Zentralblatt für Jugendrecht und Jugendwohlfahrt, XIX. Jahrgang (1927) S. 24.

21 Walter *Hoffmann*, a.a.O., S. 290.

22 Max *Grünhut*, Fortschritte und Hemmungen in der Gefängnisreform, in: Die Erziehung, 2. Jahrgang (1927), S. 290, Snm. 3.

Der Historiker als Pionier der Gefängnisreform

Laudatio zur Verleihung der Ehrendoktorwürde an Ministerialrat a.D. Professor Dr. Albert Krebs am 27. Oktober 1987 in der Bergischen Universität Wuppertal

Gerhard Deimling

Im Wintersemester 1920/21 promovierte *Albert Krebs* mit einer historischen Dissertation über "August Hermann Francke und Friedrich Wilhelm I. Ein Beitrag zur Geschichte des Schul- und Anstaltswesens" an der Universität Frankfurt am Main zum Doktor der Philosophie. Am 28. Februar und am 1. März 1921 legte er das Rigorosum im Hauptfach Geschichte in der Philosophischen, im Nebenfach Psychologie in der Naturwissenschaftlichen und im Zusatzfach Fürsorgewesen in der Volkswirtschaftlichen Fakultät ab[1].

Er war damals gerade 23 Jahre alt. Bis zu diesem Alter hatte er als Unteroffizier 1916 die Stellungskämpfe bei Verdun, 1917 bei Reims und 1918 bei Albert Péronne an der Somme durchlebt und durchlitten, war als Leutnant der Reserve aus dem Militärdienst ausgeschieden[2], hatte während seines Studiums geheiratet[3] und im "Nest" der Wandervögel in Sachsenhausen - neben dem Landpfarrhaus seiner Eltern in Hausen - seine geistige Heimat gefunden[4]. An der Front entstand die Freundschaft mit *Adolf Reichwein*, dem 1944 hingerichteten Widerstandskämpfer, Pädagogen und Erwachsenenbildner sowie mit Ernst Fraenkel, dem Juristen und Politologen[5]. Seinem um ein Jahr jüngeren Kameraden und Freund Adolf Reichwein setzte er als Mitherausgeber des 1981 erschienenen Sammelbandes "Adolf Reichwein 1898-1944" ein Denkmal seiner Freundschaft. Die öffentlichen Auseinandersetzungen um den Versailler Vertrag und die durch den Kapp-Putsch verursachte Unruhe in der Bevölkerung bedrückten den jungen Studenten ebenso wie seine Altersgenossen.

Ich erwähne den biographischen Hintergrund jener Zeit, um deutlich zu machen, welche tiefgreifenden und erschütternden Erlebnisse von ihm aufzuarbeiten waren und unter welchen sozialen und politischen Bedingungen seine erste selbständige wissenschaftliche Arbeit entstand. Gutachter seiner Dissertation waren der Historiker *Georg Küntzel* und der Inhaber des Lehrstuhls für Fürsorgewesen und Sozialpädagogik, *Christian Jasper Klumker*.

Erst vier Jahre später erscheint die Dissertation[6]. Seine erste wissenschaftliche Veröffentlichung, vor 67 Jahren entstanden, enthält sowohl thematisch als auch methodisch alle wesentlichen Grundzüge seines bis in die jüngste Gegenwart reichenden wissenschaftlichen Schaffens.Er sichtet und studiert die einschlägigen Quellen des Königlichen Hausarchivs in Charlottenburg, die Archivalien des Geheimen Staatsarchivs in Berlin, die Hauptbibliothek des Waisenhauses in Halle, *Franckes* Pädagogische Schriften und den Briefwechsel zwischen *Friedrich Wilhelm I.* und *Leopold von Anhalt-Dessau*[7]. Gründliche Quellenforschung und Quellenkritik, das Verstehen historischer Prozesse und individueller Handlungsabläufe aus dem Denken, Glauben und Wissen der Menschen, argumentatives Prüfen und besonnenes Abwägen der Befunde anderer Forscher und schließlich die Formulierung seines eigenen Urteils über die Kulturbedeutung des untersuchten Gegenstandes für die Geschichte der Sozialpädagogik sind die von ihm bevorzugten Weisen der denkenden Erfassung und Ordnung der geschichtlichen Wirklichkeit.

Thematisch greift er in seiner Dissertation ein Problem auf, das ihn in vielfältigen Variationen bis heute beschäftigt: Aus welchen geistigen Strömungen und Bewegungen und aus welchen Glaubensüberzeugungen erwachsen immer wieder neu diejenigen Kräfte, die dem vom Menschen erzeugten Unheil Grenzen setzen und die Menschlichkeit des Menschen, seine unverlierbare Würde, schützen, wiederherstellen und bewahren helfen? Daß er bei *August Hermann Francke* und beim Halleschen Pietismus als der geistlichen Basis der Waisenhaus-Pädagogik ansetzt[8], hat zweifellos Gründe, die in seiner eigenen religiösen Erfahrung und Erziehung im Elternhaus liegen[9]. So einfühlsam, sachkundig, Glaubenszweifel und Glaubensgewißheit verstehend-nachvollziehend kann nur jemand schreiben, dem selbst die Gedanken- und Gefühlswelt des Pietismus nicht fremd ist, auch wenn sich in seinem eigenen Leben - wie er selbst sagt - keine Erweckung ereignete, "wohl aber ein Erwachen, das gefördert wurde durch einfühlende Ältere und seinen ersten Höhepunkt in der Konfirmation fand"[10]. Im Franckeschen Pietismus erkannte er -in kritischer Abgrenzung zu Martin Bubers Bewertung - ein von Sentimentalität freies Glaubensleben, dessen Stärke realistische, weltzugewandte Glaubenstätigkeit war[11]. Dieser in seiner Dissertation entdeckten geistesgeschichtlichen Spur folgt er in seinen späteren Forschungen, die sich mit Persönlichkeiten befaßt, die der Humanisierung und sozialpädagogischen Durchdringung des staatlichen Strafvollzugs den Weg geebnet haben. Er folgt dabei einer klar erkennbaren Traditionslinie, die ihren Anfang nicht bei den großen Gesellschafts-, Staats- und Rechtstheoretikern der Aufklärung - etwa bei Montesquieu, Rousseau, Voltaire, Bentham oder Beccaria - nimmt, sondern bei den Praktikern, für die das Streben nach existentieller Einheit von Wort und Tat, Glaubensüberzeugung und persönlich verantworteter Lebensführung charakteristisch ist.

Von exemplarischer Bedeutung sind die biographischen Studien zu den "Pionieren des Gefängniswesens"[12], die in dem von *Heinz Müller-Dietz* 1978 herausgegebenen Band "Freiheitsentzug. Entwicklung von Praxis und Theorie seit der Aufklärung"[13] enthalten sind. Herausgreifen möchte ich die Lebensbilder von John Howard, Heinrich Balthasar Wagnitz, Theodor Fliedner und Gustav Radbruch, weil diese "Pioniere des Gefängniswesens "für Albert Krebs' eigene Tätigkeit in verantwortlicher Leitung des Strafvollzugs in Hessen von ausschlaggebender Bedeutung gewesen sind.

John Howard (1726-1790) darf als erster Empiriker des europäischen Strafvollzugswesens gelten, der seine Vorschläge zur menschenwürdigen Gestaltung des Gefängniswesens nicht in der Studierstube ersann, sondern sich auf den beschwerlichen Weg machte, um das Vollzugsgeschehen vor Ort, nämlich in den Kerkern, Zucht- und Arbeitshäusern und auf den Galeeren in England, Frankreich, Spanien, Italien, Deutschland, Österreich, Rußland und im östlichen Mittelmeerraum zu erforschen. Ihn interessierte die Lebenshaltung der Gefangenen, ihre Ernährung, Hygiene und ärztliche Versorgung, die Art ihrer Unterbringung, die Hausstrafen, die Arbeitsbedingungen, die Auswahl und die Qualifikation der Gefängnisbediensteten, die Umstände der Aufnahme der Gefangenen in die Anstalten und deren Entlassung[14]. Seit *Howard* ist es nicht mehr möglich, über das Strafvollzugswesen eines Landes Pauschalurteile zu fällen. Was den tatsächlichen Vollzug der staatlichen Strafe in jedem einzelnen Fall betrifft, so hängt dieser wesentlich von den verantwortlichen Bediensteten einer jeden einzelnen Einrichtung ab. Mit Recht verweist daher Krebs in einem anderen Zusammenhang auf eine zutreffende Diskussionsbemerkung auf dem Ersten Internationalen Gefängniskonkreß 1846 in Frankfurt am Main, die eigentlich abwertend gemeint war. Sie galt dem Befürworter und Praktiker einer sozialpädagogisch ausgerichteten Gemeinschaftshaft, dem Kaiserslauterner und (später) Münchner Anstaltsleiter *Michael Obermaier* (1789-1885): "Das System des Herrn Obermaier ist Herr Obermaier selbst"[15]. *John Howard* hat in ein und demselben Land zur selben Zeit unter der Herrschaft desselben Strafrechts gänzlich verschiedene Verhältnisse angetroffen, von denen er manche für nachahmenswert hielt, andere scharf ablehnte. Als *Howard* am 20. Januar 1790 in Cherson auf der Krim im Alter von 65 Jahren an den Folgen einer ansteckenden Krankheit starb, die er sich beim Besuch eines Spitals zugezogen hatte, ging ein Leben zu Ende, das wie das August Hermann Franckes unter dem Leitwort stand "Christ is my hope"[16].

In einem deutschen Nekrolog auf das Jahr 1790 heißt es: "Welches menschenliebende Herz wallt nicht bei diesem Namen auf! Alle Nationen müssen sein Andenken ehren, denn er ist der Wohltäter aller geworden, indem er sie erinnert hat, nicht durch unverzeihliche Gleichgültigkeit gegen ein Elend, das sie vor Augen haben, das tausendfache Wehklagen und Seufzen gequälter Menschenbrüder, Vorwürfe der edleren Zeitgenossen und die Verachtung einer bessern Nachwelt auf ihre Häupter zu laden"[17].

Dem Leben und Werk *Howards* verpflichtet war *Heinrich Balthasar Wagnitz* (1755-1838), Pfarrer am Zucht- und Arbeitshaus in Halle, der die Bestandsaufnahme der deutschen Strafanstalten im Geiste und nach der Methode Howards fortführte und sich durch eigene Gefängnisbesuche und durch Mitteilungen von Korrespondenten ein eigenes Bild von den Zuständen in den deutschen Anstalten machte. Seine Untersuchungen sind in mehreren Bänden, die zwischen 1787 und 1803 erschienen sind[18], veröffentlicht. Bis heute gibt es noch keine umfassende Monographie, die das Werk *Wagnitz'* und dessen Wirken im sozial- und geistesgeschichtlichen Zusammenhang behandelt. Es ist das besondere Verdienst von *Albert Krebs*, das große Werk dieses Praktikers der Gefängnisreform der Gefahr des Vergessens entrissen und auf die großen Forschungslücken in der europäischen Strafvollzugsgeschichte verwiesen zu haben. Vor allem das Problem der Auswahl und Ausbildung des Gefängnispersonals, das Wagnitz in seinen Schriften ausführlich erörtert[19], hat *Albert Krebs* immer wieder beschäftigt und zu eingehenden historischen Untersuchungen veranlaßt. Er hat von *Wagnitz* gelernt, daß "nur da, wo verständige und gute Officianten angestellt sind..., sich Besserung der Gefangenen hoffen" läßt[20].

Einen zweiten evangelischen Pfarrer, dessen Leben und Wirken mit dem Rheinland und mit dem Bergischen Land aufs engste verbunden sind, nämlich *Theodor Fliedner* (1800-1864), gelten *Krebs'* jahrzehntelange Studien. Wenn man aufgrund neuerer Forschungsergebnisse *Theodor Fliedner* auch nicht mehr uneingeschränkt als *den* Gründer der ersten deutschen Gefängnisgesellschaft im Jahre 1826 ansehen kann[21], die sich das Ziel gesetzt hatte, "eine mit den Staatsgesetzen übereinstimmende Beförderung der sittlichen Besserung der Gefangenen durch Beseitigung nachteiliger und Vermehrung wohltätiger Einwirkungen auf dieselben sowohl während der Haft als nach der Entlassung"[22] zu verwirklichen, so ist doch der damals noch junge Kaiserswerther Pfarrer, dem das rheinisch-bergische Bürgertum und der westfälische Adel zu Hilfe kamen, einer der bedeutendsten deutschen Anreger und Schrittmacher der Gefängnisreform der ersten Hälfte des 19. Jahrhunderts, der im Geiste der Erweckungsbewegung für die Gefangenen tätig wurde. Noch ohne auf eine kriminologische Theorie zurückgreifen zu können, erkannte er, daß die wirtschaftliche Not in den übervölkerten Städten zu Beginn der industriellen Revolution Kriminalität, Trunksucht, Prostitution, Analphabetismus und sittlich-religiöse Indifferenz im Gefolge hatte[23]. Er leistete wesentliche Vorarbeiten zu einer neuen Konzeption der Freiheitsstrafe auf pädagogischer und religiös-seelsorgerlicher Grundlage, deren wichtigste Mittel[24]- allgemeinbildender Unterricht, Religionsunterricht, Predigt und religiöses Schrifttum, Klassifikation der Gefangenen nach Alter, Geschlecht, Vorstrafen und Strafdauer, regelmäßige Beschäftigung gegen Entgelt und nachgehende Fürsorge für Entlassene - die Organisation des modernen Strafvollzugs bis zum Inkrafttreten des Gesetzes zum Vollzug der Freiheitsstrafe und der freiheitsentziehenden Maßregeln der Sicherung und Besserung von 1977 geprägt haben. Seit der Gründung der Rheinisch-Westfälischen Gefängnisgesellschaft gibt es die hauptberufliche Tätigkeit der Lehrer und Sozialarbeiter im Justizvollzug. Während die Lehrer bereits 1828 auf Kosten der RhWGG im Hauptberuf angestellt wurden, bildete sich erst im Verlaufe des 19. und frühen 20. Jahrhunderts aus den ehrenamtlichen Mitarbeitern der Hilfsvereine der RhWGG der Berufsstand der Sozialarbeiter heraus. Nach der Vollzugsordnung für das Land Thüringen waren in den 20er Jahren die "Fürsorger" zugleich mit der Wahrnehmung der "weltlichen Seelsorge" beauftragt[25]. Nach der Ordnung für das Gefängniswesen in Hessen[26] lag den Fürsorgern ebenfalls das gesamte Gebiet der Erziehung einschließlich der Erwachsenenbildung und der weltlichen Seelsorge sowie die übrige Fürsorge für alle Gefangenen ob[27]. In seinem Wuppertaler Vortrag anläßlich des 150. Gründungstages der Rheinisch-Westfälischen Gefängnisgesellschaft am 23. Juni 1976[28] befaßte sich *Albert Krebs* ausführlich mit der Frage: "Darf die von Theodor Fliedner vor 150 Jahren angeregte Gefängnisreform als abgeschlossen gelten?" Er kam zu dem Ergebnis, daß diese Frage im Hinblick auf die Antriebskräfte, die den Reformbemühungen damals zugrunde lagen, heute bejaht werden müsse. Der moderne Strafvollzug ist der seiner religiösen Begründung und Zielsetzung entbehrende Strafvollzug des weltanschauungsneutralen Staates, dem kein einheitliches Menschenbild mehr zugrunde liegt. Das, was Fliedner und seine Mitstreiter wollten: die "Rettung" des Straffälligen vor dem zeitlichen und ewigen Verderben durch Verkündigung, Seelsorge, Unterricht und Arbeitsdisziplin, hat zwar erhebliche Fortschritte in der Reform und in der Organisatiosstruktur des Gefängniswesens gebracht, seine Bemühungen sind aber letzten Endes in ein von ihm nicht beabsichtigtes Vollzugssystem eingemündet, das sich heute mit hohem bürokratischem Aufwand des Staates institutionell verfestigt hat. *Albert Krebs* schloß seinen Vortrag damals mit der folgenden Feststellung und der sich anschließenden Frage: "Theodor Fliedner strebte als gläubiger Christ eine Gefängnisreform an. Zu fragen bleibt: 'Welche Antriebskräfte bewegen die Gefängnisreform und die Menschen, die sie tragen, in der Gegenwart? Von der Motivation hängt das Ergebnis ab'"[29].

Diese Frage ist zweifellos als skeptische Anfrage *Krebs'* an alle zu verstehen, die heute in Praxis und Wissenschaft Verantwortung für den zeitgenössischen Strafvollzug tragen.

Waren *Howard*, *Wagnitz* und *Fliedner* historische Leitbilder und Maßstäbe eigenen sozialpädagogischen und vollzugspolitischen Handelns, so zählt *Albert Krebs* selbst den ehemaligen Reichsjustizminister, Strafrechtler und Rechtsphilosophen *Gustav Radbruch* (1878-1949) neben *Christian Jasper Klumker, Lothar Frede* und *Martin Buber* zu den Persönlichkeiten, die ihn in seinem Denken, Wollen und Handeln unmittelbar geprägt haben. *Radbruch*, der zumindest in den 20er Jahren überzeugter Sozialist war, vertrat zweifellos eine dem christlichen Menschenbild radikal entgegengesetzte Auffassung von der natürlichen Güte des Menschen, die der *Jean Jacques Rousseaus* ähnlich war. In einer Jugendweiherede nach dem ersten Weltkrieg sagt er: "Der Mensch ist von Natur gut, und wenn er doch das Böse tut, so ist es nur aus Unkenntnis und Unwissenheit über den rechten Weg und das eigene Selbst. Man braucht nur das Gute in seiner ganzen Schönheit ihm recht eindringlich zu zeigen, dann wird er garnicht anders können, als es mit seinem ganzen Herzen wollen. Ich möchte euch an die Hand nehmen und auf einen hohen Berg führen, euch die Herrlichkeit der Welt ringsum zeigen. Nicht so wie jener Versucher, der mit dieser Herrlichkeit uns betrügen wollte um die Träume eines Jenseits: unser Reich ist nur von dieser Welt, nicht nur das Reich unseres Glückes, sondern auch das Reich aller unserer Güter und Pflichten"[30]. Ein größerer Gegensatz als der zwischen der christlichen Anthropologie eines *August Hermann Francke* und *Theodor Fliedner* einerseits und dem aufklärerisch-sozialistischen Menschenbild Radbruchs ist kaum denkbar. *Albert Krebs*' wissenschaftliche und vollzugspraktische Tätigkeit vollzog sich in diesem Spannungsfeld zweier inkompatibler Menschenbilder und gelangte in seinem Lebenswerk zu einer einzigartigen und nur von ihm zu verantwortenden Synthese.

Im August 1932 weilte *Gustav Radbruch* - von einem Erholungsaufenthalt an der Mosel kommend - mehrere Tage in dem von *Albert Krebs* geleiteten Zuchthaus Untermaßfeld in Thüringen[31]. Während dieser Tage kam es zu intensiven Kontakten und Gesprächen zwischen *Radbruch* und *Krebs* sowie zwischen ihm und den Gefangenen und Bediensteten der Anstalt. Diese Begegnung mit *Radbruch* hinterließ bei allen Beteiligten einen bleibenden, prägenden Eindruck. Im Hinblick auf seinen Untermaßfelder Aufenthalt sagte *Radbruch* in seiner Rede: "Nur radikalste Umgestaltung des Geistes der Freiheitsstrafe kann sie vielleicht zu einer wirklichen Erziehung machen. Umgestaltung mehr der Gesinnung als der Organisation. Durch ... Vertrauen. Mißtrauen macht die Menschen schlecht, Vertrauen ermutigt sie, sich seiner würdig zu zeigen ... Sonntagsspaziergang in Untermaßfeld. Vertrauen fordert Mut, und Mut ist ganz unbürokratisch"[32]. *Albert Krebs* fühlte sich durch Radbruchs Stellungnahme in der sachlichen Richtigkeit seiner sozialpädagogischen Arbeit bestätigt[33]. Er hat seinem "väterlichen Freund" kurz nach dessen Tod im November 1949 in der *Zeitschrift für Strafvollzug* ein literarisches Denkmal gesetzt[34].

Für *Radbruch* war *Albert Krebs* eine zuverlässige und in vielen schweren Lebensprüfungen erprobte Persönlichkeit, die nach dem zweiten Weltkrieg so etwas wie ein Hoffnungsträger für den modernen Strafvollzug im neuen demokratischen Rechtsstaat war. In einem seiner letzten Briefe geht Radbruch auf die von *Albert Krebs* mitverfaßte *Hessische Vollzugsordnung*[35] ein. Er schreibt: "Sie ist eine Vollzugsordnung für diese böse Zeit, in der Sicherheit und Autorität unentbehrlich sind und dem Erziehungszweck nur vorsichtig Rechnung getragen werden kann. Ich denke es mir als Ausgangspunkt von späteren Novellen, in denen der Stufen-Strafvollzug allmählich sich wieder durchsetzten wird"[36].*Radbruch* regte *Krebs* im selben Brief zu einem Kommentar der Hessischen Vollzugsordnung in der *Süddeutschen Juristenzeitung* an und empfahl ihm, diese Ordnung mit der Arbeitslager-Vollzugsordnung von Württemberg-Baden vom 22. Januar 1948 zu vergleichen.

In den schweren Jahren der Reorganisation des Strafvollzugs in Deutschland hat sich *Albert Krebs* wiederholt öffentlich in wissenschaftlichen Publikationen zu den leitenden kriminalpolitischen und poenologischen Prinzipien eines modernen Gefängniswesens im demokratischen Staat geäußert, das unter den Bedingungen der Kontrollratsdirektive Nr. XIX[37] in den vier Besatzungszonen Deutschlands im Entstehen begriffen war. Mindestens ebenso wichtig wie die geistige und konzeptionelle Reform des Strafvollzugs und die Schaffung neuer Vollzugsnormen war ihm in der Zeit des Hungers und des Brennstoffmangels die Sorge um das bloße Überleben der ihm anvertrauten Menschen in den hessischen Strafanstalten. Er war dafür dankbar, daß kein einziger Gefangener während jener schlimmen Zeit verhungert oder erfroren war[38].

Über das eigene Motiv zur Erforschung der Geschichte des Gefängniswesens und die Suche nach Vorbildern äußert sich der Historiker *Albert Krebs* "Erst wer die Vergangenheit kennt, vermag die Gegenwart zu beurteilen und beizutragen, die Zukunft vorzubereiten"[39]. Die Erkenntnisse seiner historischen Forschungen stellte er in den Dienst der Um- und Neugestaltung des Gefängnis- und Zuchthauswesens in den 20er Jahren und vor allem nach dem zweiten Weltkrieg. So verwies er immer wieder auf das seit dem ausgehenden 18. Jahrhundert oft diskutierte, aber noch immer nicht zufriedenstellend gelöste Problem der zweckmäßigsten Auswahl und der geeignetsten Ausbildung der Beamten des Aufsichts- und Werkdienstes.Die Gewinnung verantwortungsbewußter und sozialpädagogisch handlungsfähiger Vollzugsbeamten aller Dienstgrade hat sich im Verlaufe der beiden letzten Jahrhunderte als das Schlüsselproblem schlechthin erwiesen, von dessen Lösung die Verwirklichung der straffälligenpädagogischen und kriminalpolitischen Zwecke des Vollzugs der Freiheitsstrafe abhängt. Bereits 1947 entstand auf Initiative von *Albert Krebs* an der Jugendstrafanstalt in Rockenberg ein Zentrum für die Ausbildung und Schulung von Vollzugsbeamten des Landes Hessen, das den Namen "Heinrich Balthasar Wagnitz-Seminar" erhielt und nach dem Muster der Heimvolkshochschulen organisiert war[40]. Im Jahre 1953 wurde unter seiner maßgeblichen Mitwirkung die "Gesellschaft für Fortbildung der Strafvollzugsbediensteten e.V." gegründet[41]. Sie hat die Aufgabe, die Aus- und Fortbildung der Angehörigen des Strafvollzugsdienstes zu fördern und zu diesem Zweck die 'Zeitschrift für Strafvollzug' herauszugeben[42]. Albert Krebs war fast zwanzig Jahre lang Schriftleiter dieser Zeitschrift[43].

Theodor Fliedner war Namensgeber der ersten Vollzugseinrichtung für junge Freigänger, die im früheren Gerichtsgefängnis in Groß-Gerau geschaffen wurde[44]. *Albert Krebs* hat mit der Einrichtung des Fliedner-Hauses kurz nach Inkrafttreten des Jugendgerichtsgesetzes im Jahre 1953 die Vorschrift des § 91 Abs.3 JGG mit Leben erfüllt[45]. Er hatte damit ein unübersehbares Zeichen für einen modernen Jugendstrafvollzug mit sozialpädagogischer Grundrichtung gegeben, das nach und nach auch in anderen Bundesländern beachtet wurde. Jahrzehnte vor dem Einsetzen der akademischen Diskussion über "Alternativen zum geschlossenen Strafvollzug" und zur "Diversion" hat er in der Praxis einen gangbaren Weg zur Realisierung einer pädagogischen Vollzugskonzeption gewiesen. In der Konsequenz seiner Erfahrungen mit Freigängern im Zuchthaus von Untermaßfeld und im Fliedner-Haus in Rockenberg lag der Entschluß, eine vergleichbare Einrichtung auch für Erwachsene zu schaffen. Am 23. November 1959, zehn Jahre nach dem Tode von *Gustav Radbruch*, eröffnete *Krebs* in Anwesenheit des hessischen Ministerpräsidenten *Zinn*, des Strafrechtlers *Eberhard Schmidt* und der Witwe Radbruchs in Frankfurt am Main die erste deutsche "offene Anstalt" für erwachsene Gefangene[46]. Der Jugendstrafvollzug wurde so zum Schrittmacher der Reform des Erwachsenenstrafvollzugs: offene Vollzugsanstalten für junge und erwachsene Gefangene sind seitdem fester Bestandteil der gesamten Organisation des Vollzugs der Freiheitsstrafe in Deutschland.

Diese drei innerhalb von zehn Jahren errichteten Modelleinrichtungen des modernen deutschen Strafvollzugs, die die Namen Wagnitz', Fliedners und Radbruchs tragen, stehen für das unverwechselbare Bemühen von Albert Krebs, die Gegenwart zu gestalten und die Zukunft vorzubereiten, indem er die Vergangenheit kritisch erforscht und dem "Unerledigten", aber unbedingt zu Erledigenden ein Gedächtnis stiftet, das er nicht müde wird, denen mitzuteilen, die sich als dienendes Glied in den nie endenden Prozeß der Humanisierung der Strafrechtspflege eingliedern.

Die Bergische Universität ist Professor *Krebs* zu besonderem Dank verpflichtet: er gehörte der am 12. Februar 1969 vom Senat der Pädagogischen Hochschule Rheinland in Köln berufenen Kommission an, die nach zweijährigen Beratungen am 19. Januar 1971 in Wuppertal eine "Denkschrift zur Errichtung eines Instituts für Straffälligenpädagogik" veröffentlichte[47]. Schon 1967 sprach er vor Studenten in Wuppertal über das Thema "Zur Entwicklung des Erziehungsbegriffs im Sinne von § 91 JGG. Nahziele und Fernziele im Jugendstrafvollzug"[48]. In einem Antwortbrief auf meine Bitte zur Mitarbeit an den Vorbereitungen für die in Aussicht genommene Kommission schrieb er: "Dieses schreibe ich auch, um zu betonen, daß von mir aus nicht geplant ist, die seit Jahrzehnten - wenn auch mit schrecklichen Unterbrechungen - fortgeführte Arbeit etwa zu beenden. Bei den mancherlei Begegnungen mit Fachkräften und Laien verstärkt sich immer wieder der Eindruck, wie viel noch zu tun ist und daß auch wir Älteren, wenn auch in anderer Form wie früher, noch zur Mitwirkung berufen sind"[49]. An den Diskussionen und Entscheidungen der Kommission, die den Auftrag hatte, ein Konzept für die wissenschaftliche Ausbildung von pädagogischen Fachkräften für den Bereich des Justizvollzuges, der Entlassenenhilfe und der Kriminalprävention sowie für die einschlägige Forschung zu erarbeiten, hatte *Albert Krebs* einen ausschlaggebenden Anteil. Auf der Grundlage der von der Kommission erarbeiteten Denkschrift, die eine Bedarfsschätzung für künftige Absolventen sowie für einen Struktur- und Entwicklungsplan für den Aufbau des Instituts enthielt[50], wurde - nach langwierigen Standortdiskussionen - im Zuge der Gründung der damals sogenannten Gesamthochschule Wuppertal im August 1972 der Integrierte Studiengang Sozialwissenschaften eingerichtet. Nach Abschluß aller Berufungsverfahren beschloß 1975 der Gründungssenat die Errichtung des Forschungsschwerpunktes "Devianz- und soziale Rehabilitationsforschung" im Fachbereich Gesellschaftswissenschaften[51].

Mit der Verleihung der Ehrendoktorwürde an *Albert Krebs* bleibt sein Name mit der ursprünglichen Konzeption dieses in seiner Ausrichtung auf die Strafrechtspflege ersten und einzigartigen sozialwissenschaftlichen Studiengangs in der Bundesrepublik Deutschland dauerhaft verbunden.

Wer sich wie *Albert Krebs* an einen der schwierigsten Brennpunkte sozialen Lebens gestellt weiß, läßt sich nicht von glänzenden Scheinerfolgen und schönen Sonntagsreden blenden. Das Geheimnis seines begnadeten Wirkens für die Randsiedler unserer Gesellschaft in Wissenschaft und Praxis ist in der Aktualisierung der für ihn richtungweisenden Tugenden begründet: in Demut, Bescheidenheit und Beharrlichkeit.

In seiner Dissertation schrieb der damals 23jährige Frankfurter Doktorand *Albert Krebs*: "Die Kleinarbeit des Alltags fordert ein täglich neues Stellungnehmen und Bewähren ..., und sicher ist ein Leben, das den Versuch macht, sich am Kleinen zu bewähren, ebenso wertvoll, wie ein solches, das durch eine großzügigere Veranlagung auch eine großzügigere Stellungnahme zu inneren Fragen mit sich bringt, allein wesentlich ist ein Treubleiben sich selbst gegenüber"[52].

Dem in neun Lebensjahrzehnten in der Praxis des Lebens und auf der Suche nach Wahrheit und Gerechtigkeit sich selbst Treugebliebenen gilt die Ehrerbietung und der Dank der Bergischen Universität.

Anmerkungen

1 Ludwig J. *Pongratz* (Hrsg.), Pädagogik in Selbstdarstellungen IV, Hamburg 1982 (im folgenden zitiert: Selbstdarstellung), S. 161; siehe auch: Albert *Krebs*, Neue Beiträge zur Biographie. Erinnerungen eines Weggenossen, in: Wilfried Huber, Albert Krebs (Hrsg.), Adolf Reichwein 1898-1944, Paderborn, München, Wien, Zürich 1981 (im folgenden zitiert: Adolf Reichwein), S. 30 ff.

2 Selbstdarstellung (Anm. 1), S. 159.

3 Adolf Reichwein (Anm. 1), S. 29.

4 Adolf Reichwein (Anm. 1), S. 18.

5 Adolf Reichwein (Anm. 1), S. 23

6 Dr. Albert Krebs, August Hermann Francke und Friedrich Wilhelm I. Ein Beitrag zur Geschichte des Schul- und Anstaltswesens. Friedrich Mann's Pädagogisches Magazin, Heft 1046: Fortschritte der Jugendfürsorge. Untersuchungen zur Entwicklung des gesamten Jugendschutzes. I. Reihe: Vergangenheit und Gegenwart, hrsg. von Professor Dr. Chr. J. Klumker, Frankfurt am Main, Heft 1. Langensalza 1925 (im folgenden zitiert: August Hermann Francke)

7 August Hermann Francke (Anm. 6), S. 5.

8 August Hermann Francke, (Anm. 6), S. 11-18.

9 Selbstdarstellung (Anm. 1), S. 157 f.

10 Selbstdarstellung (Anm. 1), S. 157. Der Konfirmator war sein Vater, der dem Sohn das folgende Paulus-Wort als Weisung auf seinen Lebensweg mitgab: "Ich bin gewiß, daß weder Tod noch Leben, weder Engel noch Mächte noch Gewalten, weder Gegenwärtiges noch Zukünftiges, weder Hohes noch Tiefes noch eine andere Kreatur uns scheiden kann von der Liebe Gottes, die in Christus Jesus ist, unserm Herrn" (Röm. 8, 38-39).

11 August Hermann Francke (Anm. 6),S. 6, Anmerkung 2.

12 Siehe hierzu die Studien von Torsten *Eriksson*, The Reformers. An Historical Survey of Pioneer Experiments in the Treatment of Criminals, New York and Amsterdam 1976.

13 Albert *Krebs*, Freiheitsentzug. Entwicklung von Praxis und Theorie seit der Aufklärung, hrsg. von Heinz Müller-Dietz, Berlin 1978 (im folgenden zitiert: Freiheitsentzug), S. 31-252.

14 John *Howard*, The State of the Prisons in England and Wales, with preliminary Observations, and an account of some Foreign Prisons, Warrington, 1777, sowie: Appendix to the State of the Prisons in England and Wales, +c. containing a farther account of Foreign Prisons and Hospitals, with additional remarks on the Prisons of this Country, Warrington, 1784.

15 Freiheitsentzug (Anm. 13), S. 93.

16 E. *Henderson*, Biblical researches and travels in Russia, London 1826, S. 284.

17 Nekrolog auf das Jahr 1790. Enthaltend Nachrichten von dem Leben merkwürdiger in diesem Jahre verstorbener Personen. Gesammelt von Friedrich *Schlichtegroll*, erster Band, Gotha 1791, S. 90.

18 Heinrich Balthasar *Wagnitz*, Über die moralische Verbesserung der Zuchthaus-Gefangenen, 1787; *ders*., Historische Nachrichten und Bemerkungen über die merkwürdigsten Zuchthäuser in Deutschland. Nebst einem Anhang über die zweckmäßigste Einrichtung der Gefängnisse und Irrenanstalten, 1791; ders., Ideen und Plane zur Verbesserung der Policey- und Criminalanstalten. Erste Sammlung 1801, Zweite Sammlung 1802. Dritte Sammlung 1803.

19 So z.B.: Historische Nachrichten, Band 1, S. 94 ff.

20 Zitiert in: Freiheitsentzug (Anm. 13), S. 100.

21 Siehe hierzu: Gerhard *Deimling*, Die Entstehung der rheinisch-westfälischen Gefängnisgesellschaft 1826-1830, in: Zeitschrift des Bergischen Geschichtsvereins, Neustadt an der Aisch 1987, S. 69-100.

22 Rheinisch-Westfälische Gefängnisgesellschaft, Erster Jahresbericht, Düsseldorf 1828, S. 5, § 2.

23 Rheinisch- Westfälische Gefängnisgesellschaft, Erster Jahresbericht (Anm. 22), S. 15 ff. sowie Beilage V zum Zweiten Jahresbericht. Vergleiche und Resultate aus verschiedenen statistischen Tabellen für das Jahr 1828 als ein Beitrag des bürgerlich-sittlichen Zustandes der einzelnen Kreise im Regierungsbezirk Düsseldorf, Düsseldorf 1829.

24 Rheinisch-Westfälische Gefängnisgesellschaft, Grundgesetze, (Anm. 22), §§ 3-7.

25 Dienst- und Vollzugsordnung für die thüringischen Landesstrafanstalten vom 24. Mai 1924.

26 Selbstdarstellung (Anm. 1), S. 191.

27 Erstabdruck in den Wuppertaler Beiträgen zur Straffälligenpädagogik - Delinquenzprophylaxe und Rehabilitation, hrsg. von Gerhard Deimling und Josef M. Häußling, Wuppertal 1977, S. 153-169, Wiederabdruck in: Freiheitsentzug (Anm. 13), S. 137-154). Aus Anlaß des 150. Jahrestages der Gründung der Rheinisch-.Westfälischen Gefängnisgesellschaft am 18. Juni 1826 in Düsseldorf fand vom 21.-24. Juni 1976 an der Bergischen Universität im Gebäude der ehemaligen Pädagogischen Hochschule am Dietrich-Bonhoeffer-Weg (heute Vollzugsschule des Landes Nordrhein-Westfalen) eine vom Verfasser initiierte Ringvorlesung statt, an der die folgenden Referenten mitwirkten: Staatssekretär Dr. Wöhler, Justizministerium NRW, Professor Dr. Gerhard Deimling, Wuppertal, Dr. Hans-Ulrich Klose (MdL), Korschenbroich, Landeskirchenrat Heinzfried Siepmann, Landeskirchenamt der Evangelischen Kirche im Rheinland, Düsseldorf.

28 Professor Dr. Rudolf Henning, Institut für Christliche Gesellschaftslehre, Universität Freiburg i.Br., Professor Dr. Max Busch, Wuppertal, Dr. Alois Degen, Präsident des Landesarbeitsamtes NW, Ltd. Ministerialrat Götz Chudoba, Wiesbaden, Professor Dr. Albert Krebs, Oberursel, Professor Dr. Heinz Müller-Dietz, Saarbrücken, Professor Dr. Josef M. Häußling, Wuppertal.

29 Albert *Krebs*, Darf die von Theodor Fliedner vor 150 Jahren angeregte Gefängnisreform als abgeschlossen gelten? In: Straffälligenhilfe. Aktuelle und historische Aspekte der Strafvollzugsreform durch Staat und engagierte Bürger, hrsg. von Gerhard Deimling und Josef M. Häußling, Wuppertal 1977, S. 169.

30 Gustav *Radbruch*, Kulturlehre des Sozialismus, Berlin 1922, S. 64.

31 Siehe hierzu Gustav Radbruchs Brief vom 7. August 1932 aus Moselkern an seine Frau Lydia Radbruch: "Heute schrieb mir Direktor Krebs von Untermaßfeld, ich möchte erst am 12. kommen. Ich bleibe also drei Tage länger hier - die weiteren Aufenthalte verschieben sich also um drei Tage. Ich kann nicht sagen, daß ich darüber sehr glücklich bin". In: Gustav *Radbruch*, Briefe, hrsg. von Erik Wolf, Göttingen 1968, S. 104.

32 Selbstdarstellung (Anm. 1), S. 156.

33 Selbstdarstellung (Anm. 1), S. 173.

34 Albert *Krebs*, Gustav Radbruch. Zum Gedenken, in: Zeitschrift für Strafvollzug, 1. Jahrgang (1950), S. 26-32.

35 Verordnung vom 8. Juli 1949 zur Ausführung der Verordnung zur Wiederherstellung des normalen Strafvollzugs vom 17. Januar 1946 (HessGVBl. S. 91), HessVBl. S. 121.

36 Gustav *Radbruch*, Briefe (Anm. 31), S. 250 f.

37 Kontrollratsdirektive Nr. XIX: "Grundsätze für die Verwaltung der deutschen Gefängnisse und Zuchthäuser vom 12. Nov. 1945". Siehe hierzu auch: Albert Krebs, Die Durchführung der Kontrollratsdirektive Nr. XIX in den vier Besatzungszonen Deutschlands. In: Zeitschrift für Strafvollzug, 1.Jg. (1950) H.3, S. 17 ff.

38 Diskussionsbeitrag von Albert Krebs während des aus Anlaß seines 90. Geburtstages in Frankfurt am Main veranstalteten Symposiums am 9. und 10. Oktober 1987.

39 Selbstdarstellung (Anm. 1), S. 177.

40 Selbstdarstellung (Anm. 1), S. 189.

41 Freiheitsentzug (Anm. 13), S. 98.

42 Freiheitsentzug (Anm. 13), S. 98; außerdem: Selbstdarstellung (Anm. 1), S. 190.

43 Selbstdarstellung (Anm. 1), S. 190.

44 Selbstdarstellung (Anm. 1), S. 192.

45 § 91 Abs.3 JGG hat folgenden Wortlaut: "Um das angestrebte Erziehungsziel zu erreichen, kann der Vollzug aufgelockert und in geeigneten Fällen weitgehend in freien Formen durchgeführt werden".

46 Selbstdarstellung (Anm. 1), S. 192 f.

47 *Deimling/Lenzen* (Hrsg.), Straffälligenpädagogik und Delinquenzprophylaxe, Neuwied und Berlin 1974, S. 88-98. Der vom Senat der Pädagogischen Hochschule Rheinland eingesetzten Kommission gehörten an: Ministerialrat Erich Czaschke, Düsseldorf, Professor Dr. Deimling, Osnabrück, Studienrat Hilkenbach, Herford, Sonderschullehrer Jokisch, Hangelaar-Niederberg, Ministerialrat a.D. Professor Dr. Albert Krebs, Oberursel, Professor Dr. Lenzen, Köln, Studienrat Mroczkowski, Siegburg, Professor Dr. Wolfgang Ritzel, Bonn.

48 Brief vom 16. Oktober 1967, im privaten Archiv des Verfassers.

49 Brief vom 16. Oktober 1967, im privaten Archiv des Verfassers.

50 *Deimling/Lenzen* (Hrsg.), Straffälligenpädagogik und Delinquenzprophylaxe (Anm. 47), S. 80-87 und S. 99-111.

51 Über den Aufbau des Wuppertaler Lehr- und Forschungsschwerpunkts siehe ausführlich: Gerhard *Deimling*, Das Zentralinstitut für Straffälligenpädagolik in Wuppertal 1970-1976, in: Recht der Jugend und des Bildungswesens, 1976, Heft 12.

52 August Hermann Francke (Anm. 6), S. 49.

Schuld und Sühne

Anmerkungen zur Rechtsphilosophie und Strafvollzugspraxis

Gottfried Edel

"Durch die Strafe ist die Entwicklung des Schuldgefühls aufgehalten worden."
Friedrich Nietzsche

"Wozu diese Beschimpfung des Menschen? Nein, das darf man einem Menschen nicht antun..."
Fjodor Michailowitsch Dostojewski

Heute noch und eben hierzulande, wo das Rechtsfundament der strafenden Justiz - Maßgaben abendländischer Welt- und Wertvorstellungen folgend - wenigstens in Elementen ausgebaut und - mit Praktiken der Resozialisierung - auch der Humanitätsgedanke im Strafvollzug mindestens zum Teil verwirklicht ist, kann doch niemand bestreiten: die Lage des Straftäters selbst bleibt alles in allem theoretisch ungeklärt und praktisch in wichtigen Hinsichten bedenklich. Mögen immerhin, wie Experten versichern, die dem Straf- und Strafvollzugsgesetz entwickelter Staaten Richtung gebenden Ideen "nach wie vor sinnvoll und plausibel" sein: zu behaupten, diese Ideen, deren fensterlose "Plausibilität" ja nichts als allgemeine Normen des Rechts und minimale Regeln seiner Anwendung transportiert, seien Ursprung und Ausdruck auch der wirklichen, "gerechtwerdenden", d.h. "richtig" erkennenden und womöglich "zurechtbringenden" Gerechtigkeit, wäre zynisch.

Die Schuld des Strafens

Wohl wird man zynischen Einschätzungen dieser Art unter Rechts- und Strafexperten kaum noch begegnen. Doch kann der evozierende Begriff "Zynismus" beim Versuch, die Lage des Straftäters rechtsphilosophisch und strafpsychologisch (und über die statistischen Möglichkeiten ministerialer Rechenschaftsberichte hinaus) ins Licht zu rücken, erhellend wirken, wenn man, was an Verletzungs- und Verachtungspotential darin enthalten ist, nicht als emotionalen Ausdruck nur eines (subjektiven) Verhaltensdefektes, sondern als strukturales Kennzeichen jenes (objektiven) Verhältnisdefizits in Betracht zieht, das zwischen wirklicher Schuld und Wirkung der Strafe, genauer: zwischen der im Schuldurteil enthaltenen Definition der Straftat als "gesetzliches Unrecht" und der mit eben demselben Schuldspruch gegebenen Diskreditierung des Straftäters im Aspekt eines "gesellschaftlichen Unwertes" besteht.

Zwar streichen um die niedriger gewordenen Gefängnismauern - innerhalb und außerhalb und jetzt wie ehedem - die brandigen Schwaden auch des emotionalen Zynismus: auf verschiedene Weise und nach ganz unterschiedlichen Graden der Sublimität. Handgreiflich zynisch, doch mit dem Sittenbewußtsein unseres an- und wohlstandsbürgerlichen Durchschnitts bestürzend verträglich, erscheint die selbstgerechte, schnell richtende Ignoranz der schweigend zuschauenden Mehrheit der Nichtbestraften; zynisch auch, doch gesetzlich gerahmt, wirkt auf höherer Stufe die Haltung derjenigen Rechts- und Strafexperten, die die "Kultivierung des Innenlebens" im Gefangenendasein als "Ammensachen" (mit Hegel) vom "besonderen Wunsch" des Täters abhängig machen, d.h. als Sonderangebot dem psychopathologischen Zufall und der Fürsorge überlassen; und weht nicht - bedenkt man die Totalität des Geschicks der Strafbetroffenen - ein feiner Hauch von Zynismus auch in der redlichen Resignation vieler Rechtsphilosophen, die, weil Gerechtigkeit im Einzelfall ein nur immer erstrebter, aber nie zu erreichender Grenzwert sei, Justitia die Augen verbinden und - mit der Waage in der Hand - zur Patronin einer "höheren" Ordnung und Repräsentantin einer (hoch über menschlicher Misere schwebenden) "höchsten" Idee stilisieren?

Doch, wiegt dies alles auch schwer, so muß man, soll die Lage des "Menschen im Recht" (und des Straftäters im Vollzug) auch hintergründig erhellt vor Augen treten, das noch Schwerere in den Mittelpunkt stellen: nicht den emotionalen, sondern den strukturalen Zynismus, der, eingegossen in die Bauform des Staates, jene "Lage" begründet.

Anders als die strukturale Brutalität des Unrechtsstaates, deren menschenschinderische Mißgestalt sich offen und vor aller Augen geriert und auswirkt, sucht die herabziehende, Täter erniedrigende, Nichttäter auf niedrige Gesinnungen stimmende Art des strukturalen Zynismus zivilisierte und demokratische, d.h. verhüllende Gewandungen auf: ja er ist, so muß in Anbetracht der tragisch-skandalösen Wirkungsgeschichte der Strafgesetzgebung und des Strafvollzugs vermutet werden, gerade und notwendig auch mit dem Rechtsstaat und immer mit dem Rechts- und Strafgebaren jener staatlichen (und religiösen!) Institute verbunden, die im Namen einer höheren Ordnung, im Sinne einer festgelegten Wertehierarchie ganz oder teilweise über das leib-seelische Wohl und Wehe der Menschen zu befinden haben.

Sind die meisterbildlichen Justizsatiren Honoré Daumiers nur Witzdokumente menschlicher Begrenztheit? Zwar: auch in dieser Hinsicht blieben sie bis heute (und bis zu den Höhen hermetischer Fachsimpeleien) über Einzelfälle hinaus aktuell. Doch zielt ihr beißender Spott ja keineswegs allein auf die skrupellose Arroganz und mitleidlose Infamie vereinzelter Justizexperten und Kriminalkontrolleure, sondern rückt zugleich die dem Institut selbst inhärenten katastrophalen Gefahren ins Licht.

Der sensibelste Teil des Humanum ist die verhältnismäßige Unmeßbarkeit menschlicher Schuld, und die tiefste Verletzung der Menschenwürde besteht - auch unter harter Vernarbung - im unermeßlichen Elend dessen, den - rechtens oder nicht - der Schuldspruch traf. Wo im Haushalt des Rechts und im Hause der Richter die Schuld nicht zuvörderst als ureigenster Belang und - auch bei kurzzeitigem Freiheitsentzug - "lebenslange" Last des Bestraften, sondern als Formfall des Rechts und Streitfrage des Gerichts betrachtet und verhandelt wird, sitzen - unter Perücken der Rechtlichkeit - die Rechtsgespenster Honoré Daumiers auf der Bank, herrscht (im attitüdenreichen Rollenspiel forensischer Ehrenwertigkeit) der strukturale Zynismus.

Zynisch klang - im Anblick der Leiche - die Inschrift des mittelalterlichen Richtschwerts: "peccatum, non peccatorem", zynisch im Qualm unzähliger Hexen- und Ketzergerichte der Ruf der Inquisition: "ad maiorem dei gloriam!" Und wie dort das verteufelte Elend, hier die hehre Selbstevidenz des Rechts den Täter selbst und sein Geschick aus dem Gesichtskreis verdrängten, wird das Forum immer neu und immer dann, wenn das Recht idealisiert und die Strafe "finalistisch", d.h. auf ein ("begrenztes") Ziel hin organisiert wird, der Strafbetroffene aber mit seiner Schuld alleine bleibt, selbst am Schuldigen schuldig - nach dem groben, doch durch tausendfaches Schicksal "sanktionierten" russischen Sprichwort: "Das Recht ist die ermordete Gerechtigkeit".

Das Sprichwort ist - wie die anklagenden Chiffren Daumiers - aphoristisch. Darin liegt die Grenze seiner Bedeutung, doch auch die aufdeckende Kraft seiner Wahrheitsspitze. Beide, der kritische Spruch und die Karikaturen, bringen zur Sprache, was, in großen Teilen, die Flut der Rechtsliteratur, der Schwall der kontroversen Fachgespräche - über das (zweifellos schwierige) Verhältnis von Schuldvorwurf und Schuldvermögen, von generellem und individuellem Maßstab des Urteils, von der Gleichheit als (abstraktem) Ideal und der Billigkeit als (konkretem) Postulat gerechten Gerichts - nur end- und uferlos steigend umspülen, nicht wirklich durchdringen können: daß gegenüber der Respektabilität des Rechts auch die Schuld eine (alle betreffende, niemanden entpflichtende) Majestät ist und die Sühne - exemplierender Existenzfall des Menschen! - stärker als sonst alles in der Welt und nichts im Menschen mehr als sein Wesen (und seine Würde) dekuvriert.

Das Recht auf Sühne

Wer wollte in Abrede stellen, daß die inter- und konteraktionellen Prozesse in der Gesellschaft, deren "Fortschritte" kreisförmig sind, deren revolutionären Sprünge sogar nur immer neuen Stoff für die folgestaatliche Verwaltung liefern, in Ermangelung einer Weltvernunft, eines staatlichen Gewissens auch auf dem Gebiet von Schuld und Sühne generalisierender Normen des Rechts bedürfen, die den einzelnen notwendigerweise ebenso schützen wie verletzen? Doch erhebt sich die Frage, inwieweit die (so gegebene) offizielle Rechts- und Strafkultur - das wäre ihr Prüfstein! - auch nach jener (wünschenswerten) personellen Schuld- und Sühnekultur hin offen ist, in der die schuldhafte Handlung nicht nur als Vergehen an der "Allgemeinheit", sondern - nach ihrem tiefsten Gehalt - auch als Tat des Täters gegen sich selbst gewertet wird und das Sühneprogramm entsprechend nicht allein Einrichtungen der Resozialisierung des Bestraften (Vollzugsziel: ein nützliches - oder wenigstens ungefährliches - Glied der Gesellschaft), sondern gleichermaßen (auf der Suche nach dem verlorenen Selbst- und Daseinsgefühl) auch Hilfestellungen für seine Reindividualisierung vorsieht?

"Habe ich denn die Alte umgebracht? - Mich habe ich umgebracht, mit *einem* Schlag habe ich mich getroffen, für immer -": ist die Einsicht Raskolnikows nur das ausgefallene Produkt der Phantasie eines übersensiblen Kriminellen? Zählt sie nicht, obwohl in der kriminologischen Literatur nur marginal traktiert, zu den Fundamentalien der Täterpsychologie? Wo auf dem Markt der öffentlich-rechtlich gehandelten Wertekategorien nur solche "im Angebot" stehen, die - wie "Recht" und "Freiheit" - leicht in nationale Hymnen passen und - präambulierend - im Grundgesetz keines westlichen Staates fehlen, ist die "staatstragende" Bedeutung jener anderen Grundwerte, die - wie Schuldeinsicht und Sühneverlangen - nie in den Ruhmestempel einer Nation, nie zur Ehre der Altäre gelangten, schwer ins Gespräch zu bringen. Wenn dagegen anerkannt wird, daß Schuld und Sühne - in unverstellter Betrachtung, in der Totalität ihrer Wirkung und der Fundamentalität ihrer Bedeutung - wie Liebe und Tod zu den "letzten Dingen" menschlicher Existenz und wie Weisheit und Gerechtigkeit zu den Urquellen menschlicher Gemeinschaft gehören, dann ist der Staat - Zeugenstand oder Anklagebank? - selbst aufgerufen, dann steht dieser Staat, der mit der

Verhängung der Strafe immer das Lebensgefühl und Weltverhältnis des Bestraften von Grund auf und als Ganzes nachteilig determiniert und im Freiheitsentzug mit der sozialen Freiheit ja zugleich auch die individuelle Freiwilligkeit der Schuldannahme durch den Gefangengesetzten und den personellen Freiraum seines Sühneverhaltens zwanghaft konditioniert, damit - als Richter und Täter zugleich - in einem psychopolitischen Positionendilemma, dessen Schwierigkeit auch weitgesteckte Gesprächshorizonte um "Kriterien des Urteils" und "Methoden der Behandlung" qualitativ und dimensional übersteigt.

Seit dem Siegeszug des römischen Rechts präsentiert sich der Staat im Gebiet der generellen "Rechtlichkeit" zwar als ein um die Menschheit verdienter Mäzen, im Verhältnis zu den Forderungen aktueller "Gerechtigkeit" aber als Dauerbankrotteur, dessen Humanität nur darin besteht, daß er den Menschen nicht gezielt, sondern nur mangels alternativen Vermögens beleidigt. Dies ist - in Jahrtausenden "erworben" und seither "erblich" - die konditionelle Insuffizienz des Staates im Bereich von Recht und Strafe. Sie erscheint, in allen Staaten vorhanden, im Administrationsgebiet des christlichen Abendlandes doch am verhängnisvollsten, weil hier - anders als im frühen China und im alten Israel - die gubernale Autorität und ministeriale Bürokratie im Zuschnitt Roms (und später des Römischen Reiches Deutscher Nation) durch den idealistischen Einfall griechischer (und später schwäbisch-preußischer) Philosophie zum Operationsgebiet des obersten und "absoluten" Geistes deklariert und als Exekutionsapparat ewiger Normen akzeptiert worden sind.

Die im Nachklang antiker und reformatorischer Entwürfe erfolgte Vermählung von weltlichem Staat und überweltlicher Idee und die damit ermöglichte Erhebung staatlicher Rechtsprinzipien und Jurisdiktionsansprüche in den Rang von unangreifbaren Maximen erhielten ihr letztes Zertifikat im Zuge und weiterwirkenden Schwung jener Zeit, die man die Aufklärung (!) nennt, und ihr strahlendstes Renommee in den parlamentarischen Demokratien (!), die - deutlich reflektieren es die Prachtfassaden der Justizpaläste, suggeriert es das feierliche Zeremoniell der Gerichte - damit etwas vom verlorengegangenen mittelalterlichen Glanz von "Thron und Altar", von der vaterschaftlichen Schutzfunktion des mit den Fürsten verschwundenen Gottgnadentums kompensierten.

Zwar ist - teils infolge einer zunehmenden kritischen Distanz zur Staatlichkeit, teils durch die Abnahme staatsbürgerlichen Interesses - das Ansehen des "Staates an sich" inzwischen verblaßt, doch blieb (wie der diffuse Schein einer Hintergrundstrahlung) im Bewußtsein der Bürger eine Restvorstellung von seiner "idealen" Bestimmung erhalten. Und wenn dabei an die Stelle des "absoluten Geistes" auch die relative Gewohnheit trat, muß doch das Faktum, daß eine glaubensähnliche und ehrfurchtsvolle Scheu der Menschen in der unglaublichen Starrheit und furchterregenden Lebensferne bestimmter staatlicher Prozesse immer noch ein Numinoses und Notwendiges vermutet, Anlaß sein, desto sensibler und genauer - wie hier auf dem Gebiet von Recht und Strafe - den "Staat als Täter" in Betracht zu ziehen.

Darum (nun überbelichtet): wenn feststeht, daß der Mensch, der mit dem offiziellen Rechts- und Strafgebaren existentiell in Berührung kommt, die eigentlichen "Existentialien" seiner Konfliktsituation in diesem Gebaren nicht wiederfindet, eigene Schuld in seinem Milieu nicht besser, d.h. in ihrer wahren, individuellen und solidarischen Struktur verstehen und werten, notwendige Sühne im Umgang mit ihm nicht als neue, schöpferische Chance seines Lebens entdecken und bejahen lernt, wenn der "Mensch im Vollzug", vom Staat mit seinem Schuld- und Sühneproblem im Stich gelassen, vielmehr und stattdessen die Rückkehr in die heile Welt der Nichtbestraften ins Wohlverhalten, in möglichste Anpassung an die definierte Norm und an Erwartungsschablonen der Gesellschaft gesetzt sieht, und wenn bei alledem und zu allem Unglück noch die richtende und strafende Staatlichkeit selbst zum negativen, stigmatisierenden Bild, das sich die Welt der Nichtbestraften (nicht der Nichtschuldigen!) vom Täter macht, statt dieses Bild zu korrigieren, durch die rektanguläre, allzu "plausible" und vielzu selbstverständliche Art von Justiz und Vollzug fast nichts als Indizien des gesellschaftlichen Unwertes dieses Täters beizutragen vermag: wenn - nimmt man alles in allem - also klar würde, wie weit der hochentwickelte und noch höher dotierte Sanktionismus staatlicher Rechts- und Strafökonomie vom Sanktissimum der wahren Gerechtigkeit entfernt ist, müßte nicht dann der "Rechtsstaat" folgerichtig den rechtspolitischen Konkurs anmelden?

Der "Staat im Unrecht"?

Hier längst - und zuverlässig wie der Hahnenschrei vom Mist am Morgen - erhebt sich die Stimme einiger distinguierter Vertreter der Jurisprudenz und Pönipotenz und sagt: mit dem, was du dem Staat - wir haben es wohl bemerkt! - an rechtspolitischer Kritik und psychopolitischen Postulaten aufbürdest, begehst du zwei schwerwiegende Fehler: die Verkennung staatlicher Zuständigkeit auf dem Gebiet der Strafjustiz und die Unterschlagung staatlicher Möglichkeiten im ganz anders gearteten Bereich des Strafvollzugs. Erstens ist, was du forderst, von der staatlichen Justiz zu fordern, aufgrund der deutlich begrenzenden Definition des legislativen Interesses und der jurisdiktionellen Zwecke des Staates nicht berechtigt. Zweitens aber hat der Staat im Vollzug - neben dem eigenen Erziehungsprogramm - ja auch einen Platz für Pastoren und Therapeuten geschaffen!

Natürlich kann es nicht leicht sein, den Experteneinwänden, da, was ihnen an innerer Logik und äußerer Treffsicherheit etwa ermangelt, durch lange Tradition und ein ungeheures Renommee ausgeglichen erscheint, argumentativ zu begegnen. Darum zu beiden Punkten zunächst und in aller Vorsicht nur je einige Randbemerkungen in Frageform:

Zum ersten: was versteht der Rechtsstaat unter "Recht", wenn er die Unrechtstat bestraft und die Zuständigkeit für das "Folgeunrecht" bestreitet, das dem gesetzlich bestraften Täter durch die gesetzlich nicht zu begründenden, "ungesetzlichen" Wirkungen der Strafe widerfährt? Stellt die obsessive Pönalisierung des Grundbedürfnisses jedes Bestraften nach Schulderkenntnis, die negative Konditionierung seines Sühneverlangens nicht einen fundamentalen Eingriff in angestammte, unveräußerliche Menschenrechte dar? Kann der Staat das Recht auf Menschenwürde (das mit jener Schuldeinsicht und Sühnebereitschaft dynamisch zusammenhängt) als "persönliche Angelegenheit" des Bestraften außerhalb des Bereichs seiner Rechtspflicht stellen? Darf diese Rechtspflicht durch Begrenzungen staatlicher Zuständigkeit legalistisch eingeschränkt werden, da Schuldspruch und Vollstreckung der Strafe den Menschen doch uneingeschränkt in seiner leib-seelischen Wirklichkeit treffen? Gehört zur "Sorgepflicht" des Rechtsstaats, der als Sozialstaat heute alle mit allem versorgt, nicht zuallererst auch eine lückenlose Rechtsversorgung, die das unmittelbare natürliche und apriorische "Binnenrecht" auch des bestraften Menschen auf ein integrales Tiefen-, Rollen- und Weltgefühl integriert? Ist es rechtens, daß der Staat, indem er Strafen verhängt, sich die eine, alle Menschen gleichstellende und (wie in einem "geschlossenen System") generell "ausgleichende" Gerechtigkeit zueigen macht (und vorbehält), während er die andere, jedem Menschen gerecht werdende und (wie in einem "offenen System") individuell "austeilende" Gerechtigkeit vernachlässigt (oder ganz übergeht)? Haben die Denker (und Hüter) des Rechts über der heutigen Einsicht in die Unmöglichkeit einer theoretischen Begründung des natürlichen Rechts vielleicht ein urtümliches Wissen um die praktische Unteilbarkeit der Verantwortung für den "Menschen im Recht" und des Rechts als Stütze der Gerechtigkeit aus den Augen verloren? Steht nicht, da die staatlichen Defizite auf dem Gebiet von Recht und Strafe in Rechtsvorschriften und Strafprotokollen nicht einmal angemerkt sind, dem "Menschen im Recht" damit (in anderem Sinne) ein "Staat im Unrecht" gegenüber?

Zum zweiten: kann der Strafvollzug mit seinen Möglichkeiten restituieren, was das Strafrechtsdenken durch die Maschen gehen läßt und das Strafvollzugsgesetz gar nicht vorsieht? Ist, was in diesem Gesetz (gegen Widerstände aus der Ecke Hegels und Pius' XII.) als "Aufgaben des Vollzugs" definiert werden konnte, in der Konzentration auf Programme der Resozialisierung - den Schutz der Gesellschaft vor weiterer Straftat und das (dazu erforderliche) künftige Sozialverhalten des Täters - nicht selbst der sprechendste Beleg dafür, daß - heute noch und eben hierzulande - die Rechts- und Strafkultur (in ihren staatlichen Limitationen) alles andere mehr als das eigentliche Schuld- und Sühneproblem des "Menschen im Recht" vor Augen, geschweige im Programm hat? Ja, sieht sich nicht noch mehr als der "Mensch im Recht" gerade der "Sträfling im Vollzug" - auch wenn neuerlich Begriffe der "Besserung" oder "Behandlung" vermieden und Gesichtspunkte der "agogischen Intervention" und "sozialen Kommunikation" verdienstvoll in den Vollzug mit einbezogen werden - wie früher im Klima sozialer Verachtung so jetzt im Fluidum staatlicher Betreuungs- und Erziehungs- und karitativ-therapeutischer Beiprogramme paternalistisch über den Kamm - und über das ego-strukturelle und sozio-kulturelle Eigenprogramm von Schuld und Sühne hinweg - balbiert? Hängt nicht - nimmt man dies alles in allem und zieht man auch die natürlich begrenzten Fähigkeiten von Beamten und Pädagogen im Umgang mit dem "Täter" und die situativ bedingte Befangenheit des "Gefangenen" gegenüber aller über ihn verhängten Absicht in Betracht - das Glück des "Menschen im Vollzug" auf der Suche nach dem verirrten Ego, bei der Wiedervereinigung mit seiner enttäuschten, tödlich gekränkten, weltverlorenen und seither mutterlandlos streunenden Anima - "allein" von den schönen Zufällen der Begegnung mit besonderen Menschen innerhalb der zwanghaften Begrenztheit seines Daseins ab?

Aufgaben der Rechtsphilosophie und der Strafvollzugspraxis

Soll im Rechtsstaat nicht nur Rechtlichkeit herrschen, sondern darüber hinaus auch "Gerechtigkeit regieren", müssen der Staat und sein Bürger - im Blick auf den gekennzeichneten Status quo - auf Veränderung sinnen. Dabei darf auch der friedlich gesonnene Mensch sein Vertrauen nicht allein in die sanft verschiebenden Wirkungen des heute allenthalben hoch eingestuften "Paradigmenwechsels" setzen. Ohne geschichtliche Um- und atmosphärische Einbrüche - idealtypisch im Gebiet denkerischer Bemühung, metanoëtisch im Bereich menschlichen Verhaltens - können auch in der bestehenden Rechts- und Strafkultur die notwendigen innovatorischen Kräfte und Einsichten kaum freigesetzt werden. (Revolution? Ist dies - ich kenne sie wohl! - nicht die Stimme unserer erasmianisch blinzelnden "Frau Torheit"? Jedenfalls hört man im Publikum unentschiedenes Murmeln und leises Gelächter und dazwischen -

allen vernehmbar - plötzlich den Ruf eines Experten: "Utopien"!) Tatsächlich kann es dem vorgestellten friedlich Engagierten angesichts der starren Massivität des Status quo passieren, daß er - irritiert von formalistischer Indifferenz und akademistischer Resignation auf der einen Seite, vom anarchischen Brodeln in den Zauberküchen der Revolutionsapotheker auf der anderen - von Zorn und Verzweiflung gepackt wie Gottlieb Duttweiler weiland vor dem Berner Bundeshaus einmal mit Steinen schmeißt.

Die Metapher des steinewerfenden D. ist - über den Einzelfall hinaus - nützlich und kann, weiter ausgeführt, zu entscheidenden methodologischen Einsichten führen: in den Bildergeschichten der Bibel ist es zweimal der erlesene Stein, der, durch die Schleuder oder die eigene Schwere in die "richtige Richtung" gebracht, auch die richtige Stelle trifft - hier die Stirn des präpotenten Philisters, dort den tönernen Fuß des absolut impotenten Traumbilds - nie aber (darauf kommt alles an!) die eherne oder gepanzerte Mitte des infrage kommenden Kolosses, dessen "starre Massivität" es in Bewegung, ins Wanken und zu Fall zu bringen gilt.

Die hier gemeinte Bedeutung der Parabel ist allererst eine Warnung an den Kritiker unseres rechts- und strafstaatlichen Leviathans vor der Absicht, den Stein der Argumente leichthändig und unmittelbar etwa gegen jene strahlend dominante, abwehrstarke "Mitte" zu schleudern, wo über Legislation und Jurisdiktion diskutiert wird: hart wie die Tenne, auf der man lange und vielfigurig getanzt hat und das Samenkorn einer - o sancta simplicitas! - eingestreuten möglichen Einsicht "allein bleibt", bringt die rechtsformalistisch und strafkasuistisch verblockte Mittelpartie des semipotenten Kolosses den kritischen Steinwurf zum Scheitern. Doch während sich der schleudernde Knabe mit dem Zielen auf die "Mitte" blamierte, käme diese vielleicht von selbst (und wenigstens ein wenig) in Bewegung, nähme er statt dessen (mit der "Stirn des Philisters") den oberen und (mit den "tönernen Füssen des Traumbildes") den unteren Bereich unserer Rechts- und Strafkultur ins Visier: die Idee der Rechtsphilosophie und die Praxis des Strafvollzugs. Von diesen beiden Polen her (dies ist die Lehre der Parabel!): im Aufdecken defizitärer Denkmaximen in der Rechtsphilosophie und im Einüben alternativer Verhaltensmodelle im Strafvollzug, kann es, so scheint es, wenn irgend überhaupt, möglich werden, jene schwer bewegliche "Mitte", das Rechtsgebaren an sich (nun als dynamisierbare Hilfskonstruktion zur Durchsetzung der Gerechtigkeit) und das Strafgebaren als solches (nun als kreativ geleitetes Hilfsinstitut zur Entfaltung der Menschenwürde) immer neu und erneuernd in Bewegung zu setzen. Und die "Steine"? Sie seien - es sind deren zwei - Metaphern für zwei Prinzipien, die - eine Empfehlung! - an die Stelle der beiden bisherigen, unbrauchbar gewordenen rechts- und strafstaatlichen Grundprinzipen des (nivellierenden) Rechtsplatonismus und des (deformierenden) Straffinalismus treten sollten und, richtig gezielt und kraftvoll geschleudert, in die Rechtsphilosophie neue Ideen, in den Strafvollzug frische Impulse brächten: das Prinzip der "Begegnung" in der Wahrheit und das Prinzip der "Teilhabe" in der Gerechtigkeit.

Der Essay, der bis hier nur aus seiner geplanten und etwas länger als gedacht geratenen "Vorrede" besteht und ab hier mit dem zusammenhängenden Traktat der angetönten Themen zu beginnen hätte, ist für dieses Mal - aus Gründen von Raum und Zeit - nicht zu vollenden. Doch kann die Weiterführung - in chiastischer Korrelation der metaphorisch inszenierten beiden Pole (der Rechtsphilosophie und des Strafvollzugs) und beiden Prinzipien (der Begegnung und der Teilhabe) - nach folgender Gliederung und im Sinne der stichwortartig beigefügten Gedanken vorgestellt werden:

I.

Zur Rechtsphilosophie: "Gerechtigkeit" - über die Nivellierung der Schuld durch Idealisierung des Rechts (Gegen den Rechtsplatonismus und für die Entwicklung der Rechtsphilosophie aus dem Begriff der Schuld)

"Durch die Strafe ist die Entwicklung des Schuldgefühls aufgehalten worden" (Nietzsche)

Der Begriff des Rechts hat durch die römische Reduktion aufs Juridische (ordo mundi) und die griechische Hypostasierung zur methaphysischen Idee (idea innata) im Bereich christlich-abendländischer Kultur eine die einzelne Tat in ihrer menschlichen Bedeutung relativierende und zuletzt menschenfeindliche Wirkung erhalten (fiat iustitia et pereat mundus). Auch die anders geartete biblische Fassung der göttlichen Gerechtigkeit als heilbringendes Erbarmen, die eine wesentliche Korrektur jener Rechtsauffassungen darstellt, wurde schon bald und endgültig durch Anselm von Canterbury im griechisch-römischen Sinne verfälscht (Die ewige Gerechtigkeit zu sühnen, starb an dem Holze Gottes Sohn - Schiller). Die Rechtsphilosophie steht - wie die anderen Denkbereiche unserer Kultur - vor der Aufgabe, griechischen Idealismus und römischen Formalismus im Vergleich mit anderen Kulturen, z.B. der jüdischen, für die eigene Gedankenentwicklung und im Aspekt der "Gerechtigkeit" kritisch zu modifizieren.

1.
"Gerechtigkeit" im Aspekt der Begegnung

"Ich will, daß alle meine Tugenden vor meiner Schuld auf den Knien liegen" (Nietzsche)

Oberstes Ziel der "Rechtspflege" ist nicht die Pflege des Rechts, sondern - im Bereich der Strafe - des Täters (zur Wiederherstellung seiner Identität). Dies geschieht nicht durch die Konfrontation des Täters mit der (abstrakten) Idee des Rechts, sondern durch die Begegnung mit seiner (konkreten) Schuld. "Nicht die Strafe, sondern die Schuld auf sich zu nehmen, wäre göttlich" - und menschlich.

2.
"Gerechtigkeit" im Aspekt der Teilhabe

"Jeder ist in allem und vor allen schuldig" (Dostojewski)

Anstelle nutzloser Debatten um die libertistische oder deterministische Theorie der Schuldeinschätzung gilt es, den geistlich verdrängten und auch weltlich verlorengegangenen Sinn für das "Geschick" im Menschenleben und die Ehrfurcht vor dem Unbegreiflichen (auch der kriminellen Tat) wiederzuerwecken und in das Rechtsgespräch und Strafbemessen einzubeziehen. Nicht der "Teufel", sondern Gott steckt im Detail und Imponderabile, und die Gerechtigkeit ist kein strahlend gekleideter (hegelianischer) "Geist", der, was nicht ebenso strahlt, mit Vergeltung heimsucht, sondern der jedem gerechtwerdende Umgang mit Schuld und Schaden, Schande und Scham des Menschen in der höchsteigenen Wirklichkeit seines Lebens.

II.

Zum Strafvollzug: "Menschenwürde" - über die Deformierung der Sühne durch Formalisierung der Strafe (Gegen den Straffinalismus und für die Erneuerung des Strafvollzugs aus der Bedeutung der Sühne)

"Wozu diese Beschimpfung des Menschen? Nein, das darf man einem Menschen nicht antun..." (Dostojewski)

Die geistlich-weltliche Volkspsychagogik im Bereich christlich-abendländischer Entwicklung hat aus falsch verstandenen Bibelpassagen und Dekadenzsyndromen der ausgehenden Antike eine Erbsündenlehre herausgefiltert (natura humana naturaliter damnata) und mit moralistischen Surrogaten der natürlichen Menschenwürde ein Klima angepaßten Verhaltens und gegenseitiger Verachtung geschaffen (homo homini lupus), das, ob sie's wissen oder nicht, allen Abendländern in den Knochen steckt und sich auf dem Gebiet von Schuld und Sühne am verheerendsten auswirkt. Wie hätte sich die praktische Kultur Europas entwickelt, wäre - bei anderen Konditionen ihrer Geschichte - der jesuanischen Botschaft ("richtet nicht!...") statt der hybriden Geistlehre des Neuplatonismus als philosophischer Untergrund die Respektlehre des Konfutianismus verbunden worden? Soll der Strafvollzug sich in der Dürftigkeit des ihm zur Zeit gesteckten Gesetzesrahmens fortentwickeln, so muß er - im Zeichen der "Menschenwürde" - vor allem Räume gegenseitiger Wertschätzung (auch eine Frage der Sprache!) und des Vertrauens zwischen allen gestalten.

1.
"Menschenwürde" im Aspekt der Begegnung

"Ist ein Zustand denkbar, wo der Übeltäter sich selber seine Strafe öffentlich diktiert?" (Nietzsche)

Strammstehen kann (wie das Gegenteil) eine erotische Erfahrung sein (ohne den Makel des Ausschweifenden), doch darf der Vollzieher der Strafe die - meist auch im Rebellanten angelegte - natürliche Affinität des Bestraften zur Unterordnung und bloßen Erfüllung der Pflichten nicht zum Zwecke der leichteren Verwaltung des "Strafguts" mißbrauchen. Er wird, welche Vorbildung er immer genoß (nicht jeder Vollzugsbeamte kann ein Pestalozzi oder "Engel der Gefangenen" sein - und: gibt es Lehrgänge in "Compassion"?), seiner Aufgabe in dem Maße gerecht, wie er begegnender Mensch des gefangenen Mitmenschen wird.

2.
"Menschenwürde" im Aspekt der Teilhabe

"Brüder, vor der Sünde der Menschen schreckt nicht zurück, liebet den Menschen auch in seiner Sünde, denn das ist das Ebenbild der Liebe Gottes" (Dostojewski)

Wichtiger noch als die Angleichung des Lebens im Vollzug an die "allgemeinen Lebensverhältnisse" (in Freiheit) ist - ja, gerade hier! - die Pflege der Gemeinschaft aller (professionell und pönitentiell) am Vollzug Beteiligten, die Partizipation an der allen gemeinsamen Menschenwürde, die (recht verstandene) Solidarität aller in der Schuld: "diesem Menschen hätte, wären wir anderen anders, geholfen werden können" - und: "Was geschehen ist (und immer wieder geschieht) ist, gut oder schlecht, unter Gott" - und: "Im Rückschauen werdet ihr mich erkennen!"

Schuld und Ganzheit als Grundthema in Thornton Wilders Roman "Die Brücke von San Luis Rey"

Carl-Hellmut Hoefer

I.

Strafe und Strafvollzug - wollen sie nicht ungerechtfertigt und wider alle Rechtsstaatlichkeit sein -, müssen stets auf ein Verschulden bezogen sein, auf ein Schuldiggewordensein angesichts der tragenden und für die jeweilige Gemeinschaft verbindlichen Werte, Normen und Gesetze.

Ursprünglich transzendental begründet und in einer sakral-mythologischen Dimension stehend, hat der Schuldbegriff eine ähnliche Säkularisierung erfahren, wie viele andere Grunderfahrungen des Menschen. "Schuld" wird in immer geringerem Maße als eine dezidierte Weise des "Schuldigseins" und "Schuldiggewordenseins", als eine markante Form des "Schuldens" und "Verantwortlichseins" gegenüber einer Bezugsgröße und angesichts sittlich bewerteter Handlungen verstanden, stattdessen tritt der Gedanke einer funktionell relevanten Verhaltensabweichung in einem durch Normen und Sanktionen bestimmten Sozialsystem immer stärker in den Vordergrund unter gänzlichem Absehen von moralischen Wertungen.

Die Intention dieser Entwicklung - dort wo sie bewußt vollzogen und nicht nur Ausdruck einer generellen Entwicklung der jüngsten Neuzeit ist - erscheint primär im Kontext des bürgerlichen Freiheitsanspruches unausweichlich.

Wenn nämlich der Einzelne als autonomes Individuum und als idealtypischer Souverän im Selbstverständnis der parlamentarischen Demokratie erscheint, dann kann die Gewissensinstanz, vor der er sich verantwortlich zu zeigen hat, zumindest auf gesellschaftlicher Ebene, ihm nicht als eine personale einfach übergeordnet werden, im sozialen Kontext einer funktionalistischen Gesellschaft zeigt sich nurmehr die Außenseite der Schuld als "Ordnungswidrigkeit", "Vergehen", schlimmstenfalls "Verbrechen", in jedem Falle zuallererst neutral verstanden als "Tat" eines Individuums.

Die Zurückhaltung der Gesellschaft gegenüber dezidierten moralischen Bewertungen ist die konsequente Folge des Respektes vor der Intimsphäre des Anderen, besonders dort, wo diese Ausdruck religiöser und weltanschaulicher Grundpositionen und spezifischer gesellschaftlicher Wertesysteme ist, die Schwierigkeiten der deutschen Justiz mit der Bewertung von Taten, die z.B. auf spezifischen süd- und osteuropäischen Ehrbegriffen beruhen, geben dafür ein beredtes Zeugnis.

Wird nun der Strafvollzug unter dem Aspekt der Vergeltung oder des Schutzes der Gesellschaft vor dem Täter verstanden, dann ergeben sich keine besonderen Schwierigkeiten mit seiner Sinnerfüllung, soll er jedoch aus einem pädagogischen Kontext verstanden werden, wird der Schuldbegriff schlechterdings unverzichtbar.

Hier verbinden sich der eher sehr konservativ verstandene Schuldbegriff mit den progressivsten Strömungen des Strafvollzuges.

Mag auch die Hoffnung, ein Straftäter könne geläutert und verändert aus der Haft in die Freiheit entlassen werden, vielfach in der Praxis utopisch erscheinen, so muß doch an der Forderung nach einer solchen inneren Reifung in der Zeit der Einschließung festgehalten werden, eine bloße Umkonditionierung mit Blickrichtung auf Verhaltensänderung nach dem Muster behavioristischer und lerntheoretischer Ansätze kann nicht befriedigen und beinhaltet stets die Gefahr einer Verschiebung des delinquenten Verhaltens in andere selbst- und sozialschädliche Kontexte.

An den Strafvollzug ist in diesem Sinne die unbedingte Forderung zu stellen, Gelegenheit, Förderung und Hilfe zu einer grundlegenden Selbstinterpretation des Straftäters zu sein. Das leitende Thema solcher Selbsterforschung muß dabei die Integration der Täterpersönlichkeit sein.

"Integration" einerseits als Selbstverständnis aus der Konsequenz des eigenen Handelns in seiner zeitlichen Abfolge und seiner Relevanz im sozialen Raum und andererseits "Integration" als Zielpunkt eines auszubildenden Verantwortungsgefühles und Schuldensbewußtseins gegenüber der Gemeinschaft, möglicherweise - je nach weltanschaulicher Einbindung - vor einer transzendentalen Instanz.

Erst aus einem solchen Kontext kann eine sinnvolle Auseinandersetzung mit der eigenen Tat, der konkreten Schuld, die zu Strafmaßnahmen geführt hat, erfolgen, erst vor dem Hintergrund einer als Sollzustand begriffenen Ganzheit von Persönlichkeit und Gemeinschaft, freilich unter Bewahrung der kritischen Distanz gegenüber den Forderungen der Gesellschaft, wo solche Distanz nötig ist, erst aus einem solchen Ganzheitsverständnis heraus also, kann auch eine sinnvolle Auseinandersetzung mit schicksalhaften und selbstprovozierten, mit milieubezogenen wie charakterentsprungenen Schuldmomenten einsetzen.

Dieser ungemein hohe Anspruch an den Strafvollzug erwächst gerade aus der Vielschichtigkeit der "Ganzheit", von der kein pädagogisch sich verstehender Vollzug absehen kann. Diese Ganzheit oszilliert dabei stets zwischen einem bloßen Persönlichkeitsideal, der realistischen Anerkennung der Fülle der Abirrungen und Fehlwege des einzelnen Menschen und dem Verständnis des Einzelnen auch aus Milieu und Schicksalsfaktoren.

Eine differenzierte Diskussion dieses Zusammenhanges zwischen Schuld, Schicksal und Ganzheit müßte Gegenstand einer eigenen, umfangreichen Untersuchung sein, sie kann freilich, gerade aus der Nahtstelle zwischen noch sakraler und schon säkularer Interpretation des Schuldphänomens auf eine Vorlage der jüngeren Literatur zurückgreifen, die wertvolle Gesichtspunkte aufgreift und im Folgenden einer kurzen Interpretation unterzogen werden soll.

II.

"Freitag, den 20. Juli 1714, um die Mittagsstunde, riß die schönste Brücke in ganz Peru und stürzte fünf Reisende hinunter in den Abgrund" - so beginnt Thornton Wilder seinen 1927 geschriebenen Roman "Die Brücke von San Luis Rey".

Thema des Romans ist nun die Frage, ob dieses außerordentliche Geschehen Zufall war, bloße Willkür des Schicksals oder doch vielmehr Fügung, Ausdruck eines Lebensplanes, der jedem Menschen von Gott oder der Ordnung des Alls verfügt ist, aus dem es kein Entrinnen gibt. Wilder kleidet die Erforschung dieser Frage in die Gestalt des Franziskanerpaters Juniper, der in mühevoller Kleinarbeit die Lebenslinien der Opfer nachzeichnet, um sich selbst letztendlich unheilvoll in das Schicksalsgeflecht der Opfer mitzuverstricken.

Den Hauptteil des Romans macht ein Auszug aus den Aufzeichnungen Junipers aus, ein Kondensat aus dem "mächtigen Folianten", der das Schicksal des Franziskaners teilen sollte. Doch greifen wir nicht vor, sondern versuchen vielmehr, uns des Gedankens der Schuld in Wilders inzwischen fast klassischem Werk zu versichern.

1. Die Rahmenhandlung

Das Geschehen, an dem die Grundfrage des Romans sich entzündet, vollzieht sich im Jahre 1714, auf dem Wege von Cuzco nach Lima.

Es ist die Zeit der Aufklärung, des Deismus, des wachsenden Optimismus einer immer selbstmächtiger werdenden Menschheit, die sich in steigendem Maße von der Idee eines Willkürgottes abwendet und ihr Schicksal in die eigenen Hände zu nehmen sucht.

Daß im Jahre 1714 Leibnizens "Monadologie" entsteht, mag Zufall sein, entfaltet aber doch symbolische Kraft, sobald man sich der Leitlinien des Romanes versichert hat. Daß die Brücke gerade um die Mittagzeit reißt, entfaltet vor dem Hintergrund des Folgenden einen tiefen Sinn, ist der Mittag - nicht nur bei Nietzsche - doch die Stunde der Krisis, der Entscheidung, zugleich die Stunde, in der die Sonne im Zenit den Menschen und seinen Schatten zu dem kleinsten möglichen Punkt, zur Monade verschmilzt, zu jenem Punkt, an dem er nur er selbst ist, all seiner Aura ledig wird, des dialogisch Verbindenden, das sich im Verschmelzen der Schatten noch symbolisch redupliziert, entkleidet ist; so ist es zugleich die Stunde der Siesta, des Ruhens aller Aktivität, die Stunde der Träume, der Acedia, damit auch des Gefühls des Eingebundenseins in die unendliche Tiefe des Ich und seiner Ab-gründigkeit.

Auch der Ort, an dem sich die Katastrophe - die Um-wendung - ereignet, kann kaum oberflächlich verstanden werden. Der Weg von Cuzco nach Lima, alle Opfer wollten die Brücke in dieser Richtung überqueren, dieser Weg also führt von der alten Inka-Hauptstadt in die neue, von Pizarro, dem grausamen Conquistadoren gegründete Hauptstadt, die Brücke ist so Symbol eines Überganges zwischen Welten, die eigentlich einen Über-gang nicht erlauben, die wie unversöhnliche Antithesen einander gegenüberstehen.

Diese Brücke, "eine bloße Leiter aus schmalen Latten mit Geländern aus getrockneten Runken, so schwang sie sich über die Schlucht", diese Brücke also gehört selbst mehr der alten Welt, der Cuzcos, zu, als der neuen, ist sie doch noch von den Inkas verfertigt und Ludwig dem Heiligen von Frankreich geweiht, jenem Herrscher also, dessen außerordentliche Reliquienverehrung ihn zum Symbol der Tradition, der Bewahrung des Ehrwürdigen und Überkommenen macht.

Doch die geflochtene, im Bogen hängende Brücke ist - mehr noch - Sinnbild des Lebens selbst, des "Bios" in der griechischen Doppelsinnigkeit des Lebens und des gespannten Bogens, der Spannung selbst zugleich, und sie ist, gerade in ihrem Ge-wirktsein aus den pflanzlichen Grundstoffen, wiederum Sinnbild der Wirk-lichkeit, des Verspanntseins und Verflochtenseins alles Seienden zu einem großen Zusammenhang, so groß, daß die Zusammenhänge im Einzelnen dem Blick nicht mehr faßbar werden, Bruder Juniper wird sich daran abmühen: "Es schien Bruder Juniper hohe Zeit zu sein, daß die Theologie ihren Platz unter den exakten Wissenschaften einnähme, und er hatte seit langem beschlossen, ihr den zu verschaffen." Es ist eine "Mathesis universalis", ein Nachzeichnen des Geflechtes der Wirklichkeit selbst, im Sinne Descartes', das Juniper vorschwebt, mit dem er versucht, das Zwingende des Bios jedes einzelnen der Opfer nachzuzeichnen, bis hin zum Riß des Geflechtes in Gestalt der Brücke von San Luis Rey: "So kam es, daß im Augenblick, als das Unglück geschah, jener Entschluß in ihm aufkeimte und der Anlaß für ihn wurde, sich jahrelang damit zu beschäftigen, an alle Türen in Lima zu pochen, Tausende von Fragen zu stellen, Dutzende von Schreibheften zu füllen in seinem Bestreben, die Tatsachen zu beweisen, daß jedes der fünf geendeten Leben ein abgeschlossenes Ganzes gewesen war."

Ganzheit und Vernötigung, monadische Einheit und Tyche, Schuldigsein - dieser Zusammenhang bestimmt die Untersuchungen Junipers, ein Zusammenhang, der gerade in seiner Dunkelheit und Rätselhaftigkeit seine vielleicht genialste Fassung in Anaximanders berühmtem Spruch gefunden hat: "Anfang und Ursprung der seienden Dinge ist das Apeiron. Woraus aber das Werden ist den seienden Dingen, in das hinein geschieht auch ihr Vergehen nach der Schuldigkeit; denn sie zahlen einander gerechte Strafe und Buße für ihre Ungerechtigkeit nach der Zeit Anordnung."

Betrachten wir also im folgenden jene fünf Personen, deren Lebensfaden mit der Katastrophe von San Luis Rey so jäh abgerissen wurde.

2. *Die Marquesa von Montemayor*

Das herausragende Charakteristikum der Marquesa ist ihr Verhältnis zu Doña Clara, ihrer Tochter, die Wilder mit den Worten kennzeichnet: "sie war kalt und besaß mehr Verstand als Herz." Selbst häßlich, aber reich, schenkt die Marquesa einer Tochter von außerordentlicher Schönheit das Leben, einer Tochter, die geradezu zum Idol der Mutter werden sollte, ihre ganze Liebe einnehmend und sie gleichzeitig verachtend. So geht Doña Clara eine Ehe ein, die sie nach Spanien führt, wo sie zum Mittelpunkt des gelehrten Lebens wird, als Mäzenatin der Gelehrsamkeit: "Zehn Jahre lang unterhielt die Condesa buchstäblich alle Künste und Wissenschaften Spaniens, es war nicht ihre Schuld, daß während dieser Zeit nichts Denkwürdiges geschaffen wurde."

"Die Monaden haben keine Fenster", an diesen Gedanken, der im Jahre 1714 seine berühmte Fassung findet, fühlt man sich erinnert, wenn man das Verhältnis zwischen Mutter und Tochter betrachtet. Die Liebe der Marquesa gerinnt zu einer immer hermetischeren Inkludenz, sie findet in der Außenwelt kein reales Objekt mehr und läßt die Liebende seltsam und wunderlich werden: "Alleine in Lima zurückgelassen, entfaltete die Marquesa ihr Leben immer mehr nach innen."

Ausdruck dieses resonanzlosen Eingenommenseins wird mehr und mehr das Abfassen von Briefen, in das die Marquesa sich immer intensiver verspinnt, es entsteht geradezu ein Briefwerk von höchstem literarischem Rang: "Von nun an mußte das Briefschreiben die Stelle all der Liebe einnehmen, welche nicht gelebt werden konnte."

Diese extreme Liebe, die in der Form des Briefes sich des Überganges zwischen den Welten noch zu versichern sucht - der geflügelte Eros, die Taube als Bote und Hermes als Gott der Schrift und geflügelter Übermittler berühren sich hier -, diese Liebe trägt in sich freilich bereits den Keim der Schuld und der Scham aus dem Drange nach der eigenen Ganzheit und Unbedürftigkeit heraus: "Sie sah, daß die Menschen dieser Welt in einem Panzer von Eigenliebe einhergingen, trunken von eitler Selbstbetrachtung, nach Schmeicheleien dürstend, fast taub für das, was zu ihnen gesprochen wurde, ungerührt von den Unglücksfällen, die ihre vertrautesten Freunde befielen, in steter Furcht vor allen Bitten um Hilfe, die ihre langen Zwiesprachen mit den eigenen Begierden unterbrechen könnten. Solcherart waren die Kinder Adams,

von China bis Peru. Und wenn droben auf dem Balkon die Gedanken der Marquesa diese Wendung nahmen, verzog sich ihr Mund vor Scham, denn sie wußte, daß auch sie sündigte und daß die Liebe zu ihrer Tochter zwar groß genug war, alle Tönungen der Liebe zu umspannen, aber nicht ohne einen Schatten von Tyrannei: sie liebte ihre Tochter nicht um der Tochter, sondern um ihrer selbst willen."
Wie tief die Inkludenz ist, wie fensterlos die Monade, zeigt sich in dem erstaunlichen Bild, das die Marquesa in ihrem Brief Nr. XII entwirft, ein Bild, das man auf ihren desolaten psychischen Zustand zurückführen mag, das gleichwohl einen tiefen Sinn entfaltet.
Sie beschreibt, wie sie eines Nachts in ein Bild von Velazquez geradezu "eingestiegen" sei, um die Goldkette um den Hals einer der dargestellten Personen zu erlangen. Hier scheint die Monade Fenster zu haben, aber es ist doch nur ein Bild, eine Fiktion, wie bei Leibniz zugleich ein Spiegel der Wirklichkeit, in den die Marquesa eintritt, ein wahrhaftes Sichentäußern, das doch den tiefsten Sinn der Liebe ausmachen müßte, bleibt aus. Doch eben dieses einfache und zugleich so überaus komplexe Geschehen der Liebe, das Loslassenkönnen des Selbst und das einfache Geben und Zugehen auf das Ziel der Liebe war der Marquesa entglitten und scheint erst dort wieder auf, wo sie den Brief Pepitas, ihrer Gesellschafterin, findet und jener einfachen Form der Liebe begegnet: "Am meisten jedoch sehnte sie sich in diese Schlichtheit der Liebe zurück, sehnte sie sich, die Last des Stolzes und der Eitelkeit abzuwerfen, die ihre Liebe stets mit sich zu schleppen gehabt hatte."
Pepitas Brief ist Auslöser der persönlichen Kata-strophe, der Umwendung der Marquesa, der Ansatz ihres Wunsches nach einem Neubeginn, der in ihrem Brief LVI Ausdruck findet, dem Brief, den sie als ihren ersten - vor dem Hintergrund der nunmehr vollzogenen Umwendung - betrachten wird und der doch durch das Reißen der Brücke, zwei Tage später, der letzte bleiben sollte.
Kata-strophe und Conversio, beide Erfahrungsweisen stehen am Anfang der Umwendung, deren neuer Weg, wie wir wissen, nicht weit tragen sollte, eine Conversio freilich, die nicht zugleich Confessio ist, die die monadische Existenz nicht im Sinne des "Hic Rhodus, hic salta!", sondern eben nur als Spiegel der unendlichen Fülle des Wirklichen im Ganzen als passives Betroffensein, das die aktive Wirk-samkeit des Wirk-lichen erst im Ver-wirktsein des Ge-wirkten enthüllt, ebendann, als die Brücke reißt.

3. Pepita

Über Pepita erfährt der Leser des Romans nur Spärliches, ihr Schicksal bleibt verwoben in das der Marquesa. Pepita begegnen wir als Waisenkind unter der Obhut von Madre Maria de Pilar, der Äbtissin des Klosters Santa Maria Rosa de las Rosas. Sie wird ausgewählt, als die Marquesa die Äbtissin um eine Gesellschafterin aus den Reihen ihrer Zöglinge angeht, um ihrer Genügsamkeit, ihrer Verständigkeit und ihrer Treue willen. Während die drei erwachsenen Opfer gerade aus Festigkeit und Zwängen sedimentierter Habitualisierungen herausgerissen werden, ereilt das Schicksal die beiden anderen Betroffenen gerade im Nochunausgemachtsein ihres Lebens: "Sich ein Glücklichsein zu erhoffen, war sie nie gelehrt worden, und so erschienen ihr die Unannehmlichkeiten, um nicht zu sagen, Schrecknisse ihrer neuen Stellung nicht übermäßig für ein Mädchen von vierzehn Jahren."

Darin liegt die ganze Nüchternheit der Situation Pepitas, eine Nüchternheit, die freilich eine Dimension gleichsam über sich hinausgespannt erfährt, die zugleich beglückt und beängstigt:

"Am deutlichsten aber erinnerte sich Pepita der Gespräche, in welchen die Äbtissin, die nicht zu warten wagte, bis die Schülerin älter wäre, mit ihr die Pflichten ihres Amtes erörtert hatte. Sie hatte zu Pepita wie zu einer Gleichalterigen gesprochen. Solche Gespräche sind beunruhigend und zugleich wundervoll für ein frühreifes Kind, und Madre de Pilar hatte da Mißbrauch getrieben. Sie hatte Pepitas Vorstellung davon, wie sie dereinst empfinden und handeln solle, über das Maß ihrer Jahre erweitert und hatte unbedacht den vollen Lichtglanz ihrer Persönlichkeit auf Pepita scheinen lassen, wie Jupiter auf Semele. Pepita ward beängstigt durch das Gefühl ihrer Unzulänglichkeit; sie verheimlichte es und weinte im stillen. Und dann hatte die Äbtissin das Kind in die harte Schule dieser langen Einsamkeit geschickt, in der Pepita immer wieder gegen den Gedanken ankämpfen mußte, sie sei preisgegeben worden. Und nun, in dem fremden Gasthof in diesen fremden Bergen, wo die Luft der großen Höhe unbesonnener machte, sehnte sich Pepita nach der geliebten Gestalt, der einzigen Wirklichkeit in ihrem Leben."

Wilder gibt hier die Interpretation selbst vor im Bilde von Jupiter und Semele. Pepita hat zu jener Einheit der Per-sonalität noch nicht gefunden, die die Marquesa gerade als inkludent und einschnürend empfindet, ja sie hätte vielleicht nie zu ihr gefunden, wäre womöglich an der unendlich hohen Forderung gescheitert. Der Riß der Brücke versinnbildlicht in ihrem Falle die Un-erträglichkeit der Kluft von Anspruch und Ent-sprechung, die Unerhörtheit der Forderung nach Ganzheit, personaler Stimmigkeit.

Daß die Unendlichkeit aktiv verströmter und passiv ersehnter Liebe sich trotz nächster Nähe allzuoft nicht zu finden vermag, verdeutlicht die Verschränkung von nächster Nähe und doch weitester Ferne in der Symbiose zwischen der Marquesa und Pepita. Auch hier kommt Ganzheit über die Grenze der Individualität ("Atomität") nicht hinaus, bleiben die Monaden fensterlos und stürzen, Seite an Seite, in die Tiefe.

4. Esteban

Wie Pepitas Herkunft, so liegt auch diejenige von Esteban im Dunklen. Zusammen mit Manuel, seinem Zwillingsbruder, hatte man ihn im Findelkorb des Klosters von Madre de Pilar entdeckt.

Beide Zwillinge entwickeln eine Symbiose, die bis zum Gebrauch einer persönlichen, nur beiden gemeinsamen Geheimsprache geht und einen nicht ohne den anderen sein läßt, freilich mit jenem seltsamen Gefühl einer reduplizierten Individualität, die immer wieder im neugierigen und hilflos ironischen Blick der Umwelt steht: "Es war ihnen eine sonderbare Scham über ihre Ähnlichkeit." So treibt sie gerade diese Seltsamkeit zu eben dem zusammen, das Gegenstand immer neuer Reaktionen der Umwelt ist, auch hier ist es eine monadische Inkludenz, die unmittelbar einsichtig wird, freilich gerade verdoppelt und, da zugleich doch eben nicht bloße Reduplikation, labil und fragil, vor dem Hintergrund einer stets bedrohlichen Umwelt: "Die ganze Welt war fern und fremd und feindlich, mit Ausnahme des Bruders."

Wiederum ist es die Erfahrung der Liebe, in die das Schicksal sich kleidet, Manuels Sinnen und Trachten bricht aus der brüderlichen Einheit aus und findet einen Inhalt, der ihn gänzlich gefangen nimmt: "Jetzt begann dieses tolle Sichverlieren, diese Vernachlässigung von allem außer den dramatischen Gedanken über das geliebte Wesen, dieses fieberische innere Leben, das sich bei ihm einzig um die Perichole drehte, die davon erstaunt und angewidert gewesen wäre, hätte sie es ahnen können."

Esteban hingegen bleibt solchem Gefühlsausbruch fern, nicht jedoch dort, wo er den Bruch der brüderlichen Einheit betrifft, wo seine Welt ihren Sinn verloren hat: "Das Leben aber, das Esteban führte, war ausgefüllt genug gewesen für ihn. In seiner Vorstellung war kein Raum für eine zweite solche treue Ergebenheit; nicht etwa weil sein Herz weniger groß als das Manuels, sondern weil es von einfacherem Gewebe war. Nun wurde ihm das Geheimnis offenbar, von dessen Entdeckung man nie mehr ganz genesen kann: daß selbst in der vollkommensten Liebe der eine Teil weniger tief liebt, als der andere; die beiden mögen gleich gut, gleich begabt, gleich schön sein, aber nie gibt es zwei, die einander gleich stark lieben. So saß denn Esteban wartend daheim bei einer tropfenden Kerze, die Knöchel seiner Hand zwischen den Zähnen, und fragte sich, warum Manuel so verändert und aller Sinn aus ihrem Leben entschwunden sei."

Manuel entscheidet sich schließlich doch für den Bruder, stirbt aber wenig später an den Folgen einer Verletzung und läßt Esteban zurück, der sich von Stund an Manuel nennt und monatelang durch Peru irrt in seinem rasenden Schmerz.

Als ihn Kapitän Alvarado, der legendäre Seefahrer, auf Veranlassung Madre de Pilars, aufspürt, um in anzuheuern, willigt er ein, versucht zwar, sich noch im letzten Moment durch einen Selbstmordversuch der Unwiderruflichkeit des Entschlusses zu entziehen, wird aber durch den Kapitän gerettet und erleidet sein endgültiges Schicksal kurz darauf auf dem Wege nach Lima.

Auch Esteban wird das Problem der inneren Einheit und personalen Geschlossenheit und Ganzheit zum existenziellen Prüfstein. Indem seine Welt zugleich die des Bruders ist und dies in strikter Ausschließlichkeit, bleibt mit dem Tode des Bruders auch nicht die mindeste Chance der Kompensation dieser nunmehr unerfüllbaren Liebe - bis eben auf den Wechsel der Identität, das Schlüpfen "in die Haut des anderen", wiederum erweist sich ein Über-gang zwischen zwei Seinsweisen als unmöglich, bleiben im Bilde Leibnizens die Monaden "fensterlos", "er oder ich" lautet die Frage und so irrt Esteban wie der Schatten des Gestorbenen durch die Welt und büßt dafür, daß er dem anderen die Liebe seines Lebens genommen hatte, daß er ihm die Chance genommen hatte, die Inkludenz der eigenen Existenz zu überwinden und sich selbst die Chance eigener Personalisierung erringen zu können.

Der Wechsel der Identität entwurzelt ihn endgültig, macht ihn zum planetarischen Irrwesen, zum Atom, das in wildem Taumel durch Raum und Zeit irrt, nach dem Wort Heraklits: "Alles, was da kreucht und fleucht, wird mit Gottes Geißelschlag gehütet."

Es ist, als zeige sich in ihm die Gestalt des "Fliegenden Holländers", wenn ihn der Seefahrer Alvarado auf das Weltmeer des Vergessens, des Vergessenseins und Unbenanntwerdens mitzunehmen sucht, in die Welt des Kapitän "Nemo", und wenn er es ist, der ihn nicht sterben läßt, als er selbst der labyrinthischen Irre des vermeintlich vor ihm liegenden Lebens ein Ende setzen will, noch bevor es eigentlich begonnen hatte. Daß es wieder die Liebe ist, die ihn letztlich doch in das Weiterleben einwilligen läßt, die Liebe zu Madre de Pilar, der er mit dem vorab gezahlten Lohn ein Dankesgeschenk darbringen will, dies spannt den Bogen des Bios und des Eros der Dankbarkeit zugleich noch einmal für wenige Stunden, bis sich Kapitän Alvarados prophetische Worte: "Wir tun, was wir können. Wir müssen weiter, so gut es geht, Esteban.

Es ist nicht für lange, weißt du. Die Zeit bleibt nicht stehn. Du wirst staunen, wie rasch die Zeit vergeht", bis sich also diese Worte schneller erfüllen, als beide wohl erwartet hatten.

5. *Onkel Pio und Jaime*

Onkel Pio, illegitimer Sproß eines "guten kastilischen Hauses", ist Abenteurer von Geburt, Wilder charakterisiert ihn so: "Er besaß die sechs Kennzeichen des echten Abenteurers: ein Gedächtnis für Namen und Gesichter, verbunden mit der Fähigkeit, die seinen zu verändern; Zungengewandtheit, unerschöpfliche Erfindungsgabe und Verschwiegenheit; die Gabe, mit Fremden ins Gespräch zu kommen; und eine Gewissenlosigkeit, die seiner Verachtung für die von ihm ausgebeuteten schläfrigen Reichen entsprang."

Sein Lebensweg, der mit dem Ausreißen des Zehnjährigen von der Hazienda des Vaters beginnt, zeigt die schillerndsten Facetten der genannten Eigenschaften und Talente, vom Raubtierbändiger bis zum Agenten exerziert er alle Formen des Lebensunterhaltes, in steter Furcht freilich vor dem Festgelegtwerden, vor der Entschiedenheit einer Existenzform gegenüber den anderen, vor der Individuation und Ganzheit mithin: "Man könnte sagen, er gab ein Unternehmen auf, sobald es zu blühen drohte ... Aber sogar in diesem seinem eigensten Reich war er einsam und stolz auf seine Vereinsamung, als wohnte solchem Alleinsein eine gewisse Überlegenheit inne. Zuletzt geriet er an ein Abenteuer, das ihm wie ein seltsames Geschenk des Himmels zufiel und alle jene drei Dinge in sich vereinigte, die seinen Lebenszweck bildeten: seine Leidenschaft, das Leben andrer Menschen zu lenken, seine Anbetung schöner Frauen und seine Bewunderung für die Schätze der spanischen Literatur. Er entdeckte Camila Perichole."

Onkel Pios Abstinenz von aller Per-sonalität und Einheit - zugunsten der eigentümlichen Einheit des Abenteurers gerade aus dem ständigen Ganzanderssein heraus - kleidet sich in ein Bild, das an Jules Vernes Kapitän "Nemo" erinnert und damit eigentümliche Nähe zu Alvarado, dem Hermes Estebans verrät: "Da war vor allem dieses Bedürfnis nach Unabhängigkeit, das in eine ganz merkwürdige Form gekleidet war, nämlich in den Wunsch, immer ein andrer und geheimnisvoll und allwissend zu scheinen."

Fast übersteigert sich die Ganzheit, zu der auch das sich entziehende stets Ganzanderssein während eines Abenteurerlebens sich schließen kann, zu einer Allheit, eine Form der Omnipotenz, die dort ihre Krönung findet, wo Pio selbst, "einen Menschen ihn zum Bilde" zu formen beginnt, die bereits erwähnte Perichole: "Er entdeckte Camila Perichole. Ihr wirklicher Name war Micaela Villegas. Mit zwölf Jahren sang sie in den Cafes, und Cafes waren stets Onkel Pios Element gewesen. als er nun so zwischen den Gitarrenspielern saß und das linkische Mädchen beobachtete, das da Bänkellieder sang und dabei jeden Tonfall der vor ihr aufgetretenen, erfahreneren Sänger nachahmte, setzte sich in seinem Kopf der Entschluß fest, Pygmalion zu spielen."

Zwischen dem Meister und der Schülerin entwickelte sich, rein "platonisch" zwar, doch nicht minder bindend, eine Liebe, die ähnlich wie die Estebans und Manuels, mit dem Rest der Welt nicht mehr rechnet, ihrer nicht mehr bedarf: "Nichts in der Welt war ihnen eine besondere Überraschung."

Onkel Pio und die Perichole reduplizieren die Inkludenz ihrer Liebe noch auf den Brettern, die die Welt bedeuten, eine Welt freilich, die ebenso inkludiert bleibt, eine

Welt, die zum Theatrum Mundi nach der Façon der platonischen Höhle wird, zum Ort eines Baconschen Idols mit einer Wahrheit weit darüber, die Exklusivität der Liebe wird wiederum zur Inkludenz, diesmal freilich all jener, die ihre ästhetische Kraft nicht zu deuten und in ihrer transzendentalen Dimension mitzuvollziehen verstehen: "Wem suchten diese zwei zu gefallen? Nicht dem Publikum von Lima; das hatten sie längst befriedigt. Wir kommen aus einer Welt, in der wir unglaubliche Maßstäbe der Vollkommenheit gekannt haben, erinnern uns undeutlich der Schönheiten, die wir nie festzuhalten vermochten, und kehren wieder in jene Welt zurück. Onkel Pio und Camila Perichole quälten sich mit dem Versuch, in Peru die Musterbühne eines Himmels zu errichten, in den ihnen Calderon vorausgegangen war. Das Publikum, für welches Meisterwerke geschrieben werden, ist nicht auf Erden zu finden."

Das Problem der personalen Ganzheit - jenseits der Vielfalt der eingenommenen Rollen - wiederholt sich erneut in Camila, "ein fast unansehnliches Bauernmädel, hergeschleppt aus den cafés chantants und völlig außerstande, die Forderungen ihrer Kunst, ihrer Begierden und Träume und ihres übermäßigen Tagwerks in Einklang zu bringen. Die waren jedes eine Welt für sich, und der Widerstreit zwischen ihnen hätte eine weniger zähe Natur bald zur Verdummung oder Banalität heruntergebracht." Das Grundproblem, so zeigt sich, liegt im Aushalten- und Durchhaltenkönnen der ungeheueren biotischen Spannung gerade der Künstlerpersönlichkeit - vor dem Hintergrund jenes Unbeantwortetseins durch ein Publikum, das - wie im Vorangegangenen gezeigt worden war - auf die Dimension der Idee des Theaters selbst hin überstiegen ist, ohne doch dergleichen zu ahnen. Solches u-topisches Theater findet keinen Ort in dieser Welt und so ist Onkel Pios Wunsch nur konsequent: "Oh, wenn wir weg könnten auf irgendeine Insel, wo die Menschen dich kennen würden als die, die du bist; und dich lieben würden."

Es ist wieder die Inkludenz, das in sich Abgeschlossensein, die Idee der Perfektibilität zwischen Genialität und unendlicher Melancholie, die hier aufscheint und gerade hier ist es nun die Schülerin, die ihren Pygmalion wieder in die Welt des Diesseits und der Realität zurückbringt, als wolle sie Shakespeares berühmtes Wort gegen ihren Meister ausspielen: ""Wie sonderbar du bist", sagte sie lächelnd."Du sagtest das wie ein Knabe. Du scheinst nicht zu lernen mit den Jahren, Onkel Pio. Es gibt solche Dinge nicht: diese Liebe und diese Insel. Nur auf dem Theater sind sie zu finden.""

Mit diesen Worten spricht die Perichole sich im Grunde frei, sie entschlägt sich des hermetisch-totalitären Anspruchs Pios und überläßt ihn alleine seinem Schicksal, jenem nämlich des rastlos Irrenden zwischen den Ufern von Welten fester Ordnung und Bestimmtheit, Estebans Planetarik wiederholt sich in der eigentümlichen Entrücktheit Pios.

Der Verzicht auf die Liebe und die Nähe Camila Pericholes hat freilich einen Preis, der sich mit dem Bruch der Brücke als fatal erweisen sollte. Onkel Pio versucht ein zweites Mal, in die Rolle Pygmalions zu schlüpfen, diesmal ist es Don Jaime, Camilas Sohn mit dem Vizekönig, rachitisch und von epileptischen Anfällen geplagt: "Er ertrug sein Leiden mit der stummen Verwunderung eines Tiers, und gleich einem Tier schämte er sich tödlich, wenn sich die Anfälle in der Öffentlichkeit ereigneten. Er war so schön, daß die abgedroscheneren Mitleidsphrasen in seiner Gegenwart verstummten, und langes Nachdenken über sein Ungemach hatte seinem Gesicht eine geduldige und befremdende Würde verliehen. Seine Mutter kleidete ihn in granatroten Samt, und wenn er es imstande war, folgte er ihr überallhin in einer Entfernung von einigen Schritten und entzog sich mit ernstem Gesicht den Damen, die ihn plaudernd zurückzuhalten suchten. Camila war niemals streng mit Don Jaime und niemals besonders herzlich. Wenn die Sonne schien, konnte man die beiden auf den künstlichen Terassen schweigend promenieren sehn, Camila in Gedanken darüber, wann jene Glückseligkeit beginnen werde, die sie stets mit dem Begriff einer gesellschaftlichen Stellung verbunden hatte, und Don Jaime schon selig über den bloßen Sonnenschein und ängstlich das Herannahen einer Wolke abschätzend. Sie sahen wie Gestalten aus, die sich aus einem fernen Land oder aus einer alten Ballade hierher verirrt und noch nicht die neue Sprache erlernt, noch keine Freunde gefunden hatten."

Wieder zeigt sich das Moment der Unwirklichkeit, der Entrücktheit und des Abgeschlossenseins in einer eigenen Welt, einer Welt, die Onkel Pio in einem eigentümlich vermessenen pädagogischen Impetus umzugestalten sucht; freilich ließ das Schicksal dem Zögling und seinem Erzieher dazu keine Chance mehr.

6. Madre de Pilar

Bruder Junipers Rekonstruktionsversuche, von denen im Folgenden noch zu handeln sein wird, verweisen immer wieder auf Madre de Pilar, die Äbtissin des Klosters von Lima.

Alle Opfer der Katastrophe haben in irgendeiner Weise Bezug zu Madre de Pilar, am geringsten Don Jaime, am ausgeprägtesten Pepita.

Die herausragende Eigenschaft der Äbtissin ist ihre Liebe, eine Liebe freilich, die sich nicht inkludieren läßt und die nicht inkludiert, die vielmehr einem Grundentwurf gewidmet ist, der eine Fülle individueller Eigenheiten in sich zu ertragen vermag, der ja gerade dieser Diversifikation bedarf, um wahrhaft erfüllt zu werden: "Die Äbtissin gehört zu denjenigen Menschen, die sich in der Liebe zu einer Idee verzehren, Jahrhunderte vor deren vorbestimmtem Auftauchen in der Geschichte der Zivilisation. Sie warf sich dem Starrsinn ihrer Zeit entgegen, um das Dasein der Frauen etwas weniger entwürdigend zu gestalten."

Daß Madre de Pilars Liebe gleichwohl in diesem einen Falle, da sie sich an Pepita in allzugroßer Vorwegnahme des Erwarteten schuldig gemacht hatte, das Ideal zum Idol werden ließ, das Biotische gelebter Spannung erst wieder im Durchtönenden, Per-sonierenden der Musik wiederfinden muß, wird während des Trauergottesdienstes für die Opfer deutlich:

"Hinter dem Chorgitter saß die Äbtissin inmitten ihrer Mädchen. In der vergangenen Nacht hatte sie sich ein Idol aus dem Herzen gerissen, und das Erlebnis hatte sie bleich, aber nicht wanken gemacht. Sie hatte die Tatsache hingenommen, daß es nicht von Bedeutung war, ob ihr Werk fortbestünde oder nicht; es genügte, an dem Werk zu arbeiten. Sie war die Pflegerin, die die Kranken wartet, welche nie genesen; sie war der Priester, der stets von neuem die heilige Handlung vor einem Altar vollzieht, zu welchem keine Andächtigen kommen. Und keine Pepita würde dasein, ihr Werk zu vergrößern, es sänke zurück in die Trägheit und Gleichgültigkeit ihrer Ordensschwestern. Dem Himmel schien es zu genügen, daß für ein Weilchen in Peru eine selbstlose Liebe geblüht hatte und welkte. Sie stützte die Stirn in die Hand und folgte dem langen zärtlichen Bogen, den die Soprane im Kyrie aufrichten. "Meine Zuneigung hätte mehr von dieser Tönung haben sollen, Pepita. Mein ganzes Leben hätte mehr von dieser Eigenschaft haben sollen. Ich bin zu geschäftig gewesen", fügte sie reuevoll hinzu, und ihre Gedanken verloren sich im Gebet."

Dem Schuldiggewordensein steht freilich die Gewißheit gegenüber, daß es auf den Weg ankommt, das tätige Bemühen von Menschen zu Menschen, die Brücke der Liebe über die Grenzen von Tod und Leben hinaus, eine Liebe, die unzerreißbar ist, weil sie selbst Leben schafft, seiner nicht bedarf als einer Voraussetzung, ohne die sie nicht bestehen könnte: "Da ist ein Land der Lebenden und ein Land der Toten, und die Brücke zwischen ihnen ist die Liebe - das einzig Bleibende, der einzige Sinn."

7. Bruder Juniper

Gleichsam der Brennpunkt für die Viten der Opfer, die im Vorangegangenen in konzentrierter Form, als Essenz des "mächtigen Folianten" dargestellt worden waren, dieser Brennpunkt also ist Bruder Juniper.

Daß er Franziskaner ist, bringt ihn in enge Beziehung zu dem Liebesthema, das den ganzen Roman durchzieht, die Erfüllung seines Schicksals liegt demgegenüber in den Händen des klassischen, auf Einhaltung der Lehre und der gesetzten Dogmen bedachten Ordens der Dominikaner, dem klassischen Rekrutierungsorden der Inquisition.

Auch Bruder Junipers Thema ist jene "Ganzheit", die in ihrer dialektischen Beziehung zum Problem der Schuld in den bisherigen Erörterungen immer wieder deutlich geworden war: "So kam es, daß im Augenblick, als das Unglück geschah, jener Entschluß in ihm aufkeimte und der Anlaß für ihn wurde, sich jahrelang damit zu beschäftigen, an alle Türen in Lima zu pochen, Tausende von Fragen zu stellen, Dutzende von Schreibheften zu füllen, in seinem Bestreben, die Tatsache zu beweisen, daß jedes der fünf geendeten Leben ein abgeschlossenes Ganzes gewesen war."

Bruder Junipers eigenes Bemühen ist getragen vom Thema dieser Ganzheit. Zum einen ist es sein Bemühen, "daß die Theologie ihren Platz unter den exakten Wissenschaften einnähme," zum anderen - und hier liegt der Kern seiner eigenen Schuld - "verfiel er in Träume von Versuchen, welche die Wege Gottes vor den Menschen rechtfertigen würden."

Bruder Juniper ist hier ganz Kind seiner Zeit, der Zeit der Theodizee, die sich auch im Denken Leibnizens aus der Fragestellung der Monadologie ernötigen mußte. Doch während Leibniz seinen Nachdruck nicht auf die Aliudität der Wege, sondern auf die Harmonie des Ganzen legt, richtet sich Junipers letztlich fatales Bemühen auf gerade diesen Moment des "Andersseins", auf das "Sua res agitur" und verletzt damit eben jene Sphäre der Ineffabilität, die in sich noch einen biotischen Spannungsbogen zwischen der Aura der Persönlichkeit und Gottes unerforschlichem Willen bildet.

Junipers Schicksalsforschung "more geometrico" läßt jene transzendentale Dimension außer Acht, die dem Leben eine dritte Dimension, seine Sinndimension verleiht, die Dimension der Agape, die auch Madre de Pilar gemeint hatte, mit ihrem großen Wort von der Liebe als Brücke zwischen dem Reich der Lebenden und dem der Toten.

8. Schuld, Ganzheit, Scham und Individuation

Wie sehr Schuld und Ganzheit aufeinander bezogen sind, macht das Phänomen der "Scham" deutlich, das Wilders Roman durchzieht.

Der Marquesa von Montemayor wird die Scham zwiefach in den Aufzeichnungen Bruder Junipers zugesprochen.

Einmal zeigt sie sich dort, wo die Perichole in ihr etwas sieht, wohinter sie doch in Wahrheit in der Phase des Trunkes und der Verzweiflung unendlich zurückgefallen war, die edle, souveräne und in sich ruhende Persönlichkeit ist nunmehr eine Fiktion, existent nur noch in den Augen der Außenwelt, der die Realität verborgen bleibt. Die Marquesa erfährt sich selbst, konfrontiert mit dem hohen Anspruch, der ihr entgegengebracht wird, als ein klägliches, ihrer selbst nicht mehr mächtiges Individuum, nicht aber als die Persönlichkeit, als die die Perichole sie sieht. Ein zweitesmal, am Ende ihres Lebens, als ihr die Idolisierung ihrer Liebe gegenüber der eigenen Tochter bewußt wird, als sie ihren ersten "eigentlichen" Brief schreibt, da empfindet sie Scham angesichts der Entwürdigung, die sie mit den vorangegangenen auf sich genommen hatte, deshalb muß sie konsequent den Wunsch nach einem neuen Leben, nach einem Neubeginn formulieren, ein Neubeginn, der die bloße monadische Individualität in das Ausstrahlende, Verbindende der Persönlichkeit überzuführen bestimmt sein sollte.

Pepitas Scham äußert sich versteckter, berührt sich mit der Scham ihrer Herrin dort, wo sie den begonnenen Brief an die Äbtissin verwirft, sei er ihr doch nicht "mutig" genug. sie fühlt in all ihrer jugendlichen Unreife doch einen Anspruch auf personalen Selbstand, auf Einstand für Wort und Tat, ohne diesem Anspruch doch bereits genügen zu können, der Riß des biotischen Bogens wird auch sie eines Neubeginnes, der ihr der Anfang selbst sein müßte, entheben.

Bei Esteban ist es die täuschende äußere Ähnlichkeit mit dem Zwillingsbruder, der im Grunde genommen noch die elementarste Individuation in den Augen der Anderen verunmöglicht und selbst die volle Personalisierung in der Gefahr der Übertragbarkeit schweben läßt, sie damit, zumindest in ihrer sozialen Komponente, in Frage stellt, wäre der Selbstmordversuch gelungen, hätte nur der Kapitän um die wahren Identitäten gewußt.

Onkel Pio scheint ein Gefühl wie dasjenige der Scham gänzlich fremd zu sein - und doch ist sie bei ihm, mehr als bei allen anderen ein Lebensproblem, dort nämlich, wo er jedes Unternehmen aufgibt, "sobald es zu blühen drohte". Sein rastloses Springen von einem Projekt zum anderen, sein Zurückschrecken vor allem, woraufhin er selbst festlegbar sein könnte, darin zeigt sich das "Nurnichtdieserseinwollen", die Existenz des "Nemo", die die Geschlossenheit von Individualität und Personalität nur delegationsweise auszuhalten in der Lage ist. So ist die Scham des Schauspielers, die die Perichole nach ihrem größten Auftritt angesichts der Witwe des Stückeautors in ihrer Garderobe empfindet, ein Substitut jener ständig sich entziehenden Individualität Onkel Pios.

Ein letztesmal, ebenso marginal wie seine Beschreibung selbst, zeigt sich das Motiv der Scham bei Don Jaime, als er bei Herannahen an die Brücke Scham ob seiner körperlichen Schwächlichkeit empfindet - als die anderen, die Minuten später sein Schicksal teilen werden, seiner ansichtig werden.

"Scham ist also ein Schuldgefühl für das *INDIVIDUELLE SELBST ÜBERHAUPT* - nicht notwendig für *MEIN* individuelles Selbst, sondern für ein solches, wo immer es gegeben ist, an mir oder einem anderen", Max Scheler hat in seinen Ausführungen über "Scham und Schamgefühl" auf diesen Zusammenhang hingewiesen, den E. Heller noch pointierter ausdrückt, wenn er konstatiert: "Der Preis der Individuation ist Scham".

Die Individuation beinhaltet stets ein Schuld-Haben, ist sie doch nur um den Preis der Nichtung, des Sichabsetzens und Heraustrennens, Abhebens aus der Umwelt möglich, um der Abkehr von den organischen Bezügen zur Lebenswelt willen.

Die Schuld der Individuation ist Schuld durch eine Ganzheit, die gerade dadurch, daß sie Ganzheit "gegen..." und "gegenüber ..." ist, in sich widersprüchlich wird, ist sie doch Ganzheit durch Besonderung und Entfremdung, durch Abkehr und Geschiedenheit.

Ganzheit impliziert in diesem Sinne immer schon Schuld, weil sie sich in sich verschließen und geschlossen halten muß, um nicht zu zerfließen, sie ist Ganzheit gegen alle Schuldigkeit, wie sie das berühmte, eingangs zitierte Wort des Anaximander meint.

Diese Schuldigkeit meint kein Schuld-Haben, sondern ein Schuldig-Sein, ein Verantwortungtragen für das eigene Leben und zugleich für das Ganze, es ist ein Schulden des Ganzseins, das, wie zu sehen war, keines der Opfer des Brückeneinsturzes von San Luis Rey bis zum Zeitpunkt seines Todes eingelöst hatte.

Schuld gerinnt, gerade auch dort, wo sie Moment einer sozial schädlichen Verhaltensweise, einer Tat moralischer und juristischer Fragwürdigkeit ist, doch zum Faktum einer biographischen Zuschreibung einerseits, einer Störung der Sozialordnung andererseits. Sie ist insoweit Moment einer radikal und egoistisch durchgesetzten Ganzheit, ohne Rück-sicht und Vor-sicht.

Schuld im Sinne des personalen Anspruchs an das Individuum - auch und gerade im Kontext von Verschulden und Verfehlung - ist eine Frage der Artikulationsfähigkeit höherer Ordnungen, die - korrespondierend im Einzelnen und der Gemeinschaft - sich ausdifferenzieren müssen, um der biographisch-individuellen Schuld eine Sinndimension über die monadische Existenz hinaus zu verleihen; Martin Buber hat diesem Zusammenhang eine radikale Interpretation dort angedeihen lassen, wo er die dialogische Bipolarität nur Leben gewinnen lassen kann im umfassenden Ganzen einer triadischen Struktur.

Albert Krebs hat diesen Schritt von Schuldigsein zu Schuldigwerden, auf dem Wege zu Autonomie, Freiheit und Ganzheit in seinem Werk über "Freiheitsentzug" an einem Gefangenenwort illustriert: "Jetzt, wo man sich nicht mehr mit den äußeren Dingen befassen muß, fällt einem die Strafe doppelt schwer, weil man an innere Fragen kommt."

Blickt man abschließend nochmals auf das traurige Schicksal Bruder Junipers zurück, der in den Flammen der Inquisition endet, zusammen mit seinen Aufzeichnungen über die Opfer des Brückeneinsturzes, so liegt seine Schuld sicher darin, übersehen zu haben, daß die Reduktion auf Kausalität und eine unerbittlich ablaufende Vorsehung nicht schuldlos macht, daß es zugleich nicht Sinn der Theologie sein kann, exakte Wissenschaft zu werden.

Nicht das Faktum der Schuld zählt, sondern die Fähigkeit, schuldig sein zu können, gemäß des Wortes von Jean Paul Sartre: "Der Mensch ist verurteilt frei zu sein".

Nur auch dann, wenn alles Trachten und Streben nicht sich im Ge-wirkten, Verflochtenen erschöpft, sondern das Biotische, stets zu Ver-wirklichende zum Leitfaden nimmt, besteht immer wieder Hoffnung, nur dann sind das Ver-wirken der Freiheit und das Reißen der Brücke zugleich Chiffren eines Noch-nicht, das als Ausstand fordert und ermutigt, nicht verdammt.

Gedanken zur Sozialpädagogik Friedrich Siegmund-Schultzes

Arnold Köpcke-Duttler

Erster Teil: Nächstenschaft

In der Geschichte der sozialen Arbeit wird als Botschaft, die von Carlyle bis Tolstoi, in christlichen und anarchistischen Kreisen zu hören ist, verkündet, die Gebildeten und Vermögenden müßten sich selber ändern und vorbildhaft vorangehen in der Reform des sozialen Lebens. Ruskin auf Versammlungen von Arbeitern und Arnold Toynbee während seiner Slumbesuche erfuhren die Lebensverhältnisse der Armen und regten das gemeinwesenorientierte Settlement Movement an, das sich gegen die Zerrissenheit der Gesellschaft richtete. In Toynbee Hall, dem ersten Settlement, lebten die Settler in menschlicher Sympathie Nachbarschaft mit Ausgestoßenen; sie unterstützten Arbeiter in Lohnkämpfen, protestierten gegen Mietwucher, verlangten bessere sanitäre Einrichtungen und regten Selbsthilfe der Armen an. Friedrich Siegmund-Schultzes 1911 entstandene "Soziale Arbeitsgemeinschaft Berlin-Ost" wird als Ausdruck solidarischer Lebenskultur - des Einsatzes für die ausgebeuteten Arbeiter, der Überwindung des Klassenhasses durch die persönliche Begegnung und das Zusammenleben - mit Settlements in Verbindung gebracht[1].

Die soziale Arbeit in der Geschichte der Settlements wird von der "sozialen Idee des Zeitalters" ergriffen, die Friedrich Wilhelm Foerster gegen die "individualistische Lebensstimmung" einer wohlhabenden Jugend richtete, gehalten von einem Verantwortungssinn den Armen gegenüber und deutlich in einer nicht-erniedrigenden Hilfe, in der die den Halt im Leben geben, die unterstützt werden[2]. Der Gedanke, daß soziale Hilfe, pädagogische Arbeit und therapeutische Prozesse nicht einfachhin frei sind von reprimierenden Elementen, von Zwang und Druck[3], und die "Dialektik von Kontrolle und Hilfe" (*Heinz Müller-Dietz*) waren *Siegmund-Schultze* und *Arnold Toynbee*, dem englischen Sozialforscher, vertraut, der aus seinem herrschaftskritischen Christentum heraus im Mitempfinden mit den Mitmenschen für das Menschenrecht der in dem Elend der Großstadt Verkümmernden, für öffentliche Gesundheitspflege, Wohnungsreform, Badeanstalten, Waschhäuser, öffentliche Spielplätze, Lesehallen und Klubs eintrat[4]. *Siegmund-Schultze* brachte im Sommer 1908 mehrere Wochen in dem Londoner Settlement Toynbee Hall zu und entdeckte darin ein Haus, die "Urzelle einer Stadt", in der "Arm und Reich, Arbeit und Kapital" zu einem gemeinsamen Leben zurückfinden. Die von Armenärzten, Jugendfürsorgern, Theologen, Sozialarbeitern und Pädagogen verfolgte Aufgabe, Menschen zu bilden in der Verbindung von Gemeinwesen- und Einzelarbeit, nicht aber Menschen der Gesamtheit des Staatslebens unterzuordnen, band die Qualität des Helfens an den Willen des Helfers, nicht über dem Hilfsbedürftigen zu stehen, sondern neben und mit ihm sein wie ein Freund, wie ein Nachbar. Nähe, Nachbarschaft, Freundschaft konstituieren das Settlement, ein Nachbarschaftsleben, das dem Pädagogen die Erkenntnisgestalt des friendly research[5] abverlangt.

Die Tradition der Settlements[6] aufnehmend, nicht - wie der dominante Teil seiner Kirche - die Position "der Sicheren, Braven, Herrschenden" (*Siegmund-Schultze*) okkupierend, suchte Friedrich Siegmund-Schultze Stätten des Verantwortungsgefühls dem Nächsten gegnüber; er forderte, daß dem Christen Gottesliebe und Nächstenliebe gleichbedeutend sein müßten. Indem er eine Hilfspredigerstelle aufgab und in einen Arbeiterstadtteil Berlins zog, dokumentierte er die Bereitschaft, ein ungesichertes Leben auf sich zu nehmen und die Wahrheit des Evangeliums nicht bloß zu erkennen, sondern zu tun[7]. Sein Ziel, aus Not heraus und in solidarischer Hilfe eine "Lebens- und Arbeitsgemeinschaft der Menschen" entstehen, in ihr als einem organischen Gebilde sogar den Willen zur Menschenbruderschaft[8] aufscheinen zu lassen, die Soziale Arbeitsgemeinschaft Berlin-Ost als Weg aus der Beziehungslosigkeit der Menschen und Klassen heraus, als Versuch, eine "Kosmoszelle im Chaos" (Siegmund-Schultze) zu schaffen, entdeckt Klaus Rehbein, ein Schüler des ökumenischen Pädagogen, nicht als Sozialromantik, sondern als gesellschaftstheoretisch geleitete Einsicht in die Gesamtstruktur von Kapital, Arbeit, Krieg, Frieden, christlichem Glauben, Kirchenchristen. Das Siedeln im Arbeiterviertel[9], das Vorbild neuer Lebensformen, in der Menschen im Geist einer neuen Nachbarschaft Brüderlichkeit mit Arbeitern zu leben versuchen, faßt *Rehbein* als "Beginn einer unerhört fruchtbaren Solidargemeinschaft von Christen und Arbeitern, Juristen und Straftätern, Fürsorgern und Verwahrlosten, Psychiatern und psychisch Beschädigten, Prostituierten und der Liebe Fähigen, Betern und Verlorenen, Lebenden und Ermordeten."[10] Der Aufbau eines neuen Lebens verlangt den Reichen und Besitzenden ab, das Leben der Erniedrigten zu teilen, die Schwächeren zu stärken[11]. Ethik und Pädagogik gründen in dem christlichen Glauben an den menschlichen Gott, der sich selbst erniedrigt und die Gestalt des Knechts annimmt, in dieser Kenosis den Sieg der Gerechtigkeit und des Mitleidens über Gewalt, Herrschsucht und Gewissenlosigkeit verheißt. Erneuerung des Menschen und Änderung der äußeren Verhältnisse fallen hier zusammen und verbinden Politik und Ethik[12]. Schließlich verurteilt diese Ethik Raub und Mord auch im Welthorizont; die Völkerethik verbindet das Einstehen für die anderen Bedrückten mit der Schonung des Feindes und deckt auf, daß im Krieg Tötung und Diebstahl, die im Nationalstaat pönalisiert sind, erlaubt werden. Die Forderung, dem Bösen nicht zu widerstreben, wird freilich nicht umstandslos und in kolonisierend-missionarischer Absicht auf andere Völker übertragen, als Gesetz Christi aufgedrungen. Eher erfüllbar als die Bergpredigt erscheint *Siegmund-Schultze* die alttestamentliche Idee der Gerechtigkeit, die das Talionsprinzip überschreitet und das prophetische Recht der Goldenen Regel zu schaffen aufruft[13].

Wie *Siegmund-Schultze* kann auch ein Japaner als nicht-belehrender Lehrer gesehen werden, der die Armen der Großstadt als seine Nächsten sah. *Toyohiko Kagawa*, ein japanischer Lebemeister, der im Glauben an Buddha und in der konfuzianischen Weisheit aufgewachsen war und der, vom Christentum berührt, in die "Schule des Armenviertels"[14] ging, den im Schmutz lebenden Bettlern Freund und ihr Leben mitteilender Helfer zu werden, das Gespräch und das Zusammensein mit Sträflingen, Krüppeln, Blinden, körperlich-geistig-sozial Aussätzigen suchend, kann als Siegmund-Schultze in einer anderen Kultur zusprechender Mensch gesehen werden. Beide suchten den Grund einer großen Gesellschaftsreform in ihrem persönlichen religiösen Enthusiasmus und in einem gelegentlich an Rigidität angrenzenden Opfersinn; beide entfernten die Kriminalstrafe von Rache und Vergeltung, näherten sie im Geist des Vergebens der Erziehung an. Ohne zu Tolstois anarchistischem Christentum und seiner Weigerung, andere Menschen niederzurichten, zu gelangen, wandte sich *Kagawa* dagegen, Menschen zum Tod zu verurteilen und die Gefangenen von anderen Menschen zu trennen. Der Weg des Vergebens wird als Schöpfung eines neuen Zusammenlebens, dessen abolitionistische Perspektive wohl die Ächtung des Krieges und der Waffen erreicht, wenn auch nicht die Auflösung der Gefängnisse. "We must regret the evil and create the good. The criminal by being confined in a prison for three or four years is at least somewhat educated, and is urged to serious reflection ... The treatment must be one marked by abounding sympathy with the spiritual life of each individual."[15]

Zweiter Teil: Theologie der Inkarnation

Einen neuen Sozialismus, eine neue Einheit von Christentum und Sozialismus versuchte *Siegmund-Schultze* in das Gespräch mit der Jugend hineinzugeben[16]. In einem von dem Bund Deutscher Jugendvereine 1921 herausgebrachten Band "Die deutsche Jugend und der Sozialismus" erläutert er diesen von einem Parteisozialismus geschiedenen geistigen Sozialismus, dessen Mitte gebildet wird von dem sich erniedrigenden Christus, jenem Menschen in Knechtsgestalt, der sich für die Brüder opfert und in dem eine "Gemeinschaft der Nächstenliebe" gründet. Der selbsterlebte Sozialismus der Jugendbewegung, der die bürgerliche und die proletarische Jugend ohne dogmatische Verriegelung zusammenschließen sollte, ist nach einer wirtschaftlichen Seite hin nicht von Neid und Erbitterung, sondern von der Sehnsucht nach Gerechtigkeit erfüllt, von dem Protest gegen jene Ungleichheit, die die Menschheit in Kriege reißt[17] und in reiche und arme Menschen zerteilt. In Hunger und Wohnungsnot, in der Verfügung über Produktionsmittel, als die Maschinen und Boden eingesetzt werden, in der Macht des Kapitals entdeckte Siegmund-Schultze die Macht über andere Menschen, ein gesellschaftliches Herrschaftsverhältnis, das durch die Gewalt des Klassenkampfes und den Haß nicht überwunden werden könne[18]. Der Macht des Geldes richtete er die christliche Gerechtigkeitsforderung entgegen, daß nicht essen soll, wer nicht arbeite, daß Arbeit und Freude zusammengehören. In politischer Hinischt suchte er einen Weg zur Volksgemeinschaft, die als Widerstand gegen jede Gewaltherrschaft, jede Diktatur eines Volksteils, die "Herrschaft von Volksbedrückern" verstanden wurde. Die Rückführung der Wirtschaft auf die arbeitenden Menschen selber und die Ausweitung der Rechte des ganzen Volkes in der Sphäre der Politik, nicht die Herrschaft einer Klasse sah er als Wege zu einer Versöhnung[19], einer befreienden Versöhnung, nicht von Massen, sondern von Menschen. Um jeden Verdacht nationaler Verengung zu entkräften, sei hervorgehoben, daß die Volksgemeinschaft hier als Übergang zu einer Menschheitsgemeinschaft gedacht wird, einem Zusammenfinden von Personen in weltweiter Brüderlichkeit. In der Erziehung zur Gemeinschaft hoffte er einem wahrhaftigen und wirkungskräftigen Sozialismus den Weg zu bereiten, jenem geistigen Sozialismus oder "Kultursozialismus", in der das Wissen geteilt und die Bildung gegeben, nicht aufgeherrscht wird als toter Stoff. Dieser Sozialismus wendet sich nicht ab von den Lebensbedingungen der Arbeiter, durch die sie selbst materialisiert werden, errichtet nicht eine Sphäre der Kultur oberhalb ihrer Existenz. Vielmehr nimmt er wahr, daß die Arbeiter, unter den Lauf der Maschinen gedrückt, sich selbst schließlich als Maschine fühlen, protestiert er gegen die aufgenötigte Überzeugung, daß die ganze Welt nur von Wirtschaftskräften angestoßen werde. Gegen diesen entmenschlichenden Materialismus, die "Diktatur der ökonomischen Bedingungen", sammelte *Siegmund-Schultze* die geistigen Kräfte seines von *Natorp* angeregten Sozialidealismus[20]. "Unsere große Aufgabe ist, die Aufgabe des neuen Sozialismus ist, daß wir jenem Materialismus, an dem der Sozialismus stirbt, entgegenarbeiten, daß wir dem Sozialismus seine Seele geben, daß der Sozialismus, nachdem er solange sich in den Banden des Materialismus befunden hat, sich herausarbeitet aus diesem Gefängnis, hin zu einem Idealismus, der ihn befreit. Das ist das große Erlebnis unserer Zeit, daß die Jugend an diese Befreiung glaubt."[21] Der philosophische Materialismus und die ökonomische Geschichtsauffassung sollen so aus ihrer Ausgerichtetheit an die ökonomischen Zwangsverhältnisse und aus ihrer klassenmäßigen Verengung herausgeführt werden, wie das bürgerliche Kirchenchristentum überwunden werden soll in der Rückkehr zur Radikalität des Urchristentums. Anders gesprochen: sucht der Sozialismus nach seiner Seele, nach seinen inneren Kräften, so das Christentum nach dem Leib der Wirklichkeit und nach Fühlung mit der ganzen Menschheit. Als Wesenszüge der Arbeiter, die sie in die Nähe der Religion bringen, erblickt *Siegmund-Schultze* die Gewissensfreiheit, die Wahrhaftigkeit, einen vehementen Zukunftsglauben und die Brüderlichkeit. Daß Sozialismus und Christentum sich aufeinander zubewegen[22], verlangt auch den Christen die Harmonie von Wort und Tat ab; sie müssen sich konfrontieren mit den Opfern der christlichen Kultur, den durch Christen Erniedrigten ins Gesicht sehen: "Gehe doch einmal in den Osten und lebe mit den Arbeitern zusammen; dann wird dir diese brutale Art, das Leben zu meistern und die Bibel zu bringen, ehe Brot und Hemd da sind, vergehen."[23] *Adam Weyer* hat in seiner theologischen Analyse der Arbeit in der Sozialen Arbeitsgemeinschaft Berlin-Ost die Menschwerdung, Fleischwerdung Gottes in Jesus betont und die Menschlichkeit des kyrios hervorgehoben. Das göttliche Sein offenbart sich in der Fleischwerdung (actio incarnationis); das Licht leuchtet in der Inkarnation auf. Nur in der Gestalt des Erniedrigten ist Gott den Menschen präsent. Jesus wird Freund, Bruder, Nächster den Menschen, der Inkarnierte ist als helfender Beistand die Mitte des christlichen Glaubens Siegmund-Schultzes, der sich wie alle Menschen als der Solidarität bedürftigen Sünder sieht[24].

Siegmund-Schultzes theologia incarnationis, seine Betonung der Menschwerdung Christi und die Fleischwerdung des Wortes gebieten ihm, herabzusteigen und den Anderen von unten her zu verstehen, statt ihn von oben herab zu behandeln. Das "Werden einer echten Gemeinde über die Menschwerdung hin"[25], die Soziale Arbeitsgemeinschaft Berlin-Ost als sich selbst regierende Siedlung und Wohngemeinschaft von Studenten und Arbeitern, als Lebensgemeinschaft von Menschen verschiedener Klassen und Schichten inkarnierte sich in einer alkoholfreien Kaffeehalle für Arbeiter, in Klubs für Jungen und Mädchen, einer Frauenkolonie, in der Gründung einer Abendvolkshochschule und des Ulmenhofs, einer Volkshochschule, in einem Ledigenheim. Zur Nachbarschaftsarbeit gehörten die Einrichtung von Ferienkolonien für junge Arbeiterinnen und Arbeiter, ein Heim für durch das Milieu verletzte Kinder, eine Heilerziehungsstätte und auch die Jugendgerichtshilfe[26]. Das Geheimnis der Menschwerdung in der Nachfolge steht jeder Herablassung entgegen; die Sozialpädagogik der Inkarnation verlangt vielmehr eine Bewegung des Herabsteigens in die Viertel der Not, um dort zu helfen, einen Abstieg aus den eigenen Beschränktheiten, der Abgesichertheit eines privilegierten Lebens, der Abgegrenztheit der Klassenzugehörigkeit. Daß das Wort Fleisch werden muß, verlangt von Christen, nicht andere Menschen zu richten, sondern mit aller Kraft sich selbst zu ändern, beruft sie, sich für die Gefangenen, Unterdrückten, Ausgestoßenen, Gewaltunterworfenen und verachteten Minoritäten einzusetzen. Ein einfaches Beispiel dieser Solidarität gibt *Siegmund-Schultze* in einer Rede für 1200 versammelte Berliner Obdachlose, die er wie *Bodelschwingh* "Brüder von der Landstraße" nannte und deren Wohnungsnot und Arbeitslosigkeit ihm nicht verborgen blieb[27].

Der Gedanke der Inkarnation trägt auch heute religiöse Entwürfe, die nach der Selbstbefreiung der Armen verlangen. So bedenkt *Dorothee Sölle*, daß die Würde der Armen in ihrem Sein liegt, nicht in ihrem Haben und Nicht-Haben, daß die Zerstörung ihrer Würde die Zerstörung ihrer Solidarität ist. Das Evangelium, das den Hungrigen und Entrechteten Befreiung und Fülle des Lebens verspricht, reicht eine "Kultur des Teilens", die Erfahrung, daß Solidarität stärker ist als die strukturelle Gewalt der Mächtigen. "Das Versprechen einer solchen solidarischen Kultur ist eine Einladung zum Kampf, zum Eintreten für die Opfer und zum Mitleiden. Die Menschen, die sich auf die Seite der Armen ziehen lassen, kommen mit dem Grund allen Lebens in Berührung: das drückt die Bibel so aus, daß ihnen Gott in den Armen begegnet."[28] *Siegmund-Schultzes* soziale Erneuerung der Menschheit durch die soziale Erneuerung des Christentums, dessen Anhänger zu Tätern des Worts werden sollen, bildet einen Weg von der Lehre zum Leben, vom toten Buchstaben zum schöpferischen Geist. Die Ausdörrung des "Lehrchristentums" führt seinen christlichen Sozialismus zur Begegnung mit einem ethisch-sozialen Idealismus, zu dem *Carlyle*, *Kingsley*, *Ruskin* gehören. Christen wie *Wichern* und *Grundtvig* zeigten ihm, daß die machtlose Macht christlicher Liebe, die Differenzen der Kirchen zurückdrängend, die Sozialarbeit, die Jugendwohlfahrt, soziale und Gefängnisfürsorge durchdringen konnte. In der letzteren strich er die Spuren *Elisabeth Frys* heraus; über sie hinaus sah er in den Quäkern "Vorarbeiter einer Sozialpolitik der Nächstenliebe", die sich nicht auf das eigene Land beschränken, sondern zu "Propheten einer internationalen Politik der Liebe"[29] wurden.

Dritter Teil: Sozialpädagogik

Soziale Erziehung, die *Paul Natorp* als Erziehung aller im Sinn der Allheit denkt, trifft auf die Frage, ob zu dieser Allheit auch die Säuglinge, die Irrsinnigen, die Verbrecher gerechnet werden. Mit *Pestalozzi* antwortet *Natorp*, alle seien in den Begriff "Menschheit" eingeschlossen, seien doch vor der Idee der Gerechtigkeit und im Lichte der Gemeinschaftserziehung wir alle nichts Besseres als schwache Säuglinge, arme Irre und fehlende Menschen[30]. *Natorps* Grundgedanke, daß der Mensch zum Menschen wird durch menschliche Gemeinschaft, daß er nicht erst als Einzelner da ist, um dann mit anderen Menschen in Gemeinschaft zu treten, sondern ohne diese Gemeinschaft gar nicht Mensch werden kann[31], seine Proklamation eines neuen sozialen Lebens in dem gerechten Staat, dem sozialen Staat, der allem Lebenden sein Recht läßt, den "Weg des sozialen Lebensgestalters"[32] fördert, haben auch *Siegmund-Schultzes* Arbeitsgemeinschaft beeinflußt. Dort wurde die soziale Frage aufgeworfen in der Gegeneinandersetzung des Geistes des Egoismus und des Geistes des Opfers, von der Gesellschaft als Sphäre, in der der Vorteil des Stärkeren sich durchsetzt, und der freien Aufopferung des einzelnen Menschen für das Wohl aller, besonders für den Schutz der Schwachen[33]. Nachbarliche Fürsorge in der Gestalt der Jugendgerichtshilfe und der Schutzaufsicht, "Nächstendienst" wandten sich gegen Menschen verwaltende Bürokratien, gegen ein machtvolles System der Fürsorge, dessen betriebliche Logik die "Lebenshingabe" des Pädagogen verhindert, die Erfahrung verstellt, daß Leben nur aus Leben entsteht, Gemeinschaft nur aus persönlicher Berührung, Aufbau des Volkslebens nur aus befreiendem Opfer. Allerdings werden die herrschaftskriti-

schen Züge der Hingabe des Sozialpädagogen dadurch gelegentlich unklar, daß *Siegmund-Schultze* von einer "Blutübertragung vom Stärkeren auf den Schwächeren"[34] spricht, auch von einer Gemeinschaft gegenseitigen Dienens, ohne zu berücksichtigen, daß der Dienst struktural gebunden ist an die Exekution einer Herrschaft und jene weltgeschichtliche Epoche noch nicht vollständig überwunden ist, in der die Herren (z.B. die Kolonisatoren, die Besitzenden, die den christlichen Geist fesselnden Christen) ihren Unterworfenen den Dienst abzwingen. Gemeint ist freilich ein vielfältiger Weg der Mitmenschlichkeit, ein Nächster-dem-Nächsten-Sein, jene Bewegung, in der Menschen miteinander Mensch zu werden versuchen[35]. Pädagogisch gewandt, besagt dieser Weg, daß der Einzelne eine verantwortliche mitmenschliche Gestaltung seines Lebens sucht, daß er den in Not geratenen Menschen Hilfe gibt, daß er Verantwortung übt für den kulturellen Fortgang der Gesamtgesellschaft und die Grundhaltung der Gerechtigkeit und der Liebe im Zusammenleben mit Lehrern findet, die durch ihre christliche Existenz präsent sind, durch ihr Dasein überzeugen, ohne an anderen Menschen eine Zielrichtung bewirken zu wollen[36]. In der freien nachbarschaftlichen Zusammenarbeit, aus diesem Zusammenleben heraus sollten nicht allein eine Kriminalpädagogik, eine Fürsorgeerziehung hervorgehen; in der Mitmenschlichkeit mit anderen Klassen und fremden Völkern sollte sich darüber hinaus eine Sozialpädagogik verdeutlichen, die ihren Beitrag zu einer menschheitlichen Lebensordnung, zur Überwindung des Klassenhasses, zum Frieden unter den verschiedenen Religionen und Kulturen ermaß[37]. Verbindungen zwischen der Sozialpädagogik und einer ökumenischen Bildung schlägt *Siegmund-Schultze* in einem nach dem Zweiten Weltkrieg erschienenen grundlegenden Aufsatz zur Bestimmung der Aufgabe der Sozialpädagogik. Wie Pestalozzi gegen Tendenzen der Desolidarisierung streitend, hebt er das Ziel einer Erziehung des Menschengeschlechts hervor, für die die gesamte Menschheit verantwortlich sei. Angesichts dieser All-Verantwortung wird erst ein Mangel der Sozialpädagogik an großen Zielen festgehalten, die die christliche Sozialethik ihr doch reichen könnte. "Obwohl führende Philosophen theoretische Systeme der Sozialpädagogik entworfen haben, ist die Sozialpädagogik im Bewußtsein des Volkes bisher nicht mit den großen Problemen der Menschheitsentwicklung verbunden worden. Die Sozialpädagogik war im Hinterhof des Hauses der Menschheit untergebracht. Alles, was mit Fürsorge, Unterstützungswesen, Kranken- und Irrenpflege, Verwahrlosung und Gefängnis zusammenhing, betraf nach allgemeinem Urteil einen Teil der Menschheit, der am besten nicht vorhanden gewesen wäre. Man machte sich nicht klar, daß zwei Drittel der Bevölkerung Deutschlands in Industriestädten leben, in denen eine klare Scheidung zwischen Hilfsbedürftigen und Gesicherten schwer möglich ist, ja daß der Gesamtzustand der Menschheit heute die Einordnung aller Menschen in ein System sozialpädagogischer Zielsetzung notwendig macht."[38]
Der Bezug der Sozialpädagogik auf die Gesamtheit der Menschheit (nicht allein auf eine Familie, einen Ort, ein Volk, die Gruppe der Straffälligen) gründet in dem "Prinzip der Nächstenschaft", in jenem christlichen Sinn, der den Gegensatz von Volksleben und Menschheitsgemeinschaft überschreiten kann. Der Nachbarschaftsgedanke, die praktisch gelebte Nächstenliebe, soll eingeordnet werden in ein "sozialpolitisch ausgebautes Koordinatensystem der Gerechtigkeit".[39] Die Ordnung der Gesellschaft folgt der Gerechtigkeit des Teilens, der Aufbau der Gemeinschaft der Nächstenliebe. Die sozialpädagogischen Wege sollen in Wirtschaft, Kultur und Politik diese Bildung von Volk und Menschheit fördern; so ist es konsequent, daß der Sozialpädagoge, anfangs Professor der Jugendkunde und Jugendwohlfahrt, auch Vorlesungen über Wirtschaftsethik und -pädagogik, über Kulturphilosophie hielt. Das Eintreten für die

Schwächeren, das dem Kampf aller gegen alle widersteht, erhält freilich im Blick auf verschiedene Menschen und Situationen je verschiedene Formen. Beispielsweise - so *Siegmund-Schultze* nach der Barbarei des Nationalsozialismus - müßten die meisten straffälligen Jugendlichen nicht ausgesondert und abgesetzt werden gegen andere Jugendliche[40]." Die Einrichtung des Jugendgerichts und der Jugendgerichtshilfe und die Reformen der Fürsorgeerziehung und des Strafvollzuges an Jugendlichen haben eine gewaltige Änderung herbeigeführt, sind aber während der letzten fünfzehn Jahre durch beabsichtigte Korrekturen und durch Trägheit wieder steckengeblieben. Aus der grundsätzlichen Anerkennung der Tatsache, daß für jeden Fehltritt eines Jugendlichen die Gruppe der nächstbeteiligten Erwachsenen, letztlich die Gesellschaft als solche, in stärkerem Maße verantwortlich ist als das Kind, muß eine praktische Haltung der Gesellschaft hervorgehen, die jedem Jugendlichen sofort nach dem Fehltritt die Hand zum Wiederaufbau reicht, und zwar durch ein verstärktes Angebot der Hilfe und der Kameradschaft, die ihm im bisherigen Leben gefehlt haben."[41]

Siegmund-Schultzes Nächstenschaft soll abschließend unterschieden werden von dem Ethos eines Rechtsphilosophen. In Gustav Radbruchs Sozialethik der Gemeinschaft und der Kultur, die von einer Ethik der individuellen Seele und ihrer Erlösung unterschieden wird, ist die christliche Nächstenliebe begrenzt auf die Nahwirkung von Mensch zu Mensch. Die Fernwirkung jedes Handelns in der Gesellschaft auf die Gesellschaft, auf die entferntesten Menschen, die Unbekannten bleibe ihr verborgen. Nicht Caritas, sondern Solidarität heiße das Wesen sozialer Sittlichkeit. "Solidarität ist nicht wie Nächstenliebe ein unmittelbares Verhältnis von Mensch zu Mensch, sondern ein Einssein mit den Fernsten, den Vielen und Unbekannten in einem übergeordneten Ganzen und in einer gemeinsamen Sache, in Beruf und Klasse, in Kampf, Arbeit und Werk."[42] Für *Siegmund-Schultze* dagegen kann auch der Ferne zum Nahen, zum Nachbarn werden; Nächstenliebe wird ihm zur Solidarität mit je-diesem in Not geratenen Mitmenschen, zum "Nächstendienst" an einem Menschen, in dem die Menschheit gegenwärtig ist[43].

Vierter Teil: Unsere Schuld

Siegmund-Schultzes Leben ist von der Einsicht gehalten, daß Schuld immer "unsere Schuld" ist. Die soziale Not sei unsere, der Menschen in ihren Verhältnissen, des Staates, der Kirche Schuld[44]; sie könne nur behoben werden in einer Arbeit am sozialen Frieden, die sich aus diesem Schuldigsein heraus den entfremdeten Menschen zur Hingabe verpflichtet wüßte, in der die "Kraft des Versöhnungsgeistes" (*Carl Mennicke*) lebendig sei[45]. Wer seine Schuld nicht eingesteht, verfehlt den Mut zur Wahrheit; Demut wird jenen Menschen zur Freiheit und zu der ihnen eigenen Kraft, die nicht mehr sich selbst besitzen, sondern in der Kraft des Geistes präsent sind, der alle zur Freiheit beruft, dem Geringsten noch, je-dem Menschen gerecht wird. Gutes traut den Menschen nicht zu, wer ihnen die Schuld aufdrängt an dem Elend der Wohnungen, an der Zersplitterung der Familien und wer sich dadurch entmündigt, daß er die Schuld der Verhältnisse betont und über die Menschen dominieren läßt. "Wessen Schuld? Die gewöhnliche Antwort ist die: die Schuld der Leute, die so wohnen und leben! - Sicherlich wollen wir nicht unseren Nachbarn ihre Verantwortung abnehmen oder sie von allen Flecken reinwaschen; aber das, was uns auf unseren Wegen hundert- und tausendfältig entgegentritt, ist die Tatsache, daß diese Menschen hineingezwungen sind in Verhältnisse, über die sie selbst nicht Herren sind. Wohnungsverhältnisse, unter denen ihre Gesundheit verzehrt werden muß, Lebensverhältnisse, unter denen der Alkohol von ihnen Besitz ergreifen muß, Arbeitsverhältnisse, unter denen das Pflichtgefühl ersterben muß, Erziehungsverhältnisse, unter denen Verbrechen Ehre scheint. Also sind die Verhältnisse daran schuld? - Wenn uns die Vernunft nicht von diesem materialistischen Irrglauben bewahrt, dann sollten es wieder die Tatsachen tun: die Tatsache, daß es bestimmte Spekulantenkreise sind, die die Wohnungsteuerung hervorgebracht haben; die Tatsache, daß die Brauereibesitzer in den Armenvierteln den Alkoholzwang ausüben; die Tatsache, daß hunderttausende ausländischer Arbeiter von vaterlandslosen Unternehmen angestellt werden, nur weil sie billiger sind; die Tatsache, daß Sittenlosigkeit und Klassenegoismus aus den oberen Ständen in die Kreise des niederen Volkes hinüber geflutet sind. Die Schuld liegt zu offensichtlich bei Menschen, als daß dies feige Geschlecht alles auf die anonymen Verhältnisse abschieben dürfte. Aber welche Menschen?"[46] In seiner Antwort auf diese Frage apostrophiert *Siegmund-Schultze* die besondere Schuld der sich selbst so nennenden Gebildeten, so auch seine eigene, den Mangel an Verantwortlichkeitssinn jener, die ihre persönliche Schuld nicht im Klassenhaß, nicht auf den Straßen und in den Häusern finden, die im Bewußtsein der eigenen Vollkommenheit den "Trägheitstod" sterben, Gemeinschaftssinn nicht aus der Liebe zum Volk, Schuldbewußtsein nicht aus der religiösen Beziehung zu dem Heiligen schöpfen[47]. Der gebildete Sozialarbeiter und Pädagoge öffnet sich seiner Schuld und bittet, wenn die Schuld auch nicht abgetragen und vergessen werden kann, um die Möglichkeit, in seiner Arbeit dem Weg seines Gewissens folgen zu können. Ohne frei von nationalstaatlichen Ressentiments zu sein, fordert *Siegmund-Schultze* die sich selbst so nennenden Gebildeten auf, dem Gewissen zu folgen. Damit ruft er nicht zu einer Individualisierung und Kollektivierung der Schulderfahrung auf, sondern zu jener Solidarität in der Schuld, die nicht abgetragen und nicht vergessen werden kann und in der personale Schuld Erfahrung der Freiheit wird. Wahres Schuldbewußtsein lerne der Mensch nicht allein im Zusammenleben mit den Nachbarn, in den Versuchen, die eigene Existenz mit ihnen zu teilen, sondern in jener religiösen Grundbeziehung, in der ein inkarnierter Gott "unsere Schuld" erwachen lasse und trage zugleich. Die Bitte um Vergebung unserer Schuld wird zur Quelle der sozialen Arbeit und zum Focus des Geistes der Solidarität mit den Erniedrigten. Das Einstehen füreinander in der Schuld hat in brennender Sprache der Dichter *Leonhard Frank* der juridischen Anschuldigung entgegengesetzt, die sozio-normativ vom Standpunkt einer abstrakten Allgemeinheit aus Schuld einem Täter auferlegt und so die Schuld-Erfahrung je-diesem Menschen gerade zu rauben droht[48]. Gegen die Gleichsetzung von Schuld und Vorwerfbarkeit, die seit Jahren eingesetzt wird, den Erziehungsgedanken aus dem Jugendstrafrecht und dem -strafvollzug hinauszudrängen[49], läßt *Frank* in seiner Erzählung "Die Ursache" den angeklagten Dichter vor dem Strafgericht sagen: "Schuld? ... So ist der Mensch geworden, weil sein Vater so war, seine ganze Umgebung ... verwirrt, arm, verwundet und deshalb böse. Schuld ist das ganze Menschengeschlecht. Am Einzelnen bricht die Schuld aller nur aus ... Deshalb rufe ich euch an, ich rufe euch alle an, ich schreibe euch mitten ins Herz hinein: verachtet fernerhin nicht die, so in Zuchthäusern ihr Leben verbringen müssen oder unterm Richtbeil sterben. Sie leiden und sterben für euch, durch euer aller Schuld."[50] *Wenzel Holek*, ein enger Mitarbeiter *Siegmund-Schultzes* in der Sozialen Arbeitsgemeinschaft Berlin-Ost, prägt diesen Gedanken in Sätze, die den Gefahren eines ethischen Voluntarismus und seinem gelegentlich hilflosen Pathos nicht entgehen: "Ich will nicht andere richten, sondern meine ganze Kraft darauf verwenden, daß ich selber besser werde ... Ich will, daß wir leben wie

Brüder. Ich will nicht das Schwert zücken, damit ich nicht durch das Schwert umkomme."[51] Gleichwohl durchdringt auch diese Worte die dem Christentum und dem Sozialismus eignende Grunderfahrung der Solidarität, das Recht des Menschentums[52], jene von Hermann Nohl betonte geistige Energie der Jugendwohlfahrtsarbeit, die Solidarität mit jedem Arbeiter, Einheit der Staatsbürger, inneres Zusammenstehen der Familie, Freundschaft der Generationen, Verantwortung für das hilferufende "Menschentum im Menschen"[53] versammelt.

Fünfter Teil: Jugendfürsorge

Zur Arbeit der Sozialen Arbeitsgemeinschaft Berlin-Ost gehörte auch die Jugendgerichtshilfe[54]. Als Mitarbeiter der Deutschen Zentrale für Jugendfürsorge erreichte *Siegmund-Schultze*, daß die Berliner Jugendgerichtshilfe Ermittlungen und Schutzaufsichten, die in den Bezirk um den Schlesischen Bahnhof fielen, der Sozialen Arbeitsgemeinschaft übertrug. Den Studenten öffneten sich Blicke in die Welt der Jugendlichen, in die Hintergründe der Straftat[55], in Familien- und Wohnverhältnisse, die Arbeitssituation, alltägliche Umwelteinflüsse[56]. In einer gemeinnützigen Rechtsauskunftsstelle arbeitete *Alix Westerkamp* daran, aktuelle Hilfestellung zu geben, das Recht und die Tätigkeit der Gerichte näher an die Bevölkerung heranzuführen. In einer Bildungs- und Versammlungsstätte in der Berliner Großen Frankfurter Straße, in der er hin und wieder Vorträge hielt, erlebte Siegmund-Schultze die Anfänge der Arbeiterwohlfahrt. In der Berliner Zentrale für Jugendfürsorge und an einer Jugendwohlfahrtsschule bemühte er sich vor allem auch darum, Wohlfahrtspflegerinnen und -pfleger auszubilden, die der Arbeiterklasse ("dem Arbeiterstand") angehörten[57]. Als Vorsitzender der Berliner Vereinigung für Jugendwohlfahrt, des Groß-Berliner Ausschusses für Kinderhilfe und Gründer des Jugendamts arbeitete er bereits an jenen Aufgaben mit, die einige Jahre später im Reichsjugendwohlfahrtsgesetz festgelegt wurden: Pflegekinder-Schutz; soziale Hilfe im Vormundschaftswesen, Unterstützung hilfsbedürftiger Kinder und Jugendlicher; Hilfe bei der Fürsorgeerziehung; Jugendgerichtshilfe[58]. In einem Bericht über das 1899 eröffnete Jugendgericht von Chicago und das in seiner Nähe gelegene Settlement Hull House (Jane Addams) hob *Siegmund-Schultze* die grundsätzliche Hilflosigkeit der Bestrafung der Jugendlichen hervor; bereits in den Häusern und auf den Straßen müsse die Hilfe einsetzen, z.B. als Verhinderung von Grausamkeit gegenüber Kindern (Society for the Prevention of Cruelty to Children), als Gespräch mit den Gefährdeten (Local Protective Leagues). Auch Jugendrichter bemühten sich, die Würde des Staates nicht in der Rache gegen das Kind und den Jugendlichen zu etablieren. Ohne Inhaftierung, Anklage, Richterbank, offizielle Anschuldigung hörten sie zu, freilich nicht ohne patriarchalische Züge. "Die Wohlfahrt des Kindes - nicht die Rache des Gesetzes. Das ganze Verfahren findet für das Kind statt, nicht gegen das Kind. Der Staat erscheint nicht als beleidigte Majestät, sondern als väterliche Schutzgewalt; ihm ist es gar nicht darum zu tun, ein Kind zu strafen, sondern dem Kind, das körperlich, geistig oder moralisch mißhandelt worden ist, zu helfen."[59] Eltern und Jugendgerichtshelfer nahmen an dem Gericht teil, das Gefängnisstrafen[60] zu vermeiden suchte, eine Stigmatisierung des Jugendlichen unterlassen und seinen Familienzusammenhang fördern wollte. Den Bau von Jugendheimen, die Durchführung des Familiensystems in Fürsorgeanstalten und Landkolonien, Fortbildungsmöglichkeiten sollte der Geist der Freundschaft mit den jüngeren durchdringen. An größeren Jugendgerichtshöfen, auch in Gefängnissen bemerkte

Siegmund-Schultze Institute für psychopathische Jugendliche und psychiatrische Polikliniken, an denen die Grenze zwischen der Psychiatrie und der Psychopathenpädagogik überschritten wurde. Die Rekonstruktion der Sozialgeschichte und der persönlichen Entwicklungsgeschichte eines Menschen, der nicht hinter der Abstraktion des Täters verschwindet, gebot eine "Verknüpfung ärztlicher und sozialer Behandlung"[61], eine Zusammenschau sozialer und geistiger Nöte in der psychiatrisch-sozialen Arbeit. Settlementartige Kliniken (fliegende Schulkliniken z.B.) verlangten so den Medizinern eine soziale Bildung ab; der Arzt sollte gewöhnlich einige Jahre in einem Arbeiterviertel gelebt, sozialpolitische Probleme, die Nöte des Proletariats und der Großstadtmenschen kennengelernt haben. Die wechselseitige Durchdringung medizinischer, pädagogischer, juristischer, sozialer und religiöser Fragen erlebten Jugendgerichtshelfer der Sozialen Arbeitsgemeinschaft in der durch den Krieg hervorgebrachten Steigerung der Kriminalität, dem Hunger, der Verlassenheit von Kindern, der Obdachlosigkeit Jugendlicher, die sie im Gefängnis besuchten.[62]

Daß das Verfehlen mitmenschlicher Existenz eine Bedingung der Möglichkeit von Verbrechen, die Bestrafung nicht Ausdruck der Mitmenschlichkeit[63], der ethische Bezug der eines mitschuldigen Bruders ist und nach Rehbein Einzelschuld und Wir-Schuld existentiell verflochten sind[64], spricht in anderen Worten auch *Siegmund-Schultze* in einem Bericht über die Aufgaben städtischer Jugendämter aus. Er versuchte, sich dem "Geist der Herrschsucht" in der Jugendfürsorge, im Kinderschutz, im Armenrecht, in der Säuglings- und Alkoholikerfürsorge zu widersetzen, und wandte sich auch der Situation jugendlicher Straffälliger zu: "Wie der Staat für seine Waisen nicht ausreichend sorgt, wenn er ihnen Nahrung und Obdach gewährt, sondern ihnen auch Erziehung und Fürsorge schuldet, so darf sich der Staat auch nicht an der Verfolgung und Bestrafung seiner jugendlichen Übeltäter genügen lassen, sondern hat die Pflicht zu ihrer Hebung und Besserung."[65] Den Verdacht des äußerlichen und autoritären Zugriffs auf Jugendliche entkräftete Siegmund-Schultze in seinen Bemerkungen zu einem Jugendfürsorgegesetz-Entwurf, die Umständlickeit, Gespreiztheit, Rauhbeinigkeit des Beamten- und Bürobetriebs staatlicher Ämter bemängelten und für die Förderung freier Jugendfürsorge, den neuen Geist der "freien Liebestätigkeit"[66] eintraten. Helfende Erziehungsarbeit soll den Freiheitsdrang der Jugendlichen achten, ihren "Sinn für Kameradschaft" in sich selbst verwaltenden Gruppen schützen[67]. Den jugendlichen Menschen (den "Fürsorgezögling") nicht zu verwerfen, in ihm das Gute zu bergen, gehört zu einer Seite der Geschichte der Pädagogik, zu jener Seite, die Spuren der Selbstverwaltung und Selbsterziehung der Jugend[68] sichert und dem Pädagogen zumutet und zutraut, "Mitmensch, Freund" (*Karl Wilker*) zu werden.

Sechster Teil: Vorblick

Karl Peters, der die Jugendstraftat als Ausdruck eines Konflikts des jungen Menschen mit seiner Umwelt deutet, räumt in der Jugendgerichtsbarkeit dem Erziehungsgedanken den Vorrang vor der Bestrafung ein. Daß Konflikte nach Hilfen der Bewältigung und Vermeidung rufen, führt *Peters* von den Fragen weg, was der junge Mensch getan habe und welche Reaktion das in der Vergangenheit liegende Tun verdiene. Die richtige Fragestellung laute vielmehr: "Welche Maßnahmen halfen dem jungen Menschen über den Konflikt hinweg, werden ihn über seine Schwierigkeiten hinausführen, versprechen ihm derart Förderung, daß Aussicht besteht, er werde die sozialen Anforderungen annehmen, er werde sie bestehen und ein geordnetes Leben zur

Erfüllung des eigenen, ihm gesetzten Lebensziels ohne Störung der Gesellschaft verwirklichen? Anstelle des Sozialvorwurfs und der Minderung der Sozialstellung und des Sozialprestiges tritt die Hinführung zur Gesellschaft. Anstelle des Ausgangs von Strafvorstellungen tritt der Erziehungsgedanke."[69] Bereits in seiner Schrift "Werdendes Jugendstrafrecht" bestimmte *Peters* die Strafe, auch die erzieherische Gesichtspunkte in sich aufnehmende, als Vergeltung für den Rechtsbruch, Sühne für die (juridisch ausgemessene) Schuld des Täters (ich ergänze: nicht des Menschen) und Sicherung der Gemeinschaft. Die Vergeltung blicke auf das vergangene Geschehen, die Tat, wohingegen die Erziehungsgedanken sich auf die Zukunft des Täters richten. Die Sühne halte sich fest an dem Verschulden des Jugendlichen, während für die Erziehung die Schuld des Täters nur ein Symptom, nicht den Grundzug und die dominierende Gestaltungskraft darstelle. Schließlich hebt Peters hervor, daß die Strafe auf den Schutz der Gemeinschaft und die Einwirkung auf die Gemeinschaft gehe. "Sie bestimmt sich auch nach der Bestimmbarkeit anderer (Generalprävention). Die Erziehung dagegen ist ausgerichtet allein auf den zu Erziehenden."[70] Hebt *Karl Peters* die Notwendigkeit erziehender Hilfe und die ethische Fundierung des Erziehungsziels hervor, hält er dem strafrechtlichen Denken - dem Denken aus der Tatgebundenheit, dem angemessenen Ausgleich, der vergeltenden Reaktion, der straftatbezogenen Schuld - das Denken auf die personale Zukunft hin entgegen, so wird in der Frage "Abschied von der Erziehung?" (*Horst Schüler-Springorum*), die heute unabdingbar ist, die Ungesichertheit des Mittels der Erziehung deutlich. Durch die Kritik verordneter und verwaltender staatlicher Hilfe hindurch, bevormundender Hilfe und patriarchalischer Erziehung entgegen, abgeneigt gegen jede Herablassung, schlägt Schüler-Springorum vor, das Wort Solidarität in den Zusammenhang der Diskussion über Strafe und Erziehung, in den Horizont der Kriminal-Pädagogik hineinzunehmen. Ein Erzieher nimmt einen Jugendlichen an die Hand und hilft dem Delinquenten, eine Spur der Solidarität zu erleben: sie teilen, was nicht einen engen Harmonismus bedeutet, einen Teil ihres je-eigenen Weges miteinander[71]. *Friedrich Siegmund-Schultze* hat in seinem Leben diese Solidarität anderen Menschen zu geben nach Kräften und Schwächen sich bemüht; an ihn muß eine ihre Lehrer achtende Kriminal-Pädagogik erinnern, seine Gedanken muß sie fortführen. Skepsis gegenüber einem "Zwangssystem wie dem des Strafvollzugs" (*Max Busch*) und Protest gegen einen strafenden, kustodialen und schädigenden Freiheitsentzug sollten gefördert werden, ohne in die Anmaßung zu fallen, alle Zwänge in actu auflösen zu können. Nicht allein das Christentum reicht Züge jener Humanität, die, der angesprochenen Solidarität verwandt, angesichts sich verfehlender und mißlingender Lebenswege interveniert, die Entstehung von Lebensentwürfen gegen reprimierende und Ohnmacht des einzelnen Menschen bestätigende Züge mancher Sozialpolitik[72] fördern kann. Daß diese Förderung sich selbst verwirkt, wenn sie als fixierter und Unterschiede einebnender Tugendkatalog Menschen durch Belehrung und Unterrichtung aufgedrungen wird, hebt Max Busch heraus. Nach ihm muß die "Interventions- und Behandlungstheorie" heute "die gesamte humane Situation in unserer Zeit aufgreifen und Hilfen oder Angebote bereitstellen (nicht unter Ausnutzung der Verfügungsgewalt der die Freiheit Entziehenden aufzwingen), die Antworten auf die Herausforderungen unserer Existenz und unserer Gesellschaften anbieten und zwar dort, wo diese ihre Fragen stellen."[73] Die Gewalt, die Menschen weltweit zugefügt wird, hat *Siegmund-Schultze* herausgefordert, über Zusammenhänge zwischen der nicht eingeengt gedachten Kriminal- und der Friedens-Pädagogik nachzudenken[74] und gemäß ihrer Verbundenheit zu leben, zu leben auf der Seite der Unterdrückten, einzustehen für verachtete Minoritäten, für Verurteilte, Gefangene, Ausgestoßene, Gewaltleidende und Unterdrückte, mit denen zusammen die christliche Wahrheit Lebenstat[75] wurde in seinem Leben.

Nicht allein *Friedrich Siegmund-Schultze*, auch der aus der Schweiz stammende religiöse Sozialist *Leonhard Ragaz* ruft die christlichen Menschen auf, Friedenseichen zu pflanzen[76], das Reich Gottes auf der Erde zu bauen, die Welt für die Sache Christi zu erobern. Eroberung ist hier gewiß nicht in einem militärischen Sinn zu verstehen; vielmehr ist jene Gestalt der Liebe gesucht, die Wahrheit schöpft, für die Wahrheit zeugt, für sie leidet. Die Revolution des Reiches Gottes läßt die Wahrheit des christlichen Gesetzes aufbrechen, die Wahrheit, die sich im Gericht ankündigt. "Das Gesetz errichtet einen Zaun. Es will die Heiligkeit des Lebens schützen und gebietet darum: 'Du sollst nicht töten!' Aber es setzt damit auch eine Grenze. Denn die Heiligkeit des Menschen muß viel tiefer verstanden und empfunden werden. Sie darf auf keine Weise angetastet werden, auch nicht durch den Haß. Dieser ist ja schon Tötung. Man kann auf allerlei Weise und noch auf schlimmere Art den Menschen töten als durch Schwert oder Kugel."[77] Verbundenheit mit dem Bruder, Verpflichtung und Verantwortlichkeit gegen ihn spannt *Ragaz* auch auf das Verhältnis der Völker zueinander aus. "Wo sie die gegenseitige Verpflichtung mißachten, an die Stelle der Solidarität die Selbstsucht, an die Stelle des Dienens das Herrschen, an die Stelle der Ehrfurcht vor dem heiligen Rechte des Menschen und Bruders die Gewalt und Ausbeutung, an die Stelle der Seele die Maschine, an die Stelle Gottes den Mammon setzen, da erfolgt das Gericht, das zum Weltgericht wird. Auch für die Völker wie für die Einzelnen gilt das Gleichnis vom Weltgericht. Nicht Kultur, sondern Gerechtigkeit! Nicht Religion, sondern Gott und sein Reich! Nicht der Altar, sondern der Bruder!"[78] Die universalistische Deutung, gemäß der der Nächste jeder ist, dem wir begegnen, der Nächste ein Mensch ist wie du, drängt zu einem christlichen Verbot des Krieges, zu einer Verurteilung der Todesstrafe: wird die Bergpredigt zur Magna Charta auch des politischen Lebens, gar zu der des Reichs Gottes, so darf und kann ein Christ nicht töten den sogenannten Feind, nicht den sogenannten Verbrecher. Die Vielgestalt des Tötens wahrnehmend - die drohende Vernichtung der Menschheit und der Erde durch einen Atomkrieg, den "Massenmord durch eine ausbeuterische Weltwirtschaftsordnung" (*Walter Dirks*), die jetzt Millionen ferne Nächste tötet - sieht der Christ Menschenbrüder, die eigener Hilfe bedürfen, die fortschreitende Zerstörung der Wälder, des Bodens, des Wassers, der Atemluft. Dieser Selbstgefährdung, Selbstherabsetzung der Menschheit richtet *Walter Dirks* den Weg der solidarischen Hilfe entgegen, die Entbergung des Schuldigseins an der Gerechtigkeit, vor der Not-wendigkeit der strukturellen Gabe, die sich bemüht, den Bedürftigen nicht zu verfehlen. "Man kann und soll natürlich auch um der Gerechtigkeit willen helfen wollen, aber es ist dann nicht nur die Hilfe, die wir dem anderen schulden, sondern auch die Gerechtigkeit. Indem ich für den Armen das Brot will, das ihn sättigt, weil es gerecht ist, daß er gesättigt wird, schulde ich ihm nicht nur das Brot, sondern auch die Gerechtigkeit. Auch 'Solidarität' kann in Liebe geschuldet sein."[79].

Anmerkungen

1 S. Wolf Rainer *Wendt*, Geschichte der sozialen Arbeit, Stuttgart 1985, S. 151 f. "Die Settlement-Bewegung vermittelte private charity in und mit public action." (S. 152). - "Nachbar sein heißt einander kennen, von einander wissen, und zwar mit innerer Anteilanhme von einander wissen." (Alix *Westerkamp*, Geschichte der Großstadtsiedlung in Deutschland, in: Neue Nachbarschaft XII, 1929, S. 92).

S.a. Wenzel *Holek*, Deutsche Settlements, in: Nachrichten aus der sozialen Arbeitsgemeinschaft, Nr. 8, Dezember 1916, S. 224-228: Wenzel Holek, ein Handarbeiter, ordnete die Soziale Arbeitsgemeinschaft in die praktischen Versuche ein, zwischen der Arbeiterwelt und der bürgerlichen Welt eine Brücke zu schlagen. Arbeiterbildung sollte zur Volksbildung werden, die Wohnverhältnisse, Akkordarbeit, politische Gleichgültigkeit kritisierte, nicht durch Volksheime und Vorträge, sondern in kleinen Organisationen neuer Nachbarschaft die Arbeiter abzusprechen und aus der Stumpfheit ihrer Zurichtung für den Produktionsprozeß herauszuführen hoffte. Diese Settlements sollten ein Gegengewicht gegen die theoretische Internationale darstellen: "Der Sozialismus hatte eben den Fehler, daß er jeden Arbeiter unter das mechanische Denken zwingen wollte, wie es ihm nach der materialistischen Geschichtsauffassung eigen war, die der materiellen Umwelt das Vorrecht einräumt, und daß er die geistigen Unterschiede und die persönlichen Eigenarten wenig achtete." (S. 225).

2 Das Settlement fügt sich nicht dem engen Bücherstudium, produziert nicht lebensfremde Köpfe, sondern reicht eine "realistische Bildung", den "Einblick in die ganze dunkle Seite des Menschenlebens, das Sichhineinleben in die Daseinsgewohnheiten, Bedürfnisse und Gedanken einer ganz anderen Klasse ..." (Friedrich Wilhelm *Foerster*, Die soziale Arbeit der deutschen Universitätsjugend, in: Akademisch-Soziale Monatsschrift, I. Jg., Juni/Juli 1917, H. 3/4, S. 33 ff., und *Foerster*, Willensfreiheit und sittliche Verantwortlichkeit, Berlin 1898.

3 Heinz *Müller-Dietz*, Jugendhilfe und Jugendkriminalrechtspflege, in: Heribert Ostendorf (Hrsg.), Integration von Strafrechts- und Sozialwissenschaften. Festschrift für Lieselotte Pongratz, München 1986, S. 112.

4 Werner *Picht*, Toynbee Hall und die englische Settlementbewegung, Tübingen 1913.

5 S. Erwin *Krämer*, Der Settlementsgedanke in der heutigen Sozialarbeit, in: Lebendige Ökumene. Festschrift für Friedrich Siegmund-Schultze zum 80. Geburtstag, Witten 1965, S. 186. Weltanschaulich-sozialer Gesamtsinn und rational-pragmatische Leidenschaft einigten sich in dieser Sozialarbeit.

6 *Siegmund-Schultze*, Toynbee Hall, in: Die Eiche 2, 1914, S. 85 ff. - Im Blick auf "Die Eingliederung der Industriearbeiterschaft in den sozialen Organismus des Volkes" (in: Beiträge zur Soziologie der industriellen Gesellschaft, Dortmund 1952, S. 118 ff.) betonte Siegmund-Schultze, daß Arbeitern das Bild der Armen, der Leidtragenden und Friedensstifter als Wahrheit näher sei als den bürgerlichen Kirchenchristen, daß sie Ehrfurcht hätten vor den "ethischen Weisungen des Nazareners".

7 Zum Leben Siegmund-Schultzes s. John S. *Conway*, Friedrich Siegmund-Schultze (1885-1969), in: Evangelische Theologie 43, 1983, S. 221 ff.; Nikolaus *Ehlen*, Friedrich Siegmund-Schultze zum 70. Geburtstag, in: Die Friedensrundschau 9. Jg., 1955, H. 6, S. 12 f. und Klaus *Rehbein*, Täter und Beter für Wahrheit und Frieden: Friedrich Wilhelm Siegmund-Schultze und Max Josef Metzger, in: Una Sancta 2/1987, S. 124-129.

8 Zur "gelebten Jüngerschaft", die im Anderen den Bruder sieht, s. *Siegmund-Schultze* (Hrsg.), Das Zweite Vatikanische Konzil, Soest 1967. - S. Franz-Jakob *Gerth*, Bahnbrechendes Modell einer neuen Gesellschaft. Die Soziale Arbeitsgemeinschaft Berlin-Ost 1911-1940, Hamburg 1975; auch Walter *Classen* suchte in seinem Arbeiterklub "Bruderschaft" nach einem "Bruderbund der Liebe". (Sechzehn Jahre im Arbeiterquartier, Geesthacht 1932, S. 18). - "Zum Verhältnis von Pädagogik und Ethik" heute s. Micha *Brumlik*, in: Herwig Blankertz (Hrsg.), Die Theorie-Praxis-Diskussion

in der Erziehungswissenschaft. Zeitschrift für Pädagogik, 15. Beiheft, Weinheim/Basel 1978, S. 103-115.

9 *Siegmund-Schultze*, Zur Vorbereitung der Konferenz über "Großstadtsiedlungen", in: Neue Nachbarschaft XII, 1929, S. 1-2.

10 S. *Siegmund-Schultze*, Zur Frage der Großstadtsiedlung, in: Neue Nachbarschaft XI, Januar/Februar 1928, S. 33-38.

11 *Siegmund-Schultze*, Neue Nachbarschaft, in: Neue Nachbarschaft XI, Januar/Februar 1928, S. 5. - Lebenshingabe, "Blutübertragung vom Stärkeren auf den Schwächeren", deuten im Leben der Großstadtmenschen, das Abtötung und Erstarrung ist, Auferstehung an (An die Freunde der Sozialen Arbeitsgemeinschaft, in: Nachrichten aus der Sozialen Arbeitsgemeinschaft, Nummer 21, Dezember 1927, S. 6).

12 *Siegmund-Schultze*, Politik und Ethik, in: Monatsblätter des Versöhnungsbundes 1933, S. 3. - S. Klaus *Rehbein*, Friedrich Wilhelm Siegmund-Schultze: Wahrheit leben, in: Christa Stache (Bearb.), Friedrich Siegmund-Schultze 1885-1969, Berlin 1985, S. 22.

13 *Siegmund-Schultze*, Internationale Ethik, in: Zeitschrift für Theologie und Kirche 27, 1917, S. 262.

14 Carola *Barth*, Taten in Gottes Kraft, Heilbronn 1936, S. 11 ff. S. Toyohiko *Kagawa*, Auflehnung und Opfer. Lebenskampf eines modernen Japaners, Stuttgart 1929.

15 Toyohiko *Kagawa*, Love. The law of life, Chicago/Philadelphia/Toronto 1929, S. 154.
Zum Vorrang des Erziehungs- vor dem Strafgedanken im deutschen Jugendstrafrecht s. Wolfgang *Heinz*, Das jugendstrafrechtliche Subsidiaritätsprinzip auf dem Prüfstand, in: *ders.*/Christine *Hügel*, Erzieherische Maßnahmen im deutschen Jugendstrafrecht, Bonn 1986, S. 8 ff.

16 Zur ethischen Durchdringung des Sozialismus, zum Geist praktischen lebensmäßigen Christentums s. Richard *Rahn*, Die zweite Internationale Jugendsettlementtagung, in: Neue Nachbarschaft XI, 1928, H. 1/2, S. 176.

17 S. Werner *Picht*, Kreuz und Krieg, Berlin 1819.

18 S. Gefesselte Jugend, Frankfurt 1971, S. 240 ff.; zur "proletarischen Solidarität" s. Christian *Marzahn*, Zur Bedeutung der revolutionären Pädagogen der Weimarer Republik für die Rekonstituierung einer marxistischen Erziehungstheorie und -praxis heute, in: Erziehung und Klassenkampf, Nr. 1/1971, S. 39 (Hörnle, Bernfeld, Kanitz, Rühle). Marzahn bemerkt hier nicht den Unterschied zwischen proletarischer Solidarität und der von ihm gesuchten "Emanzipation der Menschen" (S. 44).

19 Das Erwachen der Jugend sah Siegmund-Schultze als Selbstbestimmung, als Hilfe bei dem Versuch der einzelnen Menschen, ihre Seele zu finden. "Daß man sie hinausführt in die freie Natur, damit sie wieder lernen, mit dem Himmel, mit der Wiese, mit dem Wasser und dem Wald zu verkehren, und so allmählich ihre Seele wiederfinden." (*Siegmund-Schultze*, Die deutsche Jugend und der Sozialismus, Sollstedt o.J., S. 11).

20 S. Paul *Natorp*, Sozial-Idealismus. Neue Richtlinien sozialer Erziehung, Berlin 1920; s. dazu Jörg Ruhloff, Paul Natorps Grundlegung der Pädagogik, Freiburg 1966.

21 *Siegmund-Schultze*, Die deutsche Jugend und der Sozialismus, a.a.O., S. 14.
Der Krieg ist Teil des Welt-Gefängnisses, Brudermord ohne Schonung, systematische Organisation des Tötens und "Riesenaktion des Hasses". (*Siegmund-Schultze*, Caritas inter arma, in: Die Eiche 4. Jg., Nr. 2 u. 3, Mai 1916, S. 94); s. Max *Adler*, Neue Menschen, [2]Berlin 1926: Adler entdeckte die Philosophie Kants als Philosophie des sozialen Geistes.

22 *Siegmund-Schultze*, Sozialismus und Christentum, Berlin 1919.
Das Reich Gottes, der Realismus der Wahrheit Christi, bedeutet für den Schweizer christlichen Sozialisten Leonhard Ragaz eine gewaltfreie Weltrevolution. "Man tötet nicht, um das Reich des Bruders und das geheiligte Menschenleben zu schützen. Man vergewaltigt nicht, um eine Welt der Freiheit zu schaffen. Das ist furchtbarer Trug." (Leonhard *Ragaz* Christliche Revolution, in: Die

Eiche 12, 1924, S. 41). - Gemeinde geschieht im Zeichen der Hilfe, der gegenseitigen Erziehung auf Vollendung hin, der Bruderschaft, "die gemeinsam das Absolute anspricht, kündet und feiert." (Martin *Buber*, Worte an die Zeit. Erstes Heft: Grundsätze, München/Wien/Zürich 1919, S. 9).

23 *Siegmund-Schultze*, Die sozialethische Bedeutung der Bergpredigt, in: Akademisch-Soziale Monatsschrift IX, April-September 1925, S. 65.

24 "Die Solidarität Gottes mit den Menschen nimmt Gestalt an in der Inkarnation, in der Gott mit den Menschen solidarisch wird, indem er mit ihnen lebt und leidet. Eben das ist dann die Bestimmung des Menschen: Mit dem der Solidarität bedürftigen Mitmenschen zu leben und zu leiden, damit dieser durch diese Solidarisierung Befreiung zu neuem Leben - zu neuem Tun erhält." (Adam *Weyer*, Kirche im Arbeiterviertel, Gütersloh 1971, S. 98).

25 Hermann Maas, Frierich Siegmund-Schultze, in: Günter *Gloede* (Hrsg.), Ökumenische Profile, Stuttgart 1961, S. 256.

26 Hans *Gressel*, Für eine solidarische Kirche der Zukunft, in: Junge Kirche 46, 1985, S. 458.

27 *Siegmund-Schultze*, Vater Bodelschwingh geschildert für Berliner Obdachlose, in: *ders.* (Hrsg.), Die soziale Botschaft des Evangeliums, Halle 1921, S. 43. Zwischen dem johanneischen "Gott ist die Liebe" und dem Satz "Gott hilft den Elenden herrlich" (S. 45), der Herrschergewalt Gottes, die Dienst und Demut gebietet, besteht allerdings eine unaufhebbare Diskrepanz; s. Paul *Le Seur*, Der Sozialismus Jesu, ebd., S. 16-21.

28 Dorothee *Sölle*, Armut und Menschenwürde, in: Vorgänge 73, H. 1, Februar 1985, S. 31.
Bereits Nikolaus *Ehlen* sah Gott nicht als Allmächtigen, sondern als Armen, Verachteten, Verzweifelten, der im Krieg wie Frauen, Kinder, Wehrlose getötet wurde, im Obdachlosenasyl litt, in einem entchristlichten Europa dem Vergessen anheimfiel (Weihnachten 1928, in: Lotsenrufe, Dezember 1928, Nr. 3, S. 21).

29 S. Johann Hinrich *Wichern*, Schriften zur Gefängnisreform, Gütersloh 1979.
Siegmund-Schultze, Die soziale Erneuerung des Christentums und die Einheit der Kirche, in: Die Eiche 11. Jg., Nr. 1/2, Januar/April 1923, S. 8.
Zu Elisabeth Fry s. Albert *Krebs*, Freiheitsentzug, Berlin 1978, S. 550 f.

30 Paul *Natorp*, Sozial-Idealismus, 2. Aufl., Berlin 1922, S. 23 ff.
In politischer Hinsicht glaubt Natorp an die Entstehung eines "Sozialstaats des Erdkreises", der sich organisieren soll allerdings von der "Zellsubstanz des deutschen Sozialstaats" aus (S. 19).
Sozialpädagogik als Einführung der Idee in die Wirklichkeit des Menschendaseins ist die Erhebung der ganzen Menschheit zur Höhe des Menschentums - in Gemeinschaft, durch Gemeinschaft, als Gemeinschaft (s. Natorp, Religion innerhalb der Grenzen der Humanität, 2. Aufl., Tübingen 1908).

31 Paul *Natorp*, Sozialpädagogik, 4. Aufl., Stuttgart 1920, S. 84.
"Der echte Sozialismus der Pädagogik ist zugleich der echte Individualismus und umgekehrt." (ders., Philosophie und Pädagogik, Marburg 1909, S. 142). Der falsche Sozialismus maßt sich das Recht an, die Individualität zum Vorteil der Gemeinschaft unterdrücken zu dürfen.

32 Paul *Natorp*, Die Erziehung der Jugend zum Gemeinschaftssinn, in: Akademisch-Soziale Monatsschrift V, 1922, S. 19; s.a. Gertrud *Hermes*, Eine soziale Arbeitsgemeinschaft als Volkshochschule, ebd. S. 68-73: Die Volkshochschule soll "allgemeines Menschentum" entfalten.

33 Gemeint ist die "Selbstüberschreitung der Individuen als Exemplare einer Gattung von Lebewesen zu Ichhaftigkeit, Du-Begegnung und Wir-Fähigkeit als Menschen." (Wolfgang *Schlüter*, Sozialphilosophie für helfende Berufe, München/Basel 1983, S. 109).

34 *Siegmund-Schultze*, An die Freunde der Sozialen Arbeitsgemeinschaft, in: Nachrichten aus der Sozialen Arbeitsgemeinschaft, Nr. 21, Dezember 1927, S. 4.

35 Von einer starren Ontologie ("formaler Seinsgrund", "ontologisches Fundament") und verborgenen Beherrschungsinteressen gezeichnet ist noch jene Soziallehre, die das Solidaritätsprinzip als inneres Aufbauprinzip der Gesellschaft behauptet und Solidarität als "Sicherung der Herrschaft des

Gemeinsinns" auslegt (s. Gustav *Gundlach*, Solidaritätsprinzip, in: Staatslexikon, 7. Band, Freiburg 1962, Sp. 119). Zum Solidarismus als drittem Weg, der die Einseitigkeit des Individualismus und des Kollektivismus vermeiden will als "Zweiseitigkeitslehre", s. Cord *Cordes*, Solidaritätsprinzip, in: Evangelisches Staatslexikon, Berlin 1966, Sp. 1973 ff.

36 Ernst *Bornemann*, Friedrich Siegmund-Schultze als Sozialarbeiter, in: Lebendige Ökumene, a.a.O., S. 181. Bornemanns Unterscheidung von Sozialpädagogik und Sozialerziehung verfolge ich hier nicht.

37 *Siegmund-Schultze*, Die Überwindung des Hasses, Zürich 1946; s. Arnold *Köpcke-Duttler*, Menschheits-Kultur, Frankfurt 1983; s.a. *Siegmund-Schultze*, Die Weltkirchenkonferenz in Stockholm, Berlin-Steglitz 1925.

38 *Siegmund-Schultze*, Sozialpädagogik - Aufgaben, Ziele und Wege, in: Soziale Welt 1, 1950, H. 4, S. 8; s. Horst Seibert, Die christlichen Wurzeln sozialer Arbeit, in: Soziale Arbeit 34, 1985, S. 386-392.

39 *Siegmund-Schultze*, Sozialpädagogik -Aufgaben, Ziele und Wege, a.a.O., S. 16.

40 *Siegmund-Schultze*, Ohne Überschrift, in: Nachrichten aus der Sozialen Arbeitsgemeinschaft, Nr. 15, April 1923, S. 2.

41 *Siegmund-Schultze*, Sozialpädagogik - Aufgaben, Ziele und Wege, a.a.O., S. 13.

42 Gustav *Radbruch*, Republikanische Pflichtenlehre, Kiel 1929, S.9.
In Beziehung auf den Diskussionsentwurf eines Jugendhilfegesetzes von 1973 spricht Klaus Rehbein von der Solidarität aller Jugendlichen gegen Entpersönlichung, Inhumanität in Beruf, Freizeit, Gesellschaft und Politik (Öffentliche Erziehung im Widerspruch, Stuttgart/Wiesbaden 1980, S. 13). Es geht nicht um eine kämpferische Solidarität der eigenen Gruppe gegen eine andere. - In verfassungstheoretischer Rücksicht verbindet die im Grundgesetz fehlende Brüderlichkeit Freiheit und Gleichheit, die ansonsten einander nur beschränken und sich gegeneinander richten (s. Ulrich *Noack*, Kommentare zur Weltgeschichte, Würzburg 1978, S. 29).

43 "Die Religion, die die Brüderlichkeit der Menschen lehrt, muß auch die Betätigung brüderlicher Gesinnung wollen." (Alice *Salomon*, Soziale Bildung, in: Akademisch-Soziale Monatsschrift, 1. Jg., Oktober/November 1917, H. 7/8, S. 97) - Zu einer globalen und intertemporalen Solidarität s. Knud G. *Løgstrup*, Solidarität, in: Christlicher Glaube in moderner Gesellschaft, Teilband 16, Freiburg/Basel/Wien 1982, S. 108. Der Nächste ist auch der Fremde, selbst der Feind.

44 Unergiebig ist es, Schuldstrafrecht und Maßnahmenrecht gegeneinander auszuspielen, denn sie bleiben in ihrer Entgegengerichtetheit aneinander gefesselt; wichtiger ist es, dem Gedanken rechtlicher Schuld durch philosophische und theologische Erfahrungen einen tieferen Sinn zu geben, Strafrechtlern das Recht abzusprechen, den Schuldgedanken zu definieren und zu okkupieren. Eine Vertiefung des Gedankens der rechtlichen Schuld im Rahmen einer Rechtsanthropologie versucht Thomas Würtenberger, dessen Vorschlag, die Schuld als Phänomen sozialer Kommunikation ernst zu nehmen, nicht als Neoklassizismus abgeurteilt werden sollte (s. *Würtenberger*, Der schuldige Mensch vor dem Forum der Rechtsgemeinschaft, in: Festschrift für Jescheck, Erster Halbband, Berlin 1985, S. 37-51).

45 "Selbstgerechtigkeit und Mißachtung der anderen stehen in einem genau abgewogenen Wechselverhältnis. Wer aber dem anderen vertrauen will, und wer das reine Auge der Wahrheit haben möchte, die Wirklichkeit des andern zu erkennen, muß seine eigene Schuld eingestehen." (Carl *Mennicke*, Gerechtigkeit und Liebe im Völkerleben, in: Akademisch-Soziale Monatsschrift, II. Jg., Dezember 1918/Januar 1919, H. 9/10, S. 132).
Zum Gedanken der "Mitschuld der Gesellschaft", den Müller-Dietz schon bei C.G. Jung und Erich Neumann in dem Phänomen der Schattenprojektion, danach bei Naegeli findet, und, skeptisch gegen die Gefahr der Einseitigkeit, zum Paradoxon der Resozialisierung der Gesellschaft s. Heinz Müller-Dietz, Pädagogische und psychologische Probleme bei der Behandlung von Straftätern, in: Karl-J. *Kluge* (Hrsg.), Kriminalpädagogik. Erster Band, Darmstadt 1977, S. 235 ff.

46 *Siegmund-Schultze*, Unsere Schuld, in: Nachrichten aus der Sozialen Arbeitsgemeinschaft, Nr. 1, Januar 1914, S. 2; s.a. *Köpcke-Duttler*, Zur Kritik der Strafe. Zur Erinnerung an Friedrich Siegmund-Schultze und Gustav Wyneken, AGS-Informationen, November 1985, S. 13-19 (zu beziehen über Aktionsgemeinschaft Sozialisation, Füchsleinstraße 1, 8700 Würzburg).

47 "Soweit ich die Geschichte der Menschen und der Völker studiert habe, gibt es kein unfruchtbareres Prinzip als eben dies, die Schuld beim andern zu suchen. Nur wer die Schuld bei sich selber sucht, kommt weiter. Menschen, die immer nur ihre Mitmenschen verantwortlich machen, verbauen sich die Möglichkeit, aus ihren Fehlern herauszufinden. Die Sprichwörter fast aller Völker und Kulturen bringen zum Ausdruck, daß alle Hilfe verloren ist, wo der eigene Mangel nicht erkannt wird. Das Bewußtsein der eigenen Verantwortung ist gleichbedeutend mit Trägheitstod." (*Siegmund-Schultze*, Zur inneren Lage, in: Nachrichten aus der Sozialen Arbeitsgemeinschaft, Nr. 16, Juni 1924, S. 1 f.).

48 S. Arnold *Köpcke-Duttler* (Hrsg.), Schuld - Strafe - Versöhnung, Mainz 1989 (erscheint voraussichtlich im Herbst).

49 Jürgen *Baumann*, Schuld und Sühne versus Urlaub, in: Zeitschrift für Strafvollzug 36, 1987, S. 47-49 und Ulrich *Eisenberg*, Zur Verantwortung vor dem Erziehungsgedanken im Jugendstrafrecht, in: Juristische Rundschau 1987, S. 485-490 (gegen die Vergeltung als Erziehungszweck).

50 Leonhard *Frank*, Die Ursache, München 1916, S. 104; s.a. Franz *Werfel*, Nicht der Mörder, der Ermordete ist schuldig, Frankfurt 1984.

51 Aus der Arbeit der Sozialen Arbeitsgemeinschaft Berlin-Ost E.V., Nummer 2, November 1935, zit. n. Christa *Stache* (Bearb.), Friedrich Siegmund-Schultze 1885-1969, a.a.O., S. 47.

52 Daß die Schuld im strafrechtlichen Sinne in die Nähe der Erniedrigung eines Menschen gerät und mit Vergeltung gleichgelagert wird, sogar Rache, Anschuldigung in Aggressivität, nicht von einer Bereitschaft zur Vergebung gezeichnet ist, haben Fritz Bauer und Armand Mergen immer entdeckt (s. Armand *Mergen*, Die Wissenschaft vom Verbrechen, Hamburg 1961, S. 212 ff.).

53 Hermann *Nohl*, Jugendwohlfahrt, Leipzig 1927, S. 13.
Die Prävalenz der pädagogischen Funktion der Strafe entdeckt Nohl gerade im Strafvollzug. "Die Erziehung ist, wenn nicht der Sinn der Strafe, so doch der Sinn des Strafvollzugs." (S. 95).

54 Zur heutigen Diskussion s. Friedrich *Barabas*/Christoph *Sachße* Funktion und Grenzen der Reform des Jugendhilferechts, in: Kritische Justiz 7, 1974, S. 28 ff.; Johannes *Münder*, Familien- und Jugendrecht, Weinheim/Basel 1980, S. 146 ff.; Erhard *Denninger*, Jugendfürsorge und Grundgesetz, in: Kritische Justiz 2, 1969, S. 379 ff.

55 Erschreckende Erlebnisse mit der Strafjustiz finden sich in Ernst *Tollers* Gesammelten Werken (s. Bd. 1, München 1978, S. 92 ff.).

56 Erich *Gramm*, Die Soziale Arbeitsgemeinschaft Berlin-Ost, in: Friedrich Siegmund-Schultze als Wegbereiter sozialer Arbeit, Frankfurt 1966, S. 27 f. - Hermann Gamm forderte die "freiwillige persönliche Hingebung des Helfers", der als Freund und Nachbar nicht durch seine Fürsorge kränken dürfe. (Stellung und Arbeit des Jugendgerichtshelfers, in: Neue Nachbarschaft XI. Jg., 1928, S. 138 ff.).

57 *Siegmund-Schultze*, Jugendarbeit in Berlin-Ost, in: Neues Beginnen, 1954, Nr. 4, S. 62; s.a. Walter Friedländer, Siegmund-Schultze als Gründer und Erster Direktor des Jugendamtes Berlin und sein Einfluß auf das Reichsjugendwohlfahrtsgesetz, in: Lebendige Ökumene, a.a.O., S. 122-128. Friedländer bezeichnet Siegmund-Schultze als einen der geistigen Väter des Gesetzes.

58 S. Peter Martin *Lampel*, Verratene Jungen, Frankfurt 1929.

59 *Siegmund-Schultze*, Das Jugendgericht von Chicago, in: Monatsschrift für Kriminalpsychologie und Strafrechtsreform 9, 1913, S. 232.
Zur Geschichte der amerikanischen Jugendgerichtsbarkeit s. Barry *Krisberg*, Jugendgerichtsbarkeit: Die Vision und der ewig gleiche Stern, in: Kriminologisches Journal 19, 1987, S. 81-97. - S.a. Horst *Schüler-Springorum*, Jugendkriminalrechtspflege und kriminologische Forschung, in: Karl-J.

Kluge (Hrsg.), Kriminalpädagogik, 2. Bd., Darmstadt 1977, S. 137-150. Die Frage lautet: "... ist vielleicht der Begriff 'Erziehungsstrafrecht' selbst ein Unbegriff?" (S. 146).

60 S. Albert *Krebs*, Auffassungen über die Aufgaben des Strafvollzugs in Deutschland seit der Aufklärung, in: Zeitschrift für Strafvollzug 11, 1962, S. 138-150.

61 *Siegmund-Schultze*, Arbeit an jugendlichen Psychopathen in den Vereinigten Staaten von Amerika, in: Zeitschrift für Kinderforschung 33, 1927, S. 519. - Zum Protest gegen Kasernierung und Asylierung Jugendlicher, zu neuen Formen der Menschenbehandlung im Gemeinwesen, einer präventiven Kriminalpolitik, s. Max *Busch*, Neue Formen ambulanter Behandlung von Ersttätern, in: Recht der Jugend und des Bildungswesens 27, 1979, S. 344-355. - Die Kritik des autoritären Charakters juristischer Hilfekonzeptionen bedenkt Micha *Brumlik* (Etwas fehlt, in: Kriminologisches Journal 8, 1976, S. 241-262) im Licht der "noch ungewordenen Möglichkeiten" (Ernst Bloch), reflektierter Sehnsüchte und Hoffnungen.

62 S. Margarete *Schnaubert*, Jugendgerichtshilfe, in: Nachrichten aus der Sozialen Arbeitsgemeinschaft, Nr. 12, Januar 1919, S. 48-50; *dies.*, Jugendgerichtshilfe, in: Nachrichten aus der Sozialen Arbeitsgemeinschaft, Nr. 13, April 1920, S. 75-76; Hermann *Hublow*, Gefängnisfürsorge, ebd. S. 76. Zur Konzeption eines heutigen umfassenden Jugendgesetzes s. Johannes *Münder*, Reform des Jugendwohlfahrtgesetzes, seine Geschichte aus jugendpolitischer und rechtlicher Sicht, in: Recht der Jugend und des Bildungswesens 33, 1985, S. 232-241.

63 S. Fritz *Kleist*, Strafe hilft nicht, in: Zeitschrift für Individualpsychologische Pädagogik und Psychohygiene 1. Jg., H. 9/10, November/Dezember 1928, S. 184.

64 Klaus *Rehbein*, Formen der Erziehung im Jugendstrafvollzug, Diss. Münster 1959, S. 21; s.a. Anne *Frommann*, Da-Sein in Stellvertretung, Frankfurt 1987.

65 *Siegmund-Schultze*, Städtische Jugendämter, in: Tätigkeitsbericht der Deutschen Zentrale für Jugendfürsorge, Berlin 1918, S. 82. - S. Helene *Siepmann*, Amerikanische Reform-Fürsorgeerziehungsanstalten, in: Neue Nachbarschaft/Akademisch-Soziale Monatsschrift XIII. Jg., H. 1, Januar 1930, S. 41 und *Maria Siegmund-Schultze*, Die Wohlfahrtspflege, in: Neue Nachbarschaft XII. Jg., 1929, S. 118 f.: "Sehnsucht nach Bruderschaft ist allenthalben da; aber die Machtausübung durch behördliche und Kapitalkraft hat zu sehr gereizt."

66 *Siegmund-Schultze*, Jugendämter und freie Liebestätigkeit, in: Zentralblatt für Vormundschaftswesen, Jugendgerichte und Fürsorgeerziehung 1918, H. 11, S. 127-129; s. *ders.*, Erich Kocke, in: Akademisch-Soziale Monatsschrift IV. Jg., Januar 1921, H. 10, S. 164 ff.

67 *Siegmund-Schultze*, Maßnahmen gegen die Verwahrlosung der Jugend: Großstadtjungen im Alter von 12-14 Jahren, in: Monatsschrift für das Kinderhortwesen Jg. 2, Nr. 1, 1916, S. 2-42; s.a. *ders.*, Neue Untersuchungen über den Erfolg der Fürsorgeerziehung, In: Soziale Welt 5, 1954, S. 241-249.

68 Karl *Wilker*, Der Lindenhof, 2. Aufl., Kettwig 1924. (Herrn Professor Albert Krebs sei für das Gespräche über Karl Wilker freundlich gedankt.)

69 Karl *Peters*, Die Grundlagen der Behandlung junger Rechtsbrecher, in: Monatsschrift für Kriminologie und Strafrechtsreform 1966, S. 55.
S.a. Friedrich *Schaffstein* und Olaf *Miehe* (Hrsg.), Weg und Aufgabe des Jugendstrafrechts, Darmstadt 1975 und Günther *Kaiser*, Jugendstrafrecht, in: *ders.* u.a., Kleines kriminologisches Wörterbuch, 2. Aufl., Heidelberg 1985, S. 172 ff.

70 Karl *Peters*, Werdendes Jugendstrafrecht, Bonn 1947, S. 18.
Zur Strafe als äußerstem Mittel "einer rein irdischen Sozialpolitik", das durch soziale Notwendigkeit zu rechtfertigen sei, s. Jürgen *Baumann*, Strafe als soziale Aufgabe, in: Robert Hauser u.a. (Hrsg.), Gedächtnisschrift für Peter Noll, Zürich 1984, S. 27 ff.

71 *Schüler-Springorum* spricht von "einer Art 'embarras commun'". (Zur aktuellen Diskussion über Strafe und Erziehung, in: Festschrift für Hanns Dünnebier, Berlin/New York 1982, S. 658).

72 S. Lothar *Böhnisch*, Der Sozialstaat und seine Pädagogik, Neuwied/Darmstadt 1982.

73 Max *Busch*, Gescheiterter Behandlungsvollzug?, in: Siegfried Müller/Hans-Uwe Otto (Hrsg.), Damit Erziehung nicht zur Strafe wird, Bielefeld 1986, S. 157.

74 "Das Recht ist Friedensordnung." (Karl *Peters*, Grundprobleme der Kriminalpädagogik, Berlin 1960, S. 149).
Besser: Kann es dazu werden? - S. *Siegmund-Schultze*, Abrüstung und Friedensarbeit, in: Die Eiche 9, 1921, S. 139.

75 Klaus *Rehbein*, Friedrich Wilhelm Siegmund-Schultze: Wahrheit leben, in: Christa Stache (Bearb.), Friedrich Siegmund-Schultze 1885-1969, a.a.O., S. 13-38; s. *Siegmund-Schultze*, Selig sind die Friedensstifter, in: Die Friedensrundschau 11. Jg., 1957, H. 1, S. 4. - Zum Solidaritätsgedanken der Menschheit s. Karl *Peters*, Grundsätzliches über Erziehung und Strafe, in: Thomas Würtenberger (Hrsg.), Kriminologie und Vollzug der Freiheitsstrafe, Stuttgart 1961.

76 S. Klaus *Rehbein*, "Pflanzt Friedenseichen...!". Dem antifaschistischen Friedenskämpfer Friedrich Siegmund-Schultze zum 100. Geburtstag, in: Demokratische Erziehung 4/1985, S. 24-27.

77 Leonhard *Ragaz*, Die Bergpredigt Jesu., Hamburg 1971, S. 53; s. Johannes *Ude*, Gilt das fünfte Gebot ausnahmslos? in: Die Friedensrundschau 9. Jg., März 1954, S. 5 und *ders*., Du sollst nicht töten!, Dornbirn 1948, S. 198 ff. (Militarismus, Krieg und Volkssittlichkeit), S. 226 ff. (Die Mitschuld aller an der in der Welt herrschenden Gewalt), S. 338 ff. (Die Erziehung zum Frieden).

78 Ebd. S. 54; s. *ders*., Die Gleichnisse Jesu, Hamburg 1971, S. 83 ff. Der Nächste ist der Mensch, sobald er deiner Hilfe bedarf; das Gleichnis vom Barmherzigen Samariter wird die "gewaltigste Predigt der Humanität".
S.a. *Ragaz*, Die pädagogische Revolution, 2. Aufl., Olten 1920.

79 Walter *Dirks*, Der Samariter und der Mann aus Samaria, Freiburg 1985, S. 71.
S. Carl *Mennicke*, Gerechtigkeit und Liebe im Völkerleben, in: Akademisch-Soziale Monatsschrift II. Jg., Dezember 1918/Januar 1919, H. 9/10, S. 129-136.
Zum militärähnlichen Aufbau des Strafvollzugs im vergangenen Jahrhundert s. Albert *Krebs*, Freiheitsentzug, a.a.O., S. 19. - Zusammenhänge zwischen der Militärpädagogik und dem staatlichen Strafvollzug mit seinen Massen-, Klassen- und "kalten Berechnungsstrafen" verfolgt auch Elisabeth *Siegel*, Das Strafproblem in der Erziehung, in: Unsere Jugend 13, 1961, S. 377 ff.

Strafzwecke und Vollzugsziele

Alexander Böhm

Das nun seit zehn Jahren in Kraft befindliche Strafvollzugsgesetz findet insoweit Kritik, als das Vollzugsziel in § 2 einseitig formuliert sei[1]. Die mit beträchtlichem Aufwand geführte Diskussion[2] ist aber wohl nur von geringer praktischer Relevanz, da sich keine Mehrheit für eine derartige Gesetzesänderung finden dürfte[3]. Gleichwohl lohnt es sich , den Ursachen des Unbehagens nachzugehen.

Albert Krebs hat sich in grundlegenden Arbeiten mit Fragen der Formulierung des Vollzugsziels befaßt[4]. Ihm war das Spannungsverhältnis zwischen den Grundlagen für die Verhängung der Rechtsstrafe und den Aufgaben des Strafvollzugs stets bewußt, das darin besteht, daß eine Freiheitsstrafe nach Grundsätzen (Schwere des Unrechts, Größe der Schuld) verhängt und bemessen werden muß, die mit den Aufgaben des Vollzugs (Sicherung der Allgemeinheit und Integration[5] des Verurteilten) nicht korrespondieren. Denn es müssen (und werden) Freiheitsstrafen vollzogen, obwohl die Verurteilten bereits ausreichend in die Gesellschaft integriert und keinesfalls rückfallgefährdet sind[6]. Im Extremfall wird ein inzwischen wohl eingegliederter Mensch einige Jahre nach seiner Tat wegen Mordes zu einer lebenslangen Freiheitsstrafe (nach § 211 StGB der einzig zulässigen Strafe) verurteilt und von dieser mindestens 15 Jahre in einer Vollzugsanstalt verbüßen müssen (§ 57 a StGB). Und in vermutlich den meisten Fällen entspricht die gerichtlich angeordnete Strafdauer nicht den aus der Sicht der Vollzugsziele optimalen Maßen, sei es, daß sie zu kurz ist, um die erforderlichen Wirkungen eintreten zu lassen, sei es, daß sie - auch bei Nutzung der gesetzlichen Möglichkeit zur Strafaussetzung - zu lang ist; der aus Gründen der Integration günstigste Entlassungszeitpunkt nicht genutzt werden kann.

Die dargestellte Problematik nötigt nicht dazu, die Vollzugsziele anders zu formulieren; erforderlich ist nur, den Vollzug auch für die Personen, bei denen diese Ziele nicht oder nicht in jeder Hinsicht verfangen, sinnvoll zu gestalten. Arbeits-, Bildungs-, Freizeit- und Sportangebote sind auch gegenüber Menschen angebracht und sinnvoll, die sie nicht deshalb nützen sollen, um Verhaltensweisen zu erlernen, ein "Leben ohne Straftaten führen zu können"[7]. Allerdings müssen die resozialisierenden Angebote und Möglichkeiten vornehmlich den Insassen vorbehalten bleiben, die ihrer zur Integration bedürfen. Hier beobachtet man in der Praxis oft, daß gerade die Insassen, die einer Integration am wenigsten bedürfen, am meisten vom resozialisierenden Programm profitieren. Dieses Programm ist einmal für jeden Insassen sinnvoll, es verlangt von den am meisten Eingegliederten die geringsten emotionalen, geistigen und körperlichen Anstrengungen (ist ihnen deshalb besonders angenehm), und dementsprechend sind die mit diesem Programm befaßten Bediensteten mit jenen Klienten auch "gut bedient". Selbst bei Rückfalluntersuchungen dürfte sich der "Erfolg" dieser Programme herausstellen, denn die der Integrationshilfe nicht oder weniger bedürftigen Personen werden ohnehin kaum rückfällig. Freilich greift dieser kritische Blick auch wieder zu kurz: oft sind resozialisierende Maßnahmen ohne die Mitwirkung einiger stabilisierender Klienten gar nicht durchzuführen[8].

Ein auch von *Albert Krebs* bedachter Gesichtspunkt ist die Beachtung der Gerechtigkeit, die - in Grenzen - eine gewisse Gleichbehandlung fordert[9]. Hier besteht die Spannung zwischen der auf Tat und Schuld blickenden Rechtsstrafe - sie muß sich an "Gerechtigkeit" orientieren - und der an den Bedürfnissen des Einzelnen ausgerichteten Hilfe zur Integration. Ein Hilfsmittel, hier vernünftig zu verfahren, war ein bestimmtes menschenwürdiges "Vollzugsniveau", das freilich sowohl früher wie heute den Vollzug der Freiheitsstrafe deutlich als eine erhebliche Rechtseinschränkung erkennbar macht[10]. Der Strafvollzug in Stufen, der - teilweise auch an der Strafzeit festgemacht - das Aufrücken des Gefangenen, der sich in seinen Kräften bemüht, in ihm erstrebenswert erscheinende und ihn gleichzeitig fördernde Vollzugsformen bis zum gelockerten Vollzug und zur Entlassung zur Bewährung vorsah[11], paßt in ein solches, auch der Gerechtigkeit dienendes Programm.

Die neuen Schwierigkeiten sind einerseits mit der Ausweitung der Strafaussetzung zur Bewährung, andererseits mit der gesetzlichen Fassung der Strafvollzugslockerungen aufgetreten. Anlaß der lebhaften Diskussion sind Gerichtsentscheidungen, die sich mit der Frage befassen, ob wegen grausamer Morde in Konzentrationslagern zu lebenslänglichen Freiheitsstrafen Verurteilten Urlaub aus der Haft wegen "Schwere der Schuld" versagt werden darf, obschon keinerlei Gefahr besteht, daß sie die Vollzugslockerungen mißbrauchen werden[12]. Die Urlaubsversagung ist nur möglich, wenn die "Schwere der Schuld", deren Platz bei der Strafzumessung und im Rahmen der Strafvollstreckung bei zu lebenslanger Freiheitsstrafe Verurteilten gesetzlich festgelegt ist, unter dem Gesichtspunkt der "Einheit der Strafrechtsordnung" auch bei Vollzugsentscheidungen bedacht werden darf[13]. Hierbei spielt es eine Rolle, daß Vollzugslockerungen, vor allem Freigang und Urlaub den Charakter der Freiheitsstrafe als Rechtseinbuße und Übelszufügung verändern. Nun könnte man gewiß die Problemfälle, die die Rechtsprechung beschäftigt haben, isolieren und insoweit zu einer pragmatischen Lösung kommen; aber man kann wohl nicht übersehen, daß die Frage der Gerechtigkeit bleibt, die sich vielleicht so formulieren läßt: "Wieweit darf - in der Regel unverschuldete - Integration/Desintegration das wegen verschuldeten Unrechts zugemessene Strafübel "Freiheitsstrafe" modifizieren?"

Das ist zunächst kein isoliertes Problem des Vollzugs. Vielmehr enthält das StGB in § 56 eine Regelung, wonach die Freiheitsstrafe zur Bewährung auszusetzen ist, wenn zu erwarten steht, daß der Verurteilte sich schon die Verurteilung zur Warnung dienen lassen und künftig auch ohne Einwirkung des Strafvollzugs keine Straftaten mehr begehen wird. Diese Chance, Strafvollzug zu vermeiden, hängt nicht von der Schwere der Schuld, sondern von dem Stand der Integration ab, sicher oft auch von der Anstrengungsbereitschaft und dem guten Willen des Verurteilten, mehr aber von unverschuldeter Benachteiligung. Erwartungsgemäß gelangen die wegen solcher Taten, die öfter von besser eingeordneten Personen begangen werden, Verurteilten[14] häufiger in den Genuß der Strafaussetzung zur Bewährung, als diejenigen, die Taten begehen, die man erfahrungsgemäß bei sozial benachteiligten und gefährdeten Personen vermutet. Von den aussetzungsfähigen Strafen wurden 1976 66 %, 1986 73 % zur Bewährung ausgesetzt, bei den wegen Diebstahls Verurteilten waren es 50,5 % und 63 %, bei den wegen solcher Taten - die oft von Bessergestellten begangen werden - Verurteilten 66 % und 79 %. Hat sich insgesamt die Chance, Strafaussetzung zur Bewährung zu erhalten, erfreulich erhöht (auch im Bereich prognostisch unsicherer Fälle), so ist der Abstand der beiden Extremgruppen voneinander nahezu unverändert geblieben. Je höher die Strafe, desto deutlicher wird der Unterschied. Bei den Freiheitsstrafen zwischen mehr als einem bis zu zwei Jahren wurden 1986

44,4 % zur Bewährung ausgesetzt, bei der Problemgruppe (Diebstahl) waren es 28 %, bei den besser Sozialisierten 56 % (Wirtschafts- und Umweltschutzdelikte im engeren Sinn: 90 % !). In der rechtspolitischen Diskussion sind es die linksstehenden Gruppierungen, die eine Ausdehnung der Strafaussetzung zur Bewährung auf über zwei Jahre lange Freiheitsstrafen propagieren[15]. Es gehört wenig Phantasie dazu, sich auszumalen, welche Tätergruppen von dieser Wohltat profitieren würden; gewiß nicht die, in denen die in ihrer Sozialisation Benachteiligten, denen gerade die Sympathie der linksstehenden Gruppen angeblich gilt, gehäuft vertreten sind. Mir ist es ein Rätsel, wieso die links-liberalen Kräfte (zum Glück vergebens) diesen rechtspolitischen Weg einschlagen. Strategisch wäre noch das Ziel denkbar, das ganze System so durch immer deutlicher werdende soziale Ungerechtigkeit zu korrumpieren. Aber gegen eine solche Absicht spricht entscheidend die verfasssungstreue Gesinnung dieser Parteien und Personen. Der - damals der SPD angehörende - hessische Justizminister versprach auf einem Faltblatt, er wolle mit derselben Schärfe gegen den Wirtschaftsstraftäter wie gegen den Taschendieb vorgehen; abgesehen davon, daß die Gleichbehandlung nur bei einem gewerbsmäßigen Taschendieb angemessen wäre: die hessische Praxis ist - wie die in den anderen Bundesländern - weit von diesem Versprechen entfernt. Nun soll kein zu einseitiges Bild gezeichnet werden. Es gibt durchaus auch Reformen auf dem Gebiet des Strafrechts, die den schlecht sozialisierten, oft bestraften Kleinkriminellen zugute kommen. Die Beschränkung der Sicherungsverwahrung (1969) auf Täter, die infolge "eines Hanges zu erheblichen Straftaten, namentlich zu solchen, durch welche die Opfer seelisch oder körperlich schwer geschädigt werden oder schwerer wirtschaftlicher Schaden angerichtet wird, für die Allgemeinheit gefährlich" sind (§ 66 I Nr. § StGB), erspart den immer wieder rückfälligen Dieben und Betrügern im Bereich der mittleren Kriminalität diese Maßregel. Bis 1969 war diese Klientel in den Sicherungsverwahrungsanstalten und Abteilungen stark vertreten[16]. Als eine kriminalpolitische Großtat ist es zu werten, daß die Rückfallverschärfung des § 48 StGB im Jahre 1986 gestrichen worden ist, die mit der Mindeststrafe von 6 Monaten gerade für den Bagatelltäter den Weg zur Geldstrafe versperrte, während für den gefährlichen Rückfalltäter keine die normalen Strafrahmen nach oben verschiebende Schärfung vorgesehen war[17]. Die unterdessen bundesweit geschaffene Möglichkeit, uneinbringliche Geldstrafen durch gemeinnützige Arbeit zu erledigen und damit die Ersatzfreiheitsstrafe zu vermeiden, hilft ebenfalls benachteiligten Personengruppen. Zwar wird auch hier im Zweifel der am schwersten Benachteiligte von den Programmen am wenigsten erfaßt; der Einsatz von Sozialarbeitern gewährleistet aber doch einen gewissen Erfolg, der allemal sozial schwachen Personen zugute kommt[18]. Durch die allgemeine Ausweitung der Strafaussetzung zur Bewährung sind auch stärker gefährdete Personen in den Genuß dieser Maßnahme gekommen, ohne daß dadurch die kriminelle Gefährdung insgesamt für die Bevölkerung gewachsen wäre (mag auch die niedrige Widerrufsquote auf einer Änderung der Widerrufsvoraussetzungen und einer insoweit großzügigeren Praxis beruhen)[19]. Gerade auch diese Gesetzesänderung, die großzügigere Praxis und das Anlaufen von Modellprojekten, die eine "Widerrufsvermeidung" zum Ziel haben[20], machen die Straf- bzw. die Reststrafaussetzung zur Bewährung "gerechter". Ehe man das Institut erweitert, sollte zunächst seine Anwendung sozial verträglicher werden. Das verlangt eine Ausgestaltung, die auf die Bedürfnisse der Gefährdeteren Rücksicht nimmt: weg von einer statischen Prognose zu einer eher langfristigen Betrachtung (analog der Regelungen in § 183 III StGB)[21], Zulassung einer "Vergleichsprognose"[22] wenigstens in einem gewissen Spielraum unsicherer Prognosen.

Ein "Schuldstrafrecht" darf auf der Vollstreckungs- und Vollzugsebene, also dort, wo sich das Strafübel real auswirkt, nicht zum Maßnahmenrecht werden. Dagegen könnte man einwenden, es verstoße gegen das Verhältnismäßigkeitsgebot, einen ungefährlicheren Verurteilten stärker als nötig zu belasten: Strafaussetzung und offener Vollzug seien hier die stärksten Mittel. Das scheint human (und ist zudem billig). Freilich verändert man damit das Strafübel für gleichermaßen verschuldetes Unrecht. Zunächst fällt auf, daß bei der Geldstrafe die möglichst verlgeichbare Übelsbelastung der Verurteilten angestrebt wird. Das Tagessatzsystem soll gerade dadurch, daß jeder Täter für gleiche Schuld die gleiche Anzahl von Tagessätzen erhält, deren rechnerische Höhe aber nach den finanziellen Möglichkeiten der Täter unterschiedlich ermittelt wird (ein Tagessatz kann 2,- DM, aber auch 1 000,- DM betragen!), soziale Ungerechtigkeiten verhindern[23]. Was der Geldstrafe billig ist, muß der Freiheitsstrafe doch recht sein! Dagegen wird mitunter eingewendet, der offene Vollzug und auch die Strafaussetzung belasteten mit ihren Anforderungen den Verurteilten besonders stark. Der Freigänger müsse jeden Tag wieder in die Anstalt zurück, er erlebe das Wechselbad Freiheit/Unfreiheit täglich (während der glückliche Insasse des geschlossenen Vollzugs, ist man versucht hinzuzufügen, sich behaglich in der Unfreiheit einrichten darf). Die Argumentation ist offensichtlich falsch: fast jeder Insasse strebt nach dem offenen Vollzug und nach Vollzugslockerungen, nicht weil er sich einem unangenehmen Wechselbad unterziehen will, sondern weil er eine Hafterleichterung erwartet. Und der besser sozialisierte Insasse, gewohnt, längerfristig zu planen, um sicherer Vorteile willen vorübergehenden Verzicht zu üben, bekommt dieses Wechselbad auch "gut in den Griff". Andere wenden ein, der besser sozialisierte Verurteilte empfinde auch den geringeren Rechtseingriff, der mit dem offenen Vollzug einhergehe, als schon belastend genug. Die Individualabschreckung erfolge auch so ausreichend und potentielle Täter gleicher Art würden in genügender Weise gewarnt. Fraglich ist indessen, ob nicht das Rechtsgefühl der Allgemeinheit durch diese Bevorzugung beleidigt wird. Vor allem mißfällt mir aber die mehr oder weniger unausgesprochene, im Hintergrund stehende Überlegung, "anständigen" Menschen, aus "unserer" Schicht entspreche eine zurückhaltende Rechtseinschränkung, der geschlossene Vollzug sei eben etwas für "andere", für "Strolche", für "Kriminelle".

Daß nun auch im Strafvollzug die Lockerungen, vor allem der "offene Vollzug", dem besser Sozialisierten eher als dem Benachteiligten gewährt werden, liegt nahe und läßt sich leicht belegen[24]. Hier tritt die Ungleichbehandlung sogar noch deutlicher hervor, da die Angst der Verantwortlichen vor Lockerungsmißbräuchen und der - wie mir scheinen will: selbstgesetzte - Druck, immer abenteuerlichere Erfolgszahlen zu produzieren, stärker ist als die Sorge von Gerichten, mit Aussetzungen zur Bewährung oder Entscheidungen, die eine Entlassung zur Bewährung nach Teilverbüßung anordnen, Schiffbruch zu erleiden. Wenn überhaupt insoweit an Gerichten Kritik geübt wird, dann doch sehr moderat. Die Vollzugsbehörden und der für sie verantwortliche Landesjustizminister stehen dagegen, wenn es spektakuläre oder häufige Mißbräuche gibt, sogleich im Mittelpunkt mitunter gehässiger Angriffe. Größte Liberalität bei höchster Wahrung der Sicherheit erreicht man - jedenfalls statistisch -, wenn man den besser Sozialisierten möglichst oft Lockerungen gewährt; so wird denn auch verfahren. Es verwundert deshalb nicht, daß bei Wirtschaftsstraftätern die Regelzeitgrenze für die erste Lockerung meist unterschritten und alle denkbaren Lockerungsmöglichkeiten genutzt, bei Dieben gleichen Alters und gleicher Straflänge, selbst dann, wenn ihnen zu einem späteren Zeitpunkt grundsätzlich Lockerungen gewährt werden, die denkbaren Urlaubs- und Ausgangskontingente jedoch keineswegs ausgeschöpft werden[25]. Diese - grobskizzierte - Tendenz im Vollzug widerspricht auf den ersten Blick nicht der gesetzlichen Regelung; angesichts eines politischen Klimas, das vom Vollzug kostenneutrale Liberalität ohne Sicherheitseinbußen verlangt, entspricht sie der Erwartung. Daß sie zu Kritik herausfordert, müßte jedermann einleuchten, mit der dagegen aufgebotenen Beschwörung eines angeblich wohldurchdachten liberalen Gesetzes und einer Frontbildung gegen eine konservative Trendwende[26] ist es nicht getan.

Will man, wie ich meine zu Recht, bei dem Grundsatz bleiben, daß der Vollzug sich auf die Integration seiner Insassen und auf den Schutz der Gesellschaft vor gefährlichen Tätern beschränkt, die im Freiheitsentzug liegende Übelszufügung möglichst begrenzen und nicht - wie früher - Verurteilten je nach Urteil gesondert beimessen[27], dann müßte hinsichtlich der Rechtseinschränkungen eine möglichste Gleichbehandlung, hinsichtlich der Integration eine größtmögliche Individualisierung erfolgen. Soweit offener Vollzug und Lockerungen Begrenzung der Übelszufügung - Hafterleichterung - sind, sollten sie den Insassen möglichst gleichmäßig gewährt werden. Das bedeutet, daß offener Vollzug so gestaltet werden muß, daß auch schlecht sozialisierte Personen dort gehalten werden und eine Förderung erfahren können (also keine "billige" Einrichtung, sondern etwa Ausstattung mit den erforderlichen Fachdiensten). Lockerungen (Urlaub und Ausgang) sollten nicht nur denen gewährt werden, die für deren finanzielle und inhaltliche Ausgestaltung selber sorgen können (also: mehr unterstützende Programme für die anderen, wie von den Kirchen und von freien Trägern veranstaltete Freizeiten etc.). Eine risikobereitere Gewährung von Lockerungen (Abwägung der Sicherheitsrisiken gegenüber den Integrationschancen - ähnlich wie bei der Entlassung zur Bewährung) wäre ebenfalls erforderlich. Schließlich wäre der geschlossene Vollzug hinsichtlich Unterbringung, Behandlung, Arbeit und Freizeit sowie Verkehr mit der Außenwelt entscheidend zu verbessern, um für die - auch bei den erwähnten Verbesserungen verbleibenden - gefährlichen Insassen den zeitweisen Ausschluß von Vollzugserleichterungen zu kompensieren und (Behandlung!) zu verkürzen.

Anmerkungen

1 Vgl. *Hill*, Bedürfnis nach Schuld? Deutsche Richterzeitung, 1987, S. 246.

2 *Müller-Dietz*, 10 Jahre Strafvollzugsgesetz -Bilanz und Perspektiven -, Bewährungshilfe 1986, S. 331 ff., 335, 336; *Dietl*, *Mahrenholz*, *Baumann* und *Staiger* auf der Tagung "Strafe: Tor zur Versöhnung?" vom 6. bis 8.4.1987 in der evangelischen Akademie Hofgeismar (Hofgeismarer Protokolle, Nr. 244, 1988).

3 Das ist jedenfalls das Ergebnis der 58. Konferenz der Justizminister und Justizsenatoren vom 2. bis 4. Juni 1987 in Timmendorfer Strand, ZfStrVo 1987, S. 230.

4 Aufgabe des Vollzugs von Freiheitsstrafen, Zeitschrift für Strafvollzug, 1966, S. 259 ff, 262, 263; Behandlung der straffälligen Jugend (1964) in: *Krebs*, Freiheitsentzug, 1978, S. 558 ff., 561; Die Aufgabe des Freiheitsstrafvollzugs. Ideen- und begriffsgeschichtliche Bemerkungen (1969), in: *Krebs*, Freiheitsentzug, 11 ff.

5 Zu diesem Begriff: *Krebs*, Freiheitsentzug, S. 11 ff., 26, 29.

6 *Krebs*, ZfStrVo, 1966, S. 263; *Böhm*, Strafvollzug, 2. Aufl. 1986, A II 2 (S. 30-34).

7 *Meyer*, Zehn Jahre Strafvollzugsgesetz - Das Gesetz im Rückblick -, Zeitschrift für Strafvollzug, 1987, S. 4 ff., 8.

8 Vgl. etwa *Groß*, Sozialtherapeutische Versuche im Jugendstrafvollzug, in: Jugendgerichtsbarkeit und Sozialarbeit, Schriftenreihe der Deutschen Vereinigung für Jugendgerichte und Jugendgerichtshilfen, neue Folge, Heft 9, 1975, S. 153 ff, 156, 157.

9 Etwa in: Die Selbstverwaltung Gefangener in der Strafanstalt (1928), in: *Krebs*, Freiheitsentzug, S. 272 ff., 277.

10 In den großen alten Anstalten des geschlossenen Vollzugs befindet sich der Gefangene, wenn er das Glück hat, einen Einzelhaftraum zu-gewiesen zu erhalten, in einem Raum mit vom Wohn- und Schlafteil unabgetrennten WC; die Möglichkeiten gemeinschaftlicher Freizeit beschränken sich auf wenige Stunden in der Woche. Auch die Besuchsmöglichkeiten sind beschränkt. Der Gefangene muß eine oft als schäbig empfundene Anstaltskleidung tragen etc.

11 Hierzu *Krebs*, Landesstrafanstalt in Untermaßfeld (1930), in: *Krebs*, Freiheitsentzug, S. 287 ff.

12 OLG Karlsruhe, Zeitschrift für Strafvollzug 1978, Sonderheft, S. 9; BVerfGE 64, S. 261 ff.

13 Vgl. etwa hierzu *Calliess/Müller-Dietz*, Strafvollzugsgesetz, 4. Aufl. 1986, S. 6-11 zu § 2.

14 Zahlen aus: Statistisches Bundesamt Wiesbaden, Fachserie 10, Rechtspflege, Reihe 3 Strafverfolgung, 1976 und 1986. Den wegen Diebstahlsdelikten zu Freiheitsstrafe Verurteilten als der sozial schlechtergestellten Extremgruppe sind die wegen Betrug, Untreue, Bankrott, Umwelt- und Amtsdelikten, sowie Vergehen gegen die Abgabenordnung (Steuer- und Zolldelikte) und die Sozialversicherungsgesetze Verurteilten als eher aus "besseren" Kreisen Stammende gegenübergestellt.

15 Zeitschrift für Strafvollzug 1986, S. 175, vgl. auch *Lüderssen*, Stufenweise Ersetzung der Freiheitsstrafe in: *Hassemer* (Hrsg.), Strafrechtspolitik, 1987, S. 83 ff., 90.

16 *Meyer-Velde* in: Schwind/Blau, Strafvollzug in der Praxis, 1976, S. 65 ff., 66.

17 *Dölling*, Das 23. Strafrechtsänderungsgesetz, Neue Juristische Wochenschrift, 1987, S. 1041 ff., 1045.

18 *Zimmermann*, Tilgung uneinbringlicher Geldstrafen durch freie Arbeit, Bewährungshilfe 1982, S. 113 ff., 124.

19 *Spieß*, Wie bewährt sich die Strafaussetzung? Strafaussetzung zur Bewährung und Fragen der prognostischen Beurteilung bei jungen Straftätern, Monatsschrift für Kriminologie und Strafrechtsreform 1981, S. 296 ff.

20 Zeitschrift für Strafvollzug 1986, S. 41 (ein hessisches Projekt in Darmstadt betreffend).

21 BGH, Urt. vom 7.8.1986 in: Entscheidungssammlung zum Straf- und Ordnungswidrigkeitenrecht, Nr. 2 zu § 183 StGB mit Anmerkung von *Rössner*.

22 Hierzu etwa *Frisch*, Prognoseentscheidungen im Strafrecht 1983, S. 104 ff.

23 Damit "der Wohlhabende, wie der Arme unter sonst gleichen Umständen einen gleich schwer treffenden wirtschaftlichen Verlust erleidet", BGHSt 27, 70 ff.

24 *Böhm*, Vollzugslockerungen und offener Vollzug zwischen Strafzwecken und Vollzugszielen, NStZ 1986, S. 201 ff. (204).

25 Das ergibt sich aus einer noch nicht veröffentlichten Untersuchung einer Doktorandin von mir, Frau *Freimund-Schaab*, die die Behandlung von jeweils etwas über 100 gleichalten und zu gleich langen Freiheitsstrafen verurteilten Wirtschaftsstraftätern und Dieben hinsichtlich der Vollzugslockerungen und des offenen Vollzugs in hessischen und rheinland-pfälzischen Strafanstalten verglichen hat.

26 Wie sie auf der Tagung der evangelischen Akademie in Hofgeismar (Anm. 2) angeklungen sind.

27 Bis 1969 gab es verschieden benannte Freiheitsstrafen (Zuchthaus, Gefängnis, Einschließung, Haft), die unterschiedlich streng vollzogen wurden. Vgl. auch *Meyer* (Anm. 7), S. 4.

Umgang mit dem Schuldigen

Zum Verhältnis von Sozialpädagogik und Strafrechtspflege in der Praxis

Max Busch

Einleitung:
Die Position der Sozialpädagogik in der Strafrechtspflege

Die folgenden Ausführungen stellen keine rechtsphilosophische oder auf theoretische Grundlegung zielende Auseinandersetzung zum Thema des Verhältnisses von Strafe, Schuld und Erziehung dar. Vielmehr soll geprüft werden, wie in der real existierenden Strafrechtspflege und dem gegenwärtig realisierten Sanktionensystem personaler Umgang der dort Agierenden zu gestalten sei.

Das Verhältnis von Sozialpädagogik und Strafrechtspflege kann im Rahmen dieser Abhandlung ebenfalls nicht umfassend und grundsätzlich untersucht werden. Andererseits ist es erforderlich zu klären, was hier und in unserem Kontext unter Sozialpädagogik verstanden wird. Allein die Tatsache, daß die Definition dessen, was Sozialpädagogik sei, zur Klärung ansteht, während die Definition und Problematisierung der Strafrechtspflege nicht notwendig zu sein scheint, stellt bereits eine inhaltliche Aussage dar. Strafrechtspflege mag in sich durchaus kontrovers diskutiert werden, ihr Profil, ihre Merkmale und Grundpositionen scheinen allgemein anerkannt und festgeschrieben zu sein, während die Sozialpädagogik schillernd und undeutlich ist. So stellt *Tuggener* 1973 fest, daß Sozialpädagogik ein "Kunstwort" sei und zu einem Begriff der pädagogischen und fürsorgerischen Verkehrssprache geworden ist, "dessen vielseitige Verwendbarkeit im umgekehrten Verhältnis zu der über ihn herrschenden Klarheit steht"[1].

Es erscheint daher angebracht, wenigstens einige Anmerkungen zur Definition von Sozialpädagogik zu machen, die unter dem Thema "Umgang mit dem Schuldigen" ausgewählt sind. Sozialpädagogik ist nach *Thiersch* "gegenüber einer Rechtsansprüche verwaltenden Sozialpolitik auf Umgang, Intervention, Aktivierung und Lernen" orientiert[2]. Sie ist "das Interagieren (Handeln, Umgang) mit dem Ziel der Identitätsbildung (Personalisation) und des Erwerbs sozialer Kompetenz (Sozialisation)"[3]. Nimmt man diese Definition als vorläufige Orientierung an, dann ergibt sich für uns die Frage, wie sich Sozialpädagogik in der Strafrechtspflege darstellt.

Zunächst ist festzustellen, daß sich die Strafrechtspflege in ihrem Denken und auch in der Praxis des Handelns im wesentlichen Erwachsenen zuwendet und nur im Bereich der Jugendstrafrechtspflege und des Jugendstrafvollzugs mit in der Entwicklung befindlichen Menschen zu tun hat. Es wäre also naheliegend, hier statt von Sozialpädagogik von Agogik oder von agogischer Intervention zu sprechen[4]. Was bei Jugendlichen Bestandteil ihrer Entwicklung ist, nämlich die systematische Einführung in das Wert- und Normensystem unserer Gesellschaft und in die damit gegebenen künftigen gesellschaftlichen Funktionen, kann bei Erwachsenen lediglich ein Angebot sein. Dieses Angebot soll begrifflich dadurch deutlich gemacht werden, daß nicht von Pädagogik, sondern von Agogik gesprochen wird, weil der Adressat nicht als jugendlich oder unmündig (päd) definiert wird, sondern sich die Intervention an Partner oder Erwachsene richtet, die auf ihre Handlungsfähigkeit und Autonomie hin angesprochen werden und allenfalls Entscheidungshilfe oder Entscheidungstraining mit dem Ziel der Befähigung erhalten sollen (siehe hierzu auch die Vollzugszielsetzung des § 2 Strafvollzugsgesetz). Von Erziehung kann hier nur noch sehr eingeschränkt gesprochen werden.

Der Begriff Umgang ist wesentlich allgemeiner und betrifft nicht nur agogische Intervention. Wenn z.B. der Strafvollzug als "totale Institution" sämtliche Lebensfunktionen des Insassen übernimmt, muß er auch einen alle Lebensbereiche betreffenden Umgang und damit alle Formen gesellschaftlichen Agierens von Menschen aufgreifen. Dies überschreitet pädagogische Handlungsansätze bei weitem. Auch bereits beim Umgang mit dem Beschuldigten im Verfahren kann nicht einfach von sozialpädagogisch konstruktiven Strategien ausgegangen werden. Die Polizei, der Richter, der Staatsanwalt und Instanzen der Untersuchungshaft mögen erzieherische und qualifizierende Aspekte im Sinn haben oder auch nicht, wenn sie mit dem Beschuldigten umgehen. Ihr Umgang wird jedenfalls von ganz anderen, dem Justizsystem immanenten Zielvorstellungen und Strategien (z.B. Wahrheitsfindung) bestimmt. Immer aber ereignet sich in der Strafrechtspflege Umgang von Menschen mit Menschen und dies bedeutet, daß diese Abläufe nicht nur "technologisch-strategisch" gesehen werden dürfen, sondern eine grundlegende humane Dimension haben. Die Frage nach dem Umgang mit dem Schuldigen ist also nicht etwa nur im Strafvollzug oder in der Bewährungshilfe als (Re-)Sozialisierungsstrategie zu sehen, wie dies in der einschlägigen Literatur ständig wiederholt wird. Fragen des humanen Umgangs betreffen alle Bereiche und Formen des Interagierens in der Strafrechtspflege.

Die Strafrechtspflege ist allerdings keine Schule, keine Erwachsenenbildungseinrichtung und auch keine Therapie-Institution. Sie setzt eigene Rahmenbedingungen. Diese Aussage verharmlost bereits das Problem, weil die Strafrechtspflege nicht etwa nur Bedingungen setzt, sondern durch ihre Intervention überhaupt erst einen Bedarf und eine Problematik bezüglich des Umgangs herstellt. Eine auf Umgang angelegte Wissenschaft, die man Sozialpädagogik oder anders nennen mag, muß sich mit dieser Ausgangssituation auseinandersetzen.

Die Theorie vom kommunikativen Umgang variiert Handlungsmaximen auf dem Hintergrund eines Justizsystems und der jeweils juristisch bestimmten Interventionen (z.B. im Verfahren). Erkenntnisse über den Umgang mit Menschen überhaupt können in diesem Rahmen der Justiz neue und differenziertere Umgangsregeln empfehlen und bestehende Sanktionen (z.B. den Strafvollzug) agogisch qualifizieren.

Würde so verfahren, entstünden Konflikte kaum oder sie werden zumindest wesentlich reduziert. Es bedarf dann keiner Veränderung prinzipieller Art im Bereich der Grundstrukturen der Strafrechtspflege. Grundsatzfragen, was das eigentlich für eine Art von Umgang mit anderen Menschen sei, die in der Strafrechtspflege zum Ausdruck kommt, stellen sich kaum. Es wird hierbei nicht gefragt, ob Strafen überhaupt zur Zielerreichung notwendig sind oder ob auch ein Maßnahmenrecht den Rechtsfrieden und den Schutz der Gemeinschaft zureichend sichern könne. Innovationen und interne Reformen auf der Basis eines vielleicht variierten aber weiterhin bestehenden Schuldstrafrechts reichen in diesem Kontext zur humanen Bewältigung des Problems aus.

Eine extrem andere Position wird heute vom sozialwissenschaftlicher Seite her angeboten. Die Soziologie bringt ihre eigenen Grundpositionen ein. Sie will ihre Erkenntnisse zu Konzepten und Regeln gesellschaftlichen Umgangs mit abweichendem Verhalten durchsetzen und erwartet von der Strafrechtspflege, daß diese ihre empirisch gewonnenen Fakten anerkenne. Sie behauptet etwa auch, daß Strafrechtspflege vorwissenschaftlich sei und abweichendes Verhalten, auch wenn es mit den Merkmalen der "Kriminalität" qualifiziert wird, auf anderem Wege und ohne die Maximen der Strafrechtspflege gesellschaftlich zu bewältigen sei. Die Behandlung der Problematik des Verhältnisses von Strafrecht und Soziologie überschreitet die Möglichkeiten eines Referats über den Umgang mit Personen mit abweichendem Verhalten. Diese Auseinandersetzung findet z.B. in der neueren Kriminologie ständig und häufig sogar emotional und sehr intensiv statt. Wir engen unsere Fragestellung pragmatisch ein und fragen, welche Ausgangsposition wir für unsere Erörterungen über den Umgang mit dem Schuldigen hic et nunc beziehen sollen.

1. Grundpositionen zum Problem des Umgangs

Fragen wir zunächst nach der rechtsphilosophischen Grundlage der Strafrechtspflege, so können wir vereinfachend feststellen, daß die Ausgangsposition des gesamten Geschehens ein vielfach modifiziertes Schuldstrafrecht ist. Was dies bedeutet, kann hier auch nur in groben Umrissen aufgezeichnet werden. Wir wollen dies wenigstens in einigen Thesen unter drei Aspekten tun, und zwar unter philosophischer, soziologischer und psychologischer Sicht. Daß theologische Aspekte ausgeklammert wurden, hat seinen bestimmten Grund. In einer Gesellschaft, in der ein atheistischer Staatsanwalt einen religiös uninteressierten Täter bei einem Gericht anklagen kann, dessen Mitglieder unter theologischen Aspekten absolute Ignoranten sind, kann verbindlich für alle Mitglieder dieser Gesellschaft nicht theologisch argumentiert werden. Die Tatsache der totalen Ignorierung theologischer Dimensionen ändert an der gesellschaftlichen Geltung des Verfahrens und des Urteils nichts. Theologie ist nicht mehr Begründungsgrundlage, sondern lediglich in das Belieben des Einzelnen gestellte Sinndimension[5]. Seitdem nach Kants Definition die Menschen aufgeklärt sind und damit ihre "selbstverschuldete Unmündigkeit" aufgegeben haben, kann Strafrechtspflege allenfalls philosophisch begründet werden. Sie ist dann ein rational zu rechtfertigendes Reaktionssystem auf einen Katalog von Verhaltensweisen, die eine rational konstruierte Gesellschaft gefährden. Wenn nunmehr die Schuld des Täters nicht mehr gegenüber einer transzendenten Institution oder Person (Gott) besteht, sondern ein Handeln wider die Vernunft ist, kann Ziel des Umgangs mit dem Täter nur sein, diesen "vernünftig" werden zu lassen oder zu machen. Zumindest noch das ganze 19. Jahrhundert und auch weit in unser Jahrhundert hinein eigentlich bis in die letzten Jahre war der philosophische Glaube an die Macht der Vernunft mehr oder minder ungebrochen. Dies galt auch für den Umgang mit dem Täter in der Strafrechtspflege. Der auf philosophischer Basis zur Vermittlung von Einsichten und Vernunft zuerst im Strafvollzug eingesetzte Beruf war folgerichtig auch der Lehrer, der durch Bildung und Vermittlung von Einsichten die Kriminalität bekämpfen sollte. Die auch von Richtern im Verfahren und vielgestaltig von allen beteiligten Instanzen eingeleiteten Bemühungen um "Einsicht" und "rationale Erkenntnis" im Blick auf die Sinnlosigkeit oder mangelnde Logik des kriminellen Verhaltens ist ein weiteres Zeugnis für diesen Versuch des Umgangs unter philosophisch-aufklärerischen Maximen. Dem Täter sollte deutlich werden, daß im Hinblick auf eine vernünftige und damit glückliche Lebensführung sein Verhalten nicht angemessen ist. Das Bemühen der Instanzen um diese Einsicht zeigte zugleich den Charakter der Zuwendung der Agierenden zum Täter und konstituierte mit dem Interesse an dessen "Lebensglück" den Beweis für eine allgemeine Menschenliebe und die Achtung der Menschenwürde. Dieser uns heute naiv-optimistisch erscheinenden Impuls wurde auch bis vor wenigen Jahren nicht durch Dunkelfeldforschung gestört, die deutlich machte, daß es recht rational und effektiv sein kann, kriminell zu handeln, wenn es einem gelingt, in der größeren Gruppe der im Dunkelfeld Bleibenden zu agieren.

Die Überbewertung, die noch heute im Strafvollzug, aber auch bei ambulanten Maßnahmen bezüglich der Bedeutung von Schul- und Berufsbildung häufig festzustellen ist, stellt sicher einen letzten Ausläufer dieser Denkbewegung dar. Wer etwas gelernt hat, hat keinen Grund mehr, kriminell zu sein. Umgang, Zuwendung und Verständnis für den Straftäter wird also in Bildungshilfen deutlich.

Mit der Etablierung der Psychologie als Wissenschaft und den damit gewonnenen Erkenntnissen über Bedingungen und Abläufe menschlichen Handelns wurde zumindest ein naiver Rationalismus in Frage gestellt. Ob tiefenpsychologisch in der Dimension des Unbewußten oder in Bewußtseinsakten und Befindlichkeiten wie Aggressivität, Enttäuschung, Geltungsbedürfnis, Triebhaftigkeit usw. wurden Faktoren für Handlungsabläufe sichtbar, die das Individuum zu kriminellem Verhalten disponieren und schließlich mehr oder minder zwanghaft treiben konnten. Damit wurde zumindest eine primitive rationale Erklärung der Kriminalität durch differenziertere Erkenntnisse psychischer Abläufe erweitert, ergänzt oder gar ersetzt, die weitgehend bestimmend für den Umgang mit Tätern bis in die Gegenwart wurden. Lag die Schuld in der Aufklärungsphilosophie noch am mangelnden Gebrauch des eigenen Verstandes, wurde die Schuldfrage nun schon sehr viel komplizierter. Man wußte zwar schon im Mittelalter und in der Carolina, daß seelische Vorgänge die Schuldfähigkeit reduzieren oder in Frage stellen konnten, nunmehr aber war dies wissenschaftlich ableitbar und nachzuweisen. Auf das Individuum zentriert und von psychischen Defekten ausgehend ergab sich nun die Forderung nach einem pädagogischen oder therapeutischen Umgang mit dem Täter. Gruppentherapie, Psychotherapie in verschiedenen Formen und psychologisch-wissenschaftlich begründete Erziehung entfalteten sich insbesondere in den Zwanziger Jahren bis zum Ausbruch der Herrschaft des Nationalsozialismus und danach wieder in den ersten beiden Nachkriegsjahrzehnten. Kriminalität war nunmehr weder böses Handeln noch einfach mangelnde intellektuelle Reflexion, sondern psychische Fehlentwicklung oder mangelnde Lernchancen, die zu psychischen Fehldispositionen führten. Umgang war also unter humanitären Aspekten das Angebot von pädagogischen und therapeutischen Hilfen. Helfender Partner wurde nunmehr der Psychologe, der Pädagoge oder der Therapeut. Der Umgang mit dem Straftäter wurde ein wissenschaftlich begründetes und methodisch geplantes Handeln mit heilenden und befähigenden Zielvorstellungen. Schuldig-Sein spielte in diesem Zusammenhang die Rolle eines mehr oder minder störenden Merkmals, mit dem man allenfalls wegen seines Vorhandenseins umgehen mußte. Ein rational, emotional und sozial sinnvolles Lebenskonzept als Richtpunkt und lohnendes Ziel erschien effektiver als die Aufarbeitung empfundener oder erlebter Schuld.

Diese wurde durch eine so definierte und konstruktive sowie auf die Zukunft gerichtete Ausgangslage für den Umgang mit dem Täter entweder sinnlos oder zumindest weitgehend relativiert. Allenfalls in der Pädagogik kam Schuld als unsoziales Verhalten oder als Leidzufügung für die Opfer ins Gespräch. Wiedergutmachung war und ist die rationale Lösung dieses Problems und die Täter-Opfer-Diskussion der Gegenwart bezieht sicher aus einer solchen psychologisch begründeten und pädagogisch gerechtfertigten Konzeption des Umgangs von Menschen mit Menschen ihre Schubkraft[6].

Allgemein bekannt und gegenwärtig ist die Entwicklung, die in der Bundesrepublik erst ab 1968 manifest wurde, vorher aber bereits mit der Entwicklung der neuen Wissenschaft Soziologie in Gang gekommen war. Im Gegensatz zur Psychologie wurde die Soziologie mit ihrer explosionsartigen Ausbreitung sofort und unmittelbar für die Strafrechtspflege relevant. Ein sogenannter Paradigmawechsel wurde deutlich. Eine neue Kriminologie als Wissenschaft von der gesellschaftlichen Entstehung und Bedingtheit von Straffälligkeit gewann an Boden und beeinflußte auch die Kriminalpolitik. Für den Umgang mit dem "Schuldigen" bedeutete diese Entwicklung, daß hier nun der radikalste Angriff auf das Schuldstrafrecht eingeleitet wurde. Die Aussage, nicht der Täter, sondern die Gesellschaft ist schuld, entwickelte sich keineswegs lediglich auf der politischen Schiene.

Empirische Sozialforschung förderte eine Vielzahl von Faktoren zutage, die auf die Erklärung der Entstehung von Kriminalität Einfluß nehmen. Zuschreibungs- und Selektionsmechanismen in der Gesellschaft wurden meist mit statistischen Methoden aufgedeckt. Die Faszination von Zahlen, statistischen und demoskopischen Ergebnissen erfaßte die unter dem Eindruck der Aufklärung in einem naiven Rationalismus befangenen Interessenten. Eine entsprechend verfremdete und komplizierte Fachsprache gewann in dem Maße an Macht, in dem das Verstehen zurückging. Die oft unmittelbar einleuchtenden kausalen Ableitungen quantitativer Untersuchungen werden zum Teil bis in die Gegenwart als "objektive Wissenschaft" hingenommen. Nur allzugern verzichtet der Mensch auf kompliziertere Zusammenhänge, die ihn verunsichern. Angesichts des Verlustes von Religion und Sinn erschien es als ein geradezu Geborgenheit vermittelnder Ersatz, sich funktionalistischen und systemorientierten Gesamtaussagen hinzugeben. Der Schuldige wurde nun die Gesellschaft. Würde diese entsprechend verändert, gäbe es keine Kriminalität mehr. Die Tatsache, daß in allen real existierenden Gesellschaftssystemen Kriminalität anzutreffen ist, störte dabei nicht, weil angesichts des "religiösen" Charakters dieser auf Entwicklung orientierten Wissenschaft eine zukünftige wissenschaftlich durchorganisierte Gesellschaft antizipiert wurde[7]. Interessant ist in diesem Zusammenhang, daß die neuen Schuldigen letztlich dann doch wieder personalisiert wurden in den Gegnern, die dieser Entwicklung nicht folgten.

Ein Umgang mit dem "Schuldigen" als Schuldigem war nunmehr letztlich selbst kriminell, weil Versäumnisse einer Gesellschaft einzelnen zugeschrieben und diese zu Sündenböcken gemacht wurden. Der Schuldige wurde zum Opfer gesellschaftlicher Fehlentwicklung, so daß unser Thema vom Umgang mit dem Schuldigen sich eigentlich von selbst erledigte. Der Schuldige ist das Opfer einer eine ungerechte Gesellschaftsordnung aufrechterhaltenden Justiz, die die Kriminellen definiert und verfolgt, um die Bevölkerung zu disziplinieren und zu unterdrücken.

Andererseits kann man sich eine soziologische Wissenschaft vorstellen und eine solche sicherlich auch hier und da antreffen, die für den Umgang mit dem Schuldigen sehr wohl fruchtbar werden kann. Sie könnte nämlich durch empirische Sozialforschung deutlich machen, wie durch Kriminalität in der Gesellschaft negative Kausalketten in Gang gesetzt werden, wie Mißtrauen und Aggression dadurch entstehen. Sie könnte dadurch Schuld konkretisieren und entmythologisieren, die dann der Einzelne durchaus auch verstehen könnte. Dies schließt nicht aus, daß dieser durch seine Tat "schuldig" Gewordene selbst ein Opfer gesellschaftlicher Entwicklungen und Mißstände ist. Es könnte aber auf der Basis derartiger Erkenntnisse doch auch festgestellt werden, daß selbst bei weitgehender sozialer Determination der Einzelne einen empirisch unmittelbar nachweisbaren Spielraum in seinem Handeln hat, der ihm für seine Probleme auch nicht-kriminelle Lösungsmuster anbietet, wenn diese auch nur sehr viel schwieriger zu verwirklichen sind. Wie soziologische Erkenntnisse und das Schuldproblem zusammenzubringen sind, kann hier im einzelnen nicht ausgeführt werden. Jedenfalls hat die Soziologie einen Weg fortgesetzt, den die Psychologie begonnen hat, und an dessen Ende Schuld durch wissenschaftlich nachgewiesene Kausalketten relativiert, wenn auch nicht eliminiert werden könnte oder zumindest neu zu definieren wäre.

2. *Die empirische Ausgangssituation zum Umgang mit Schuld*

Aufklärung, Psychologie und Soziologie können gebraucht oder mißbraucht werden. In der Strafrechtspflege und im Umgang mit dem "Schuldigen" finden wir z.B. im Strafvollzug heute häufig eine Situation vor, in der die Fronten umgekehrt sind. Nicht mehr die Mitarbeiter des Strafvollzugs, insbesondere die Fachkräfte sprechen den Gefangenen auf Schuld an. Sie vermeiden dies tunlichst und meist auch in der Befürchtung, daß eine Auseinandersetzung mit der Schuld bereits eine unerträgliche Zumutung für den Gefangenen sei[8]. Es gibt heute bereits Insassen in Anstalten, die sehr genau über die Argumentation der aufklärerischen Wissenschaften der Gegenwart informiert sind und sich diese zu eigen machen.

Andererseits aber wird die Schuldfrage häufig von denen aufgegriffen, die die Schuld noch unmittelbar als Schuldvorwurf im Strafverfahren erlebt haben und auch in ihrem mikrosoziologischen Bereich, nämlich in Familie, Nahwelt und gegenüber den Opfern als solche empfinden. Es sind die Täter, die Probanden und die Insassen selbst, die "perverserweise" von Schuld sprechen, während sich ihre fachlich qualifizierten Betreuer um dieses Thema drücken oder dieses als nicht mehr zeitgemäß betrachten. Es wird dann von rückständigen und irrationalen, von magischen und aus Feudalzeiten stammenden Anschauungen in der Unterschicht gesprochen, die durch rigorose Erziehungsmethoden und autoritäre Behandlungsstile entstanden seien. Diese Behandlung wiederum sei ein unmittelbares Ergebnis der wirtschaftlichen Not.

Die hier aufgewiesenen holzschnittartig überbetonten Tendenzen sollen mehr Denkanstoß und Ärgernis als wissenschaftliche Analyse sein. Sie sollen bewirken, daß wir, wenn wir das Thema jetzt im engeren Sinne behandeln, den komplizierten Hintergrund sehen, auf dem sich der Umgang mit dem "Schuldigen" abspielt.

Eine wesentliche Rolle spielt hierbei die historische Tradition des Schuldproblems in unserer Kultur. Während aufklärerisch-philosophische, psychologische und soziologische Theorien erst seit etwa zwei Jahrhunderten schrittweise das Terrain der Diskussion erobern, wirken bis in die Gegenwart jahrtausendealte Traditionen auf unser Denken, auf unser Handeln und damit auf unseren Umgang mit Mitmenschen und auch mit dem "Schuldigen". Unsere Alltagsmeinungen und unsere unreflektierte, primäre Einstellung zum Schuldproblem ist durch zwei große geistige Stränge geprägt, nämlich durch die griechisch-philosophische und durch die jüdisch-christliche Tradition. In beiden spielt die Schuldfrage eine zentrale Rolle. Ob nun der Mensch vor der Polis, den Göttern oder vor Gott für sein Tun verantwortlich ist oder verantwortlich gemacht wird, ist in unserem Zusammenhang von sekundärer Bedeutung. Seitdem im 4. Jahrhundert n.Chr. das Christentum zur Staatsreligion wurde, lassen sich philosophische, politische und religiöse Argumente auch in unserer Tradition nicht mehr voneinander trennen. Erst in der Gegenwart erscheint es wieder problematisch, immanent-gesellschaftliche oder politische Schuld mit Schuld vor Gott gleichzusetzen. Auch nach der Säkularisierung der Justiz ging man bis in die Gegenwart davon aus, daß Verstöße gegen Strafgesetze auch gegen Regeln der Religion (10 Gebote) gerichtet seien. Auch dieser Entwicklung können wir in unserem Zusammenhang nicht nachgehen, so bedeutend sie auch für den Umgang mit dem "Schuldigen" sein mag.

Traditionell gültig ist bei uns ein grundlegender Gedankenablauf, der sich aus verschiedenen Quellen speist, der aber stets eine Grundstruktur hat. Schuld entsteht, weil der Mensch für sein Tun verantwortlich ist. Verantwortlich ist er, weil er die Fähigkeit zur freien Entscheidung hat, auch wenn diese Freiheit durch eine Vielzahl individualer und sozialer Faktoren beschränkt ist. Entscheidet er gegen das Gesetz, gegen die Erwartungen oder gegen gesellschaftliche Spielregeln, hat er versagt. Dieses Versagen ist vorwerfbar und wird von der Strafrechtspflege entsprechend behandelt. Es wird unabhängig von der Bestrafung an seine Verantwortung und Entscheidungsfähigkeit appelliert. Wird er rückfällig, so hat er sich "die früheren Verurteilungen nicht zur Warnung dienen lassen" (§ 48 StGB) und muß daher mit Strafverschärfung rechnen. Auch wenn diese Bestimmung nunmehr aufgehoben ist, bleibt das in ihr enthaltene Denken wirksam. Der Schuldige ist entweder "böse" (weil frei) oder "schwach" (weil entscheidungsunfähig).

Diese hier in Grundzügen dargestellte Grundkonzeption, die oft auch mit "natürlich" oder dem "gesunden Menschenverstand" entsprechend qualifiziert wird, ist durch die Erkenntnisse der Humanwissenschaften insbesondere der letzten Jahrzehnte in Richtung vom Bösen zum Schwachen modifiziert worden. Dies gilt insbesondere für die Personen, die unmittelbaren Umgang mit dem Schuldigen pflegen müssen. Nähe bringt Einsicht in Entstehungsgeschichten und ruft emotional unmittelbar Mitleid hervor. Einsicht aber und Mitleid lähmen den Impuls zum Strafen und fördern helfende Tendenzen. Andererseits besteht ein Interesse an der "Bestandswahrung" an Bösem. Nur so ist eine ethische Orientierung und Absicherung möglich. Dies wird im unmittelbaren Umgang verdrängt, bleibt aber im Untergrund um so wirksamer. Zwischen Justiz und Pädagogik besteht insofern Einigkeit, als ohne Fehlverhalten kein Vorwurf gemacht werden kann, aber auch kein Erziehungsbedarf festzustellen ist. Die Zusammenarbeit zwischen klassischem Schuldstrafrecht einerseits und klassischer Pädagogik andererseits funktioniert im Prinzip besser, als sich dies aus der Kooperation der jeweiligen Fachvertreter ergibt. Beide treffen sich auf der Plattform des "Defizits" des Straffälligen. Eine solche, so erklärte und strukturierte Welt ist "griffig", verstehbar und daher "beruhigend". Sie vertreibt Angst und Unsicherheit und die Mühe des Nachdenkens und hat daher hohen Stellenwert und hohes Eigeninteresse aller Beteiligten. Liest man die zum Strafvollzug und zur Straffälligenhilfe herausgegebenen Schriften mancher Landesjustizverwaltungen, stellt man mit Erstaunen fest, daß es eigentlich überhaupt keine Diskrepanz zwischen einem klassischen Schuldstrafrecht und einer "modernen" Pädagogik gibt. Das System des "Umgangs" als solches wird nicht in Frage gestellt, sondern durch "soziales Training" oder andere konstruktive Aktivitäten angereichert. Insofern scheint der Umgang mit dem Schuldigen weitgehend unproblematisch. Versuche einer anderen, neuen Interpretation abweichenden Verhaltens und neuer Formen des Umgangs erscheinen als Irrwege, die zu ethischer Verunsicherung führen und daher als gefährlich zu qualifizieren sind.

3. *Wie sieht sich der "Schuldige"?*

Bevor wir uns das Problem des Umgangs mit dem Schuldigen auf dem Hintergrund des bisher Erarbeiteten näher ansehen, müßten eigentlich empirische Daten über die Selbstinterpretation der "Schuldigen" vorgelegt werden. Es gibt dazu eine Fülle von Einsichten und Erkenntnissen, von Einzelaussagen und Wahrnehmugen, doch fehlt eine systematische Untersuchung des Selbstbildes der Straffälligen. Da hier eine Lücke bleibt und uns keine Möglichkeit der Ausfüllung zur Verfügung steht, müssen wir weitgehend auf einen Exkurs über dieses Problem verzichten. Wenn wir aber den Umgang mit dem "Schuldigen" ernst nehmen, ist dessen Selbstinterpretation von entscheidender Bedeutung. Das Überstülpen eines aus dem bisher Gesagten gewonnenen Erklärungsschemas kann nämlich ebenso unwirksam und steril bleiben, wie dies bei der Erziehung von Eltern der Fall ist, die sich keine Gedanken um die Ausgangslage und die Selbstinterpretation ihrer Kinder machen.

Wir hatten bereits beim Blick auf die soziologischen Implikationen zum Schuldproblem festgestellt, daß Schuldig-Sein heute eher von den Betroffenen selbst als von deren Behandlern wahrgenommen oder in das Geschehen hineininterpretiert wird. Dies gilt um so mehr, wenn wir die zuletzt dargestellten traditionellen Stränge der Entwicklung eines "gesunden Menschenverstandes" beachten, der sich im nicht juristisch oder pädagogisch und erst recht nicht sozialwissenschaftlich qualifizierten Straftäter abbildet. Insoweit ist die Selbstsicht des Schuldigen implizit in allen klassischen Vorstellungen enthalten und umgekehrt. Die Strafrechtspflege und der Täter befinden sich in einer größeren Nähe ihrer Anschauungen und verstehen sich daher relativ gut. Die psychologisch und soziologisch ausgebildeten Fachkräfte bleiben letztlich weithin dem Denken der Täter fremd, ohne daß dies unmittelbar deutlich werden könnte. Sowohl die Justizverwaltung als auch die Täter haben deshalb diese Fachkräfte längst instrumentalisiert und innerhalb eines klassischen Schuldstrafrechts "brauchbar" gemacht. Sozialarbeiter müssen Argumente für Strafurlaub bieten, Psychologen und Therapeuten müssen Strafmilderung oder Therapie statt Strafe erreichen, Soziologen müssen für Reduzierung von Kontrolle und Repression sorgen. Deren Grundforderungen und professionelle Herausforderungen gegenüber dem "Schuldigen", nämlich sich um individuale oder soziale Integration durch Lernprozesse und Therapien zu bemühen oder diese wenigstens zu dulden und mitzumachen, wird sehr wohl als anstrengend und belastend erkannt, während der formalisierte Umgang auf der Basis klassischer Vorstellungen auf beiden Seiten Denkprozesse erspart oder diese zumindest eingrenzt und formalisiert.

Es kann bei nicht genügend reflektiertem Umgang zu einer Förderung der Uneinsichtigen und der Nicht-Anstrengungsbereiten kommen. Einsicht und Besserungswille, formal deklariert reichen weitgehend aus, unangenehme Ansprüche werden mit psychologischen und soziologischen Teilargumenten abgewehrt. Dies kann soweit gehen, daß man bei Tätern durchaus nebeneinander einerseits deklarierte Schuldanerkennung und andererseits psychologisch-soziologisch erklärte Exkulpierung findet. Hier wären noch umfassende Untersuchungen auch zum Selbstbild und zu Strategien von Adressaten erforderlich, um deutlich zu machen, daß humaner Umgang z.B. im Strafvollzug überhaupt nur reduziert stattfindet und vielmehr Rituale ablaufen, die der negativ Erfahrene kennt und beherrscht und angepaßt verwendet.

Der "zerknirschte Sünder", das heißt der unter seinem Fehlverhalten Leidende, findet hier kein Echo. Er bleibt, da er meist auch keine disziplinären Schwierigkeiten bereitet, im Schatten des Geschehens. Sein Hilfesuchen ist nicht mit Anspruchsdenken verbunden und wird deshalb - besonders bei defizitärer Personalsituation - oft überhaupt nicht wahrgenommen.

4. Der Umgang mit dem Verurteilten im Sanktionssytem

Gehen wir empirisch von den real ablaufenden Kommunikationsprozessen zwischen den Instanzen und dem "Schuldigen" aus, so lassen sich diese Prozesse zumindest in zwei Phasen teilen. Phase 1 umfaßt die gesamte Interaktion mit dem Täter von dessen Verfolgung, Inhaftierung und Fallbearbeitung durch die Polizei bis zur rechtskräftigen Verurteilung. Im engeren Sinne kann hier noch nicht von einem "Schuldigen" gesprochen werden. Er ist zumindest im juristischen Sinne lediglich ein "Beschuldigter", für den die Unschuldsvermutung gilt. Es handelt sich dabei um ein allerdings sehr wichtiges Konstrukt, das mit der Wahrnehmungs- und Lebenswirklichkeit des Beschuldigten wenig zu tun hat. Inwieweit sich dieser in der genannten ersten Phase bereits subjektiv als schuldig fühlt, dies jedoch keineswegs zugeben muß, wäre zu überprüfen. Inwieweit seine Partner ihn bereits als schuldig ansehen, dies jedoch formal nicht äußern dürfen, wäre ebenfalls zu überprüfen, wenn man diese Phase in das Thema des Umgangs mit dem "Schuldigen" einbezieht. Die zweite Phase ist die, in der der "Schuldige" auch im juristischen Sinne eigentlich erst auftritt. Sie reicht von der Rechtskraft des Urteils bis zur "völligen Normalisierung" des Lebens des Täters und dessen Verschwinden in der nicht-straffälligen Gesellschaft.

Die weiteren Ausführungen beschränken sich auf diese Phase 2, also den Zeitraum, in dem der Beschuldigte nach juristischer Feststellung Schuldiger ist und als solcher behandelt wird oder behandelt werden kann[9].

Das Strafverfahren ist "historisch" abgeschlossen. Die Schuld ist dem Täter bescheinigt und zwar unabhängig von der Frage, ob er dies anerkennt oder nicht. Während noch bis vor wenigen Jahren damit eine Interaktion Gericht-Täter beendet war und nunmehr lediglich Vollstreckungs- und Vollzugsorgane wirksam wurden, während bis dahin sich Gerichte um den weiteren Ablauf der Interaktion des Täters mit der Justiz kaum noch kümmerten, hat sich dies mit der Einführung des Strafvollzugsgesetzes vor 10 Jahren und eigentlich schon mit der Einführung der Bewährungshilfe seit 1953 grundsätzlich geändert. Auch nach der Rechtskraft des Urteils hat die Rechtsprechung in hohem Maße mit dem Täter zu tun. In der Bewährungshilfe muß der Richter sowohl als Dienstaufsicht für den Bewährungshelfer als auch bezüglich der Entscheidungen im Einzelfall weiterhin zumindest aktenmäßig mit dem Schuldigen umgehen. Während der Strafvollzug früher eine Verwaltungsangelegenheit war, die ein Minimum an gerichtlichen Interventionen erforderte, ist die Verrechtlichung des Freiheitsentzugs im Strafvollzugsgesetz und die damit mögliche Nachprüfbarkeit allen Vollzugsentscheidungen einerseits und die Vielzahl der Entscheidungen, die bezüglich der Strafvollstreckung erforderlich sind (vorzeitige Entlassung, Urlaub usw.) die Grundlage für eine intensive Kommunikation zwischen "Schuldigen" und den Gerichten bzw. der Rechtsprechung. Dies bedeutet, daß die ausführenden Organe vom Anstaltsleiter über Sozialarbeiter bis zu den Bewährungshelfern nicht mehr nach ihren Verwaltungsmaximen oder nach sozialpädagogischen Konzepten mit dem Schuldigen umgehen können, sondern daß ihre Maßnahmen bis in Einzelheiten einer gerichtlichen Kontrolle unterliegen. Dadurch werden im Umgang mit dem Schuldigen einerseits Übergriffe, Fehlgriffe, Willkür und Überreaktion aus pädagogischen oder anderen Gründen vermieden, andererseits aber ein autonomes Handeln von

Fachkräften weitgehend in Frage gestellt. Der Umgang mit dem Schuldigen wird zumindest auf der formalen Ebene dadurch erheblich vorstrukturiert, ob man dies nun beklagt oder begrüßt.

Eine weitere Tatsache ist darin zu sehen, daß es den einen Partner oder einheitlich auftretende Partner weder im Strafvollzug noch in der Bewährungshilfe gibt. Diese teilen sich in Untergruppen, die vom Vertreter des allgemeinen Vollzugsdienstes bis zum Sozialarbeiter, Psychologen oder Therapeuten oder bis zum Bewährungshelfer reichen. In verschiedener Häufigkeit sind in diesen Berufsgruppen Personen zu finden, für die die Schuldfrage primär nicht zur Diskussion steht, und andererseits Personen, die die Schuldfrage am liebsten eliminieren möchten. Irgendeine Orientierung oder Sicherheit, wem der Schuldige nunmehr gerade jeweils begegnet, ist nicht mehr zu erwarten. Wie die Konfrontation aussieht, läßt sich schlaglichtartig an einer weit verbreiteten bösen Anekdote darstellen. Ein Soziologe und ein Psychologe gehen von Jerusalem nach Jericho und sehen das Opfer eines Raubüberfalls blutend am Wegrand liegen. Da sagt der Soziologe zum Psychologen: "Dem, der das getan hat, muß geholfen werden". Noch vor Jahrzehnten fand die Auseinandersetzung zwischen dem Täter und den Vertretern der Justiz unter dem einfachen Schema statt, daß sich der Täter alle möglichen Entschuldigungen und Rechtfertigungen aussuchte, während die "Justiz" Schuld und Verantwortung repräsentierte. Heute geht die Auseinandersetzung mitten durch die Gruppe der Agierenden. Will man die beiden kontroversen Konzeptionen festmachen, so funktioniert dies noch nicht einmal berufsspezifisch. Es kann ein schuldstrafrechtlich orientierter Bewährungshelfer in der gleichen Dienststelle sitzen wie ein soziologisch oder marxistisch orientierter, für den die Strafrechtspflege mitsamt dem Schuldstrafrecht ein notwendiges Übel ist, dem er sich wegen der gegebenen Machtverhältnisse und im Hinblick auf seine berufliche Absicherung unterwirft. Dies kompliziert die Frage nach dem Umgang mit dem Schuldigen in erheblichem Maße. Das Problem läßt sich auch nicht einfach durch Vereinigungstheorien überwinden, die beiden Konzeptionen Recht geben.

Dem allen kann sich der Wissenschaftler, insbesondere der Kriminologe entziehen. Er kann das Unvereinbare und Gegensätzliche nebeneinander bestehen lassen, weil er nur andere Wissenschaftler und allenfalls Studenten und Fachleute zum Partner hat.

Anders sieht es für die Mitarbeiter im Dienst der Justiz aus. Sie können sich nicht aus den entstehenden Konflikten heraushalten und auch nicht wie freie Mitarbeiter außerhalb des Systems agieren, die vielleicht ihre Hilfe unabhängig von den hier zugrunde liegenden Problemen absolvieren.

Auch der Mitarbeiter in der Justiz kann versuchen, der Problematik auszuweichen, nämlich an der Schuldproblematik vorbei soziale und unter Umständen auch pädagogische Leistungen zu erbringen.

Was im Strafvollzugsgesetz als "soziale Hilfe" (§ 71 ff. Strafvollzugsgesetz StVollzG) verankert ist, kann unabhängig von der Schuldfrage geleistet werden. Hier wie auch in Teilgebieten der Bewährunghilfe geht es um Sicherstellung von Habe, Versorgung von Angehörigen, Beschaffung von Arbeit, Wohnung und Kontaktmöglichkeiten und um andere Alltagsfragen. Methodische Sozialarbeit kann sich auf soziales Training beschränken. Vielleicht ist es gerade das Faszinierende am sozialen Training, daß es an allen Grundsatzfragen vorbei realisiert werden kann. Daher ist diese Form des sozialen Lernens wohl auch in so hohem Maße akzeptiert, selbst wenn man Pädagogen, Sozialarbeiter und Psychologen gegenüber sonst recht skeptisch ist. Mit der einfachen Formel, daß abweichendes Verhalten oder Kriminalität gelernt seien und daher durch das Angebot alternativer Lösungsmöglichkeiten für Probleme auch wieder verlernt werden könne, läßt sich ein durchaus akzeptables Programm der persönlichen Hilfe etablieren. Selbst in therapeutisch orientierten Hilfeangeboten kann man der Problematik gesellschaftlichen Schuldigseins entgehen. Schuld wird dann nur als solche aufgegriffen, wenn sie psychoanalytisch bedeutsam ist, sie ist dann subjektiv (oder intersubjektiv) zu verarbeiten und hat nur sekundär mit einer gesellschaftlich-objektiven Schuld zu tun. Letztlich können sich alle Beteiligten auf die Verwaltung eines "Schicksals" zurückziehen und für eine gute Versorgung der Betroffenen eintreten.

Wie bereits angedeutet, kann aber einer solchen Strategie der Verurteilte dazwischenkommen. Er drängt unter Umständen dem Mitarbeiter die Schuldproblematik auf. Er fragt: "Hältst du mich - trotz deines Redens - nicht für schuldig? Bin ich es nicht?" - Dies fragt er unter Umständen selbst da, wo er juristisch seine Schuld leugnet, wo er z.B. im Verfahren kein "Geständnis" abgelegt hat. Durch Freiheitsentzug, durch Drohung mit Strafe, durch Kontrolle, Überwachung und Auflagen erlebt er Folgen seiner Verhaltensweisen. Diese Folgen sind nur zu verstehen, wenn der sie Erleidende "schuldig" ist. Vielleicht versucht der Justizfunktionär, ihm einzureden, dies alles diene seiner "Befähigung" (§ 2 StVollzG) oder seiner sozialen Integration. Aber letztlich trägt dieses Argument nicht, weil die Intervention, der Eingriff manifest ist, während die Hilfe nicht stringent bindend erlebt wird.

Offenbar kommt auch bei theoretisch verschlossener Tür die Schuldfrage durch das Schlüsselloch wieder herein. Alle Befreiungs- und Verdrängungsversuche erweisen sich als nicht effektiv. Vernunftorientierte und wissenschaftsgesteuerte Kompromisse, die das Schuldproblem weginterpretieren, nützen offenbar nichts. Es ergibt sich hier in einem sozialen Handlungsfeld das desolate Bild einer euphemistisch als "pluralistisch" beschriebenen, im Grunde orientierungslosen Gesellschaft. Es stellen sich eine Kultur und eine Sozialordnung dar, die nur noch Ererbtes verbrauchen, selbst aber nichts mehr beantworten oder herstellen. Wir sind die Söhne reicher und aktiver Unternehmer, die das Kapital aufbrauchen und deren Weltuntergangsstimmung im Blick auf die Zukunft darin besteht, daß wir merken, daß die Ressourcen bald erschöpft sind. In dieser Kultursituation sollen wir mit Leuten umgehen, die wir in einem System behandeln (verurteilen, vollstrecken, erziehen, resozialisieren), das, ob wir es verteidigen oder in Frage stellen oder ablehnen, uns allen zutiefst fragwürdig geworden ist oder für das wir zumindest keine Erklärung und keine Argumentation mehr haben. Gibt es aus dieser Situation einen Ausweg? Wir können oder müssen heute und morgen weiter "Theater spielen"[10]. Dies funktioniert unter Umständen noch in makrosoziologischen Kommunikationsprozessen (z.B. in der Politik). In der Situation mikrosoziologisch faßbaren Umgangs (face-to-face-Situation) ist ein solches Theaterspiel aber kaum auf die Dauer durchzuhalten.

Wir können also die Frage, ob es sich bei dem Umgang mit dem Schuldigen um ein Kommunikationsproblem handelt, nicht einfach bejahen, wie dies viele Fachkräfte tun. Ein Kommunikationsproblem, ein methodisch an Einzelfallhilfe und Gruppenarbeit sowie an verschiedenen sozialen Kommunikationstheorien orientiertes fachliches Handeln mag zwar instrumental und sekundär schließlich erforderlich sein, es kann die Grundfrage jedoch nicht beantworten. Alle Methodiker bleiben kommunikative Formalisten, wenn sie nicht nach den Inhalten fragen, die durch ihre Methoden "transportiert" werden. Das Schuldproblem ist ein Inhaltsproblem, das sich nicht mit Methoden und Strategien bewältigen oder wegdiskutieren läßt. Unser Hilfe-, Erziehungs- und Therapiesystem kann so wie unser Freizeitbetrieb zu einem riesigen Betrugsunternehmen werden, das uns lebenslang an allen Entscheidungsfragen vorbeischiebt.

5. Umgang mit dem Schuldigen, ein Kulturproblem

Die Schuldfrage, das Ansprechen des Täters auf Schuld hin, ist nicht etwa nur wegen der Zugrundelegung eines Schuldstrafrechts notwendig. Es ist eine Illusion, wenn Vertreter des Maßnahmenrechts oder der Beseitigung ds Strafrechts überhaupt meinen, man könne mit derartigen Paradigma-Änderungen auch die Schuldfrage eliminieren. Jede Intervention und Reaktion, auch eine nicht als repressiv gewollte, provoziert beim Betroffenen die Legitimationsfrage. Ob ein repressives Strafrecht in ein Maßnahmenrecht oder wie *Karl Barth* argumentiert, in ein Fürsorgerecht umgewandelt wird, ist auf einer anderen Ebene zu entscheiden[11]. Sicherlich wäre eine "Befreiung" der Schuldfrage vom Schuldstrafrecht unter agogischen Aspekten zu begrüßen. Man könnte dann von einem anthropologisch und sozial zentrierten Schuldbegriff ausgehen, ohne sich ständig mit dem juristischen Schuldbegriff auseinandersetzen zu müssen. Alles dies erspart uns aber nicht, die Frage nach dem Schuldigwerden des Menschen immer wieder umfassend aufzugreifen und nach einer Beantwortung zu suchen, die in der Strafrechtspflege nicht etwa völlig anders als im Alltag beantwortet werden kann. Vielmehr müssen wir nach einer Antwort suchen, die sowohl den Alltag, als auch letztlich die Schuldproblematik in der Strafrechtspflege umfaßt. Damit bleibt die Schuldfrage nicht mehr nur eine Rechtsfrage, sondern wird zur Grundfrage unseres humanen und sozialen Seins. Allein unter dieser Dimension wird auch letztlich der Umgang mit dem Schuldigen im Bereich der Strafrechtspflege und insbesondere im Strafvollzug qualifiziert bearbeitet werden können.

Auch die professionellen "Umgeher", hier insbesondere die Sozialpädagogen, müssen erkennen, daß es weder um pädagogische Methoden noch um Therapie geht, so nötig diese sein mögen. Vielmehr geht es um den die Lebenswelt gestaltenden und aufgreifenden Aspekt, den *Hans Jonas* verdeutlicht hat[12], um das Prinzip Verantwortung, das Verfehlen oder Schuld überhaupt erst konstituiert.

Nehmen wir eine solche Interpretation des Schuldproblems ernst, dann werden wir durchaus in neueren pädagogischen Theorien Hilfestellung finden können. Es wird heute viel gegen "pädagogischen Terror" oder Vergewaltigung geschrieben, insbesondere unter dem Schlagwort einer Antipädagogik[13]. Anstelle der "missionarischen" Haltung eines Wissenden gegenüber einem Unwissenden wird für partnerschaftlichen Umgang plädiert. Es wird von einem "Schüler-Lehrer" und von einem "Lehrer-Schüler" gesprochen, die partnerschaftlich voneinander lernen und miteinander umgehen[14]. Auf das Problem des Schuldigen übertragen bedeutet dies, daß alle Agierenden sich als "Schuldige" erkennen und den "spezifisch Schuldigen", der von der Justiz definiert wurde, lediglich als "Sonderfall" in der Gemeinschaft von Menschen betrachten, die ausnahmslos hinter ihrer Verantwortung zurückbleiben. Eine solche Grundkonzeption ist sehr aufwendig, insbesondere für die professionellen Bearbeiter des Problems, sie ist aber allein letztlich hilfreich. Es bleiben dann noch genügend Barrieren, die sich aus der Situation (Eingesperrtsein), aus Sprachbarrieren und Abwehrstrategien von Unterschichtsangehörigen ergeben. Der Ansatz liegt in einer "dialogischen Pädagogik" (*Martin Buber*)[15].

Für die in der Strafrechtspflege Agierenden ergibt sich hier eine besondere Schwierigkeit: Wenn man ständig professionell das Gute gegen das Böse, das Gesellschaftsadäquate gegen das Gefährliche verteidigen, wenn man ständig gut sein muß und Schuld festzustellen hat, wenn man Schuld sogar noch quantifizieren, sanktionieren und schließlich behandeln soll, lauert Selbstgerechtigkeit (sich selbst zugewiesene Gerechtigkeit) überall.

Anmerkungen

1 *Tuggener*, H., Social Work, Weinheim 1973; dort ist eine weiterführende Argumentation zur Begrifflichkeit zu finden. Wir können hier auch nicht den facettenreichen Vorschlägen für weitere Begriffe nachgehen, die durchaus berechtigte und sinnvolle Alternativen zum Begriff Sozialpädagogik anbieten (z.B. Soziagogik, agogische Intervention).

2 *Thiersch*, Hans, in: Wulf, Christoph, Wörterbuch der Erziehung, München 1974, Artikel "Sozialpädagogik", S. 552. Weiter auch *ders.*, in: Eyferth, H./Otto, H.-U./Thiersch, H. (Hrsg.), Handbuch Sozialarbeit/Sozialpädagogik, Neuwied/Darmstadt 1984, S. 986.

3 *Busch*, Max, "Arbeitsdefinitionen" zum Begriff Sozialpädagogik, unveröffentlicht, Arbeitspapiere zum Fach Sozialpädagogik im Fachbereich Gesellschaftswissenschaften der Universität Wuppertal, 1985.

4 *Busch*, Max, Freiheitsstrafe und Erziehung - Das agogische Angebot im Erwachsenenstrafvollzug, in: Blätter der Wohlfahrtspflege, Heft 9/87, S. 195 ff.

5 Die Versuche, Schuld und Schuldigwerden immanent zu begründen oder - anders formuliert - Schuld und Verantwortung als Regulativ in einer verbindlicher und transzendenter Begründung beraubten Gesellschaft zu retten, sind so vielgestaltig, daß unsere "Hinweise und Anmerkungen" notwendigerweise vereinfachend erscheinen müssen. Weiterführend und ebenfalls im Überblick ist diese Problematik behandelt in: *Gareis* B./*Wiesnet*, E. (Hrsg.), Hat Strafe Sinn?, Freiburg 1974 und neuerdings mit alternativen Ansätzen auch in: *Müller*, S./*Otto*, H.-U. (Hrsg.), Damit Erziehung nicht zur Strafe wird, Bielefeld 1986, sowie: *Schöch*, Heinz (Hrsg.) Strafe: Tor zur Versöhnung?, Hofgeismarer Protokolle 244, Hofgeismar 1988.

6 Mit dem Täter-Opfer-Ausgleich, der freilich nur begrenzt realisierbar ist und der aus einer modischen Euphorie auf seine Möglichkeiten reduziert werden muß, wird auch "Diversion" angestrebt, nämlich die Vermeidung strafrechtlicher Intervention. Die Feststellung von zwischenmenschlicher Schuld wird damit nicht ausgeschlossen. Eine "Überwindung" oder Eliminierung des Strafrechts als solchem wird auch mit dem Täter-Opfer-Ausgleich nicht notwendigerweise verbunden.

7 Die hier entwickelten Konzeptionen sind durchaus vielgestaltig, entsprechen aber in ihrer Grundstruktur dem marxistischen Modell, das in Bezug auf Umgang mit dem gesellschaftlich Abweichenden vereinfachend an der "klassischen" Aussage von Prodosh Aich festgemacht werden kann: "Es kommt auch nicht darauf an, die Sozialarbeit neu zu interpretieren, mit neuen Inhalten zu füllen, sondern es kommt entscheidend darauf an, die materielle Basis so zu verändern, daß die Sozialarbeit überflüssig wird", in: *Hollstein*, W./*Meinhold*, M., Sozialarbeit unter kapitalistischen Produktionsbedingungen, Frankfurt 1973, S. 261.

8 Sozialpädagogische Mitarbeiter des Strafvollzugs verweisen oft zu Recht darauf, daß die strafrechtlich festgestellte Schuld nicht auf der "reinen Wahrheit", sondern auf einer "gereinigten", für das strafrechtliche Handeln präparierten und selektiven Wahrheit beruht. Mitmenschliche Schuld könne daher nicht unmittelbar oder überhaupt nicht von einer juristischen Schuldfeststellung abgeleitet werden. Aspekte zur Klärung des hier Problematisierten finden sich auch im Beitrag von Gottfried Edel in diesem Band wieder.

9 Eine Untersuchung der Probleme der Phase 1, soweit es um den Umgang in der Untersuchungshaft geht, können wir hier schon deshalb vernachlässigen, weil sie von Jörg-Martin Jehle bereits

aufgegriffen und ausführlich dargestellt wurden. *Jehle*, J.-M., Untersuchungshaft zwischen Unschuldsvermutung und Wiedereingliederung, München 1985, insbesondere S. 26 und 248 ff.

10 Es ist zur kommunikativen Aufarbeitung des Umgangs mit dem "Schuldigen" weiterführend und qualifizierend, Erving *Goffman*, Wir alle spielen Theater, München 1983, zu lesen, die hier angedeuteten Beziehungsgeflechte sind danach zu interpretieren.

11 Bei der Jahrestagung der Evang. Konferenz für Straffälligenhilfe am 10.5.1960 in Fulda legte Karl Barth seine Gedanken zu seinem Freiheitsentzug in einer "nachgerichtlichen" Zeit (im Sinne einer Epoche nach Jesus Christus) dar. Albert Krebs hat mit Barth korrespondiert und ihn gebeten, seine Auffassungen zu dieser Problematik zu dokumentieren. Es kam leider nicht mehr zur Erfüllung dieses Wunsches. Siehe hierzu: *Barth*, Karl, Grundsatzfragen der Gefangenenseelsorge, in: Zeitschrift für Strafvollzug, 18. Jahrg., 1969, S. 5-11. Zur theologischen Auseinandersetzung in der Gegenwart siehe auch Anm. 5.

12 Hans *Jonas*, Das Prinzip Verantwortung, Frankfurt/M. 1979, ist zwar durch die Verleihung des Friedenspreises des Deutschen Buchhandels 1987 ins Gespräch gekommen, jedoch noch keineswegs in seinen Inhalten ausgeschöpft, z.B. in unserem Zusammenhang in dem Kapitel "Verantwortung als kausale Zurechnung begangener Taten" (S. 172 ff.).

13 Der Impuls, der zur Antipädagogik und ihrer starken Beachtung in den letzten Jahren führte, ist gerade ein "asymmetrischer Umgang der Erwachsenengeneration mit der heranwachsenden Generation". Eine autoritäre oder unter dem Schuldaspekt eine Umgangsstruktur, die den Wissenden (Moralischen) mit dem Unwissenden (Schuldigen) handeln läßt, liegt im Strafvollzug angesichts der dort gegebenen Machtstrukturen besonders nahe. Siehe Ekkehard *von Braunmühl*, Antipädagogik, Weinheim 1975, und besonders Andreas *Flitner*, Konrad sprach die Frau Mama ..., Berlin 1982.

14 Hierzu Paulo *Freire*, Pädagogik der Unterdrückten, Reinbek 1970 und: *Bendit*, R./*Heimbucher*, Von Paulo Freire lernen, München 1977.

15 Zentral zu einer dialogischen Pädagogik nach wie vor: Martin *Buber*, Reden über Erziehung, Heidelberg 1960 (Neuauflage 1986) und: Martin *Buber*, Das dialogische Prinzip, 5. Aufl., Heidelberg 1984. Paulo Freire greift im übrigen in seiner Pädagogik auf Martin Buber zurück.

Autorenhinweise:

Alexander Böhm: geboren 1929 in Berlin. Studium der Rechtswissenschaften in Freiburg i.Br., Basel und Frankfurt/Main. Referendarausbildung in Hessen, gleichzeitig wissenschaftlicher Assistent bei Prof. Dr. Dr. Wolfgang Preiser an der Universität Frankfurt. 1959 Promotion zum Dr. jur. Seit 1957 im höheren Strafvollzugsdienst des Landes Hessen. Von 1960 bis 1974 Leiter der Jugendstrafanstalt Rockenberg und des Heinrich-Balthasar-Wagnitzseminars (Ausbildungsstätte für die Bediensteten des hessischen Strafvollzugs), Rockenberg. Seit Sommersemester 1974 Professor für Kriminologie, Strafrecht und Strafvollzug an der Johannes-Gutenberg-Universität Mainz. Vorsitzender des Landesbeirats für Kriminologie und Strafvollzug beim rheinland-pfälzischen Ministerium für Justiz. 1977 bis 1979 Vorsitzender der vom Bundesjustizminister einberufenen *Jugendstrafvollzugskommission*.

Max Busch: geboren 1922 in Nordhausen/Harz. Studium der Pädagogik, Geschichte und Philosophie an den Universitäten Tübingen und Frankfurt/Main. 1954 Promotion zum Dr. phil., Universität Frankfurt/Main. Lehrbeauftragter an den Fachhochschulen Kassel und Darmstadt 1954 bis 1972, weitere Lehraufträge an den Universitäten Heidelberg und Mainz. Seit 1974 Universitätsprofessor für Sozialpädagogik und Straffälligenpädagogik an der Universität Wuppertal. Gastprofessuren in Löwen/Belgien und Graz. Forschungsaufträge des Bundesjustizministeriums. 1977 bis 1979 Mitglied der *Jugendstrafvollzugskommission*. 1954 bis 1974 Mitarbeiter im Strafvollzug (Leiter der Strafanstalt Dieburg und der Jugendstrafanstalt Wiesbaden). Vorsitzender des Förderkreises für Strafvollzugsforschung und Straffälligenhilfe.

Gerhard Deimling: geboren 1934 in Wuppertal. Dr. phil., ord. Universitätsprofessor für Soziologie und Sozialpädagogik mit den Schwerpunkten Kriminalsoziologie und Straffälligenpädagogik am Fachbereich Gesellschaftswissenschaften der Bergischen Universität Wuppertal. 1969 Berufung auf den Lehrstuhl für Sozialpädagogik in Osnabrück; Lehrstuhlvertretungen und Lehraufträge für Soziologie bzw. Erziehungswissenschaften an den Universitäten Bonn und Dortmund sowie an der Kirchlichen Hochschule Wuppertal. 1972 bis 1983 als Mitglied des Gründungssenats der Bergischen Universität Wuppertal verantwortlich für die Einrichtung des sozialwissenschaftlichen Diplom-Studiengangs mit den Studienrichtungen Straffälligenpädagogik, Delinquenzprophylaxe und Soziale Rehabilitation. 1972 bis 1983 Gründungsprorektor und Vorsitzender der Ständigen Forschungskommission in Wuppertal.

Seit 1950 ehrenamtlicher Mitarbeiter der Evangelischen Bergischen Gefängnisgemeinde, von 1976 bis 1986 deren Vorsitzender. 1956 bis 1963 haupt- und nebenamtliche Tätigkeit als Oberlehrer an den Vollzugsanstalten Wuppertal und Remscheid. Seit 1967 Bezirksvorsteher der Ehrenamtlichen Sozialhilfe der Stadt Wuppertal ("Elberfelder System").

Albert Krebs: geboren 1897 in Frankfurt/Main. 1921 Promotion zum Dr. phil. 1923 Fürsorger in der Strafanstalt Untermaßfeld. 1925 stellv. Direktor des Landesgefängnisses Eisenach. 1929 Direktor der Strafanstalt Untermaßfeld. 1933 aus politischen Gründen entlassen. 1945 bis 1965 Leiter der Abteilung Strafvollzug im Hessischen Ministerium der Justiz. 1950 Lehrbeauftragter für Gefängniskunde und Kriminologie an der Universität Marburg/Lahn. 1956 dort Honorarprofessor; 1952 bis 1970 Schriftleiter der *Zeitschrift für Strafvollzug*.

Veröffentlichungen: s.u. Bibliographie in Müller-Dietz, Heinz (Hg.), Albert Krebs, Freiheitsentzug, Berlin 1978.

Gottfried Edel: Dr. phil., Journalist, Schriftsteller, geboren 1929, schlesisch-elsässischer Herkunft. Studium der Religions- und Kunstwissenschaft und der Philosophie. Mitarbeit am Institut für Europäische Geschichte in Mainz (1955 bis 1961). Lehrer am Goethe-Institut in Rothenburg o.d.T. (1961 bis 1963). Kulturredakteur beim ZDF in Mainz (seit 1963). Vorsitzender der Akademie für Weltkultur, Herausgeber des *AREOPAG* (Jahrbuch für internationale Kultur und Kommunikation).

Veröffentlichungen (in Auswahl): Das gemeinkatholische mittelalterliche Erbe beim jungen Luther, 1962; Die Rettung der Dinge - Einblicke in die Kosmologie, 1975; (als Mitherausgeber:) Erziehung zur Freiheit durch Freiheitsentzug, 1969. Zahlreiche Fernsehfilme zu den Kulturen in allen Kontinenten, zu historischen und zeitgenössischen Persönlichkeiten. 1. UNDA/WACC-Preis für Fernseh-Oratorium "Genesis" 1969 in Monte Carlo.

Carl-Hellmut Hoefer: Dr. phil., geboren 1950 in Würzburg. Studium der Philosophie, Soziologie und Psychotherapie in Würzburg. Bis 1984 Unterrichtstätigkeiten in Gymnasium und Berufsschule. Seit 1985 Lehrbeauftragter im Fachbereich "Pädagogik" der Universität Frankfurt/Main, Lehraufträge an der "Universität des Dritten Lebensalters", Frankfurt, und an der Volkshochschule Wiesbaden.

Veröffentlichungen: Arme Welt und Reiche Hochschule (mit L.J. Kißler), Kronberg 1976; Ent-Fremdung, Untersuchungen zu einem Daseinsphänomen im Horizont der Strukturontologie und Anthropologisch-Integrativen Psychotherapie, Würzburg 1983 (Diss. Druck); Die Konzentrationslagerhaft im Lichte einer Phänomenologie der Entfremdung, Ztschr.f.Klin.Psychologie, Psychopathol. und Psychother., Heft 4 Jhrg. 31, 1983; Das Lächeln des Anderen, in: Kommunikation und Perspektivität, Festschrift für Dieter Wyss, Würzburg 1985; Mitarbeiter an "Christliche Musterreden im Welt- und Kirchenjahr (Hrsg.: G. Edel), Kissing, 1986 ff.; Mitarbeiter am "Lexikon Philosophischer Werke" (Hrsg.: H. Olchnowitz/F. Volpi), Stuttgart 1988.

Arnold Köpcke-Duttler: Diplom-Pädagoge, Rechtsanwalt, Dr. phil. 1965 bis 1971 Studium der Rechts- und Politikwissenschaft, Geschichte, Kunstgeschichte in Würzburg und Saarbrücken. 1973 bis 1979 Studium der Pädagogik, Philosophie, Theologie in Würzburg. Seit mehreren Jahren Mitarbeit im Vorstand der Würzburger Aktionsgemeinschaft Sozialisation. Seit 1976 Lehrbeauftragter an der Fachhochschule Würzburg-Schweinfurt.

Veröffentlichungen: Pädagogische, philosophische, juristische, theologische Aufsätze und Bücher. 1988 Herausgabe seines Buches "Schuld-Strafe-Versöhnung".

Erwin Krämer: geboren 1914 in Königsberg/Pr. Studium der Evangelischen Theologie, Germanistik, Sozialpsychologie, Sozialpädagogik. Promotion zum Dr. phil. Prof. f. Sozialwesen. Vertriebenen- und Studentenpfarrer, Studienleiter Ev. Akademie, Leiter der Fachhochschule Dortmund (Fachbereich Sozialarbeit). Lehrer für Deutsch und Sozialkunde am Abendgymnasium Dortmund. Gründungsrektor und Leiter der Sozialakademie Bregenz. Vorsitzender des Deutschen Paritätischen Wohlfahrtsverbands. Mitglied des Verwaltungsrats der von Bodelschwinghschen Anstalten (Gesamtverband) in Bethel. Mitglied des Vorstands des Deutschen Vereins für Öffentliche und Private Fürsorge.

Heinz Müller-Dietz: geboren 1931. Studium der Rechtswissenschaft, 1961 bis 1966 Tätigkeit im höheren Strafvollzugsdienst des Landes Baden-Württemberg, 1965 Promotion zum Dr. jur., 1966 Habilitation in Freiburg i.Br., 1969 bis 1971 Mitglied der Strafvollzugskommission. Professor für Strafrecht, Strafprozeßrecht, Strafvollzug und Kriminologie an der Universität des Saarlandes, Saarbrücken. Schriftleiter der *Zeitschrift für Strafvollzug und Straffälligenhilfe*, Mitherausgeber der *Zeitschrift für die gesamte Strafrechtswissenschaft*.

Veröffentlichungen: Grenzen des Schuldgedankens im Strafrecht (1967); Das Leben des Rechtslehrers und Politikers Karl Theodor Welcker (1967); Strafbegriff und Strafrechtspflege (1968); Strafvollzug und Gesellschaft (1970); Strafvollzugsgesetzgebung und Strafvollzugsreform (1970); Probleme des modernen Strafvollzuges (1974); Empirische Forschung und Strafvollzug (1979); Rechtsberatung und Sozialarbeit (1980); zusammen mit Rolf-Peter Calliess: Kurzkommentar zum Strafvollzugsgesetz, 4. Aufl. (1986).